中和位育

栾国锋 著

中国海洋大学出版社
·青岛·

图书在版编目（CIP）数据

中和位育 / 栾国锋著. — 青岛 : 中国海洋大学出版社, 2023.4
ISBN 978-7-5670-3468-6

Ⅰ. ①中… Ⅱ. ①栾… Ⅲ. ①小学－办学经验－青岛 Ⅳ. ①G627

中国国家版本馆CIP数据核字(2023)第056606号

中和位育
ZHONG HE WEI YU

出版发行 中国海洋大学出版社
社　　址 青岛市香港东路23号　　邮政编码 266071
网　　址 http: // pub.ouc.edu.cn
出 版 人 刘文菁
责任编辑 孙宇菲　　电　　话 0532-85902349
电子信箱 1193406329@qq.com
订购电话 0532-82032573(传真)
印　　制 青岛科特圣包装有限公司
版　　次 2023年4月第1版
印　　次 2023年4月第1次印刷
成品尺寸 185 mm×260 mm
印　　张 16
字　　数 300千
印　　数 1—1000
定　　价 58.00元

目录
CATALOGUE

第一章 构建“中和位育”体系

CHAPTER ONE

中和位育是仲村小学提出的办学思想，寓意是给学生提供适合的教育，培养师生不偏不倚、协调适度，成为最精彩的自己。在该办学理念的统领下，学校顶层设计，科学规划，建立了“中和位育”体系，为学校的发展变革、师生成长成才奠定了基础。

第一节 仲村小学校史

仲村小学是由仲村社区独立兴办的。仲村的由来，据《王氏祖谱》记载：明永乐二年（1404），王氏从云南哈密县乌撒卫大槐树村迁居游真观钟鼓楼之东建村，取村名钟鼓村，后演化成为仲村。

王氏定居后，纪氏由大北曲、黄氏由即墨东关和西关、李氏由北宅峪夼和城阳女姑、梁氏由鳌山卫马山前、刘氏由夏庄营里和即墨张家西城、江氏由即墨塔元等，又有 30 多个姓氏人家先后由各地迁来。到 2015 年，已发展到 1700 多户，5700 余人，姓氏达 36 个。

明清时期仲村先后归属莱州、胶州、即墨，民国时期归属即墨县仁化乡、不其乡、温良乡，1949 年后为即墨县仲村乡，1961 年划归青岛市崂山县，1988 年属崂山区，1994 年划归城阳区，2004 年由村改为居委会。

1975 年，全村统一规划，陆续建成规范整齐的平房。2011 年，社区将原来 1700 多处平房全部拆除，投资 12.5 亿元，建有多层楼房 137667 平方米，小高层楼房 216000 平方米，商业网点 50000 平方米，地下车库 36605 平方米。以及社区中心、小学、幼儿园等公益事业。

2014 年，社区多层楼房居民回迁，2016 年小高层楼房居民回迁，实现了由农村向城市化的转变。一个和谐健康、平安幸福、环境优美、百业兴旺的新仲村将以崭新的风貌喜迎未来。

仲村的发展历史彰显了其过去是一个有着浓厚文化底蕴的村落。仲村一直秉承着“忠厚传家，诗书继世”的耕读文明。在这片文化的沃土上，孕育出黄家善、纪泽蒲等历史名人。今天，农耕已成为昨天的记忆，一个现代化的城市社区已悄然而成。

这样一个现代化城市社区，一直有着尊师重教的历史传统和文化。中华人民共和国成立前，仲村已隶属即墨县，一切学者皆由即墨县劝学所管理。劝学所除管理教育行政外，还劝导乡、村人民办学。在区乡聘任乡、村学董，由学董聘任教学人员，创办私塾、学馆。清末民国初年，即墨仍推行科举制度。在此期间，仲村出秀才 3 名。1940 年前后，村成立私塾二处：一是西村杜信斋所办，二是东村纪齐文所办。学生有常年学习的，有的则是利用农闲季节（冬、春二季）上学。私塾学制无年限规定，教材无统一计划，教学无统一进度，多因人而异，因材施教。学生开始学《三字经》《百家姓》《千字文》《日用杂字》等，开设写仿（学习毛笔字）且有珠算课程。在此基础上逐步加《四书》《五经》《左传》等，顺便加一些应用文，如"契约""媚柬""挽联"等，再后来就是作文、作诗、填词等。教学方法，则是老师范读、范诵、串讲，学生则死记硬背，不求甚解。

仲村小学最初成立于1947年，课程设置按即墨县教育局规定，有国文、算术、图画、体育等，生源较少，校舍奇缺。校址设在纪家祠堂之前边的客屋，后又征用纪崇尚的两个厢房，以支持教学工作。1950年，校址迁到仲村江家客屋。正房为七间，中间为穿堂，西三间为教师办公室，东三间为教室，正房后两边厢屋各四间，正房前两边厢房各三间都作为教室。由此，教学及其他工作逐步走上正轨。1953年，学校在原有的校舍基础上，又将东村黄家支祠三间设教室一个，支祠后教室一个。1956年，成立仲村完全小学。

在1956年以前，仲村5~6年级的学生，一部分去西城汇上学，一部分去大北曲上学，学生上学很不方便。针对这种情况，乡政府及村决定在仲村成立完全小学，正式挂牌"仲村完全小学"，简称"仲村完小"。至此，学生出村上小学的时代结束。自成立仲村完小以来，收生范围扩大。前后旺疃、东城、百埠庄、五个田村的五年级和六年级学生都到仲村完小上学。因生员人数增多，教室满足不了需求，所以，仲村在1956年春季至1957年秋季，在西庙（游真观旧址）前边（原庙门及东西配房）盖教室四个，在北面（原游真观主殿三官殿旧址）盖教室四个，办公室、小伙房各一个。仲村完小的1~3年级仍在村中心江家客屋上学，4~6年级学生在西庙上学，教师全部由县教育局统一分配。

1958年9月，人民公社成立后，仲村仍属即墨县城阳人民公社，行政属即墨。1961年3月，改为崂山郊区城阳人民公社，同年10月改为崂山县城阳人民公社，受崂山教育局的统筹安排。自1959年9月起，五个田村、百埠庄、小周村、东城的五年级和六年级到别的村去学习，只有三个旺疃的学生到仲村完小上学。在此期间，国家重视教育，要求适龄儿童必须上学，而现有的学校教室满足不了。根据国家"两条腿走路"的办学方针，各村纷纷办起民办小学，仲村也如此。民办教师由生产队选出以前上学的毕业生或初中毕业学生担任，其待遇在生产队按同等劳动力给 3 分，教学班安排在村里的简陋房子里，办学条件较差。此教学方式一直持续到 1966 年“文化大革命”，学生并入到公办小学，部分民办教师并入公办学校继续任教。

自 1970 年开始，根据国家政策、条件，民办教师逐步转为公办教师。到 1998 年 9 月，未转正式教师的，根据年龄，超出年龄段的给予退休待遇，略低于正式教师退休待遇，未超年龄的转为正式教师。

1989 年，仲村两委领导研究决定，在集体经济不太富裕的情况下，重建一所规范化、标准化小学，并发动社区有识之士、各企业单位纷纷捐款，筹资 80 余万元，在村前选地 36 亩，建起新校。新建教室 14 个，阅览室、图书室、仪器室、实验室、美术室、舞蹈室、微机室、音美器材室等一应俱全。为使各项指标达到要求，村里又投入 30 余万元，充实各类器材，使新学校各类指标均达一类标准。1990 年 5 月，师生全部搬入新校。当年学校由 12 个班增至 14 个教学班，教师最多时有 32 人。在师生的共同努力下，学校受到市、区多项奖励，取得了优异成绩。

2011 年，仲村社区两委在旧村改造拆迁规划的同时，由农村向城市化迈进，对原有的小学又进行了改造修建，投资一个亿确定投资新建一所全国一流的农村小学，向着“农村学校城市化典范”的顶层发展目标迈进。

新校自 2014 年开始建设，到 2015 年 9 月正式投入使用，学校占地面积 26680 平方米，建筑面积 15212 平方米，四层楼房。学校布局合理，配套设施齐全。

随着社会的发展及新的高标准要求的提出，仲村小学将会越办越好，越来越多的社会栋梁之材将从仲村小学起步，展翅腾飞到国家各个行业中，为建设我们伟大强盛的祖国贡献力量。

第二节 “中和位育”的思想内涵

一、“中和位育”核心理念的提出

理念是学校教育发展之魂。仲村小学在理念的提炼过程中，把握未来的方向和素质教育的基本特征，将培养人的品质与学校办学思想统一起来，将优秀传统文化和现代教育目标结合起来，将社区文化底蕴与学校文化链接起来，用理念的力量统领教育教学工作。

为率先实现学校教育和社区教育的融合，学校文化和社区文化的链接，在充分挖掘社区深厚文化底蕴的基础上，凝聚全校师生和专家的群体智慧，提炼、确立了学校的核心价值理念：中和位育。

“中和位育”最早见于《中庸》。《中庸》第一章曰：“喜怒哀乐之未发，谓之中；发而皆中节，谓之和。中也者，天下之大本也；和也者，天下之达道也。致中和，天地位焉，万物育焉。”后世儒者据此提出“中和位育”之说，并将其刻在孔圣庙上作为儒家伦理的基本精神加以崇奉。

《中庸》中“中和位育”的意思是指在正道的“和谐”情况下，天地便自然能安定，万物便自然能成长。所以儒家讲的“位育”，从根本上说，指的是要遵循事物的客观本性、顺其自然的本然状态求其发展的道理。

根据中庸和儒家的思想，1920 年，学者潘光旦提出了“位育之道”。他认为一切生命的目的在于求位育，而教育的唯一目的是在教人得到位育。他提出教育要以位育为本，而位育又要以农村为本。

因此，我们提出“中和位育”，是从学校、教师和学生三个层面而言。对学校发展而言，适合学校的定位是形成核心竞争力和鲜明地建立品牌的关键。对教师而言，正确的自我定位是教师专业发展的首要因素，所以我们引领教师从天赋才能、知识结构、性格特质等方面认识自我、经营自我、打造自我。对学生而言，学校和教师要遵循自然规律和客观本性，帮助每个学生找到适合自己的位置，给学生提供适合的教育，让每个个体都实现人格的全面发展。

“中”和仲村的“仲”在古代是通假字，所以，中和位育有仲村小学的专属性；关键是和仲村社区的文化链接，一脉相承。所以，专属的、经典的、传承的、链接的，我们认为才是最适合的。于是在集思广益、反复提炼的基础上，学校最终确立了“中和位育”的核心价值理念。

“中和位育”，“中和”是目的，要求师生做到不偏不倚，协调适度；“位育”是手段，就是帮助学生找到自己的位置，进而发展成长。

二、“中和位育”思想的内涵

教育是关乎希望的，教育是关于未来的。坐落在仲村社区的仲村小学，为培养能够面向未来的建设者和接班人，从传统文化中汲取营养，确立了“中和位育”的教育理念。传承以师生的德行养成为根本，以实趣课堂改革为中心，以位育课程建设为抓手，以“生命有根、学养有素、人生有梦”三大主题行动为载体，引领每个学生成为最精彩的自己。经过7年多的发展，形成了“中和位育”教育品牌。

三、“致中和，纳百川”校训的确立

仲村小学东南位置是城阳区的虹子河水库，学校门前就是虹子河。结合学校的地理位置和中和位育价值理念，我们提出了“致中和，纳百川”的校训，即“学以求知，海纳百川，包容博大，知以力行，足致千里，求真求实”，培养师生“合作学习的能力、豁达宽广的胸怀、积微成著的品质、不偏不倚的品格”。学校期望在教育实践中让学生将校训内化于心，外化于行。

四、“农村学校城市化典范”学校发展目标的确立

仲村小学有着全市一流的校舍和硬件，但也有着典型的农村学校的师资、生源和办学基础，是一所现代化的农村学校。当下，全国都在关注农村，探索农村在城市化进程中发展的路径。我们思考，要办好这所学校，就要紧跟时代发展的步伐和社会发展的需要，率先找到农村城市化的教育发展路径。于是，在发挥全校教师和专家群体智慧的基础上，我们确立了把仲村小学发展为“农村学校城市化的典范”的发展目标。

五、校徽的确立及寓意诠释

本校校徽核心元素由仲村地名首字“仲”字演化而来，一语中的，凸显仲村小学地域文化的专属性。

“仲”字通过对称手法演绎出“中式古钟”造型，代表仲村旧称“钟鼓楼村”之“钟”，“仲”“钟”谐音，以“钟”寓“仲”。寓意位育教育“金声玉振，桃李天下”的内涵。“钟”纳五音而和合，寓意“中和”。《孟子·万章下》：“集大成也者，金声而玉振之也。金声也者，始条理也；玉振之也者，终条理也。

始条理者，智之事也；终条理者，圣之事也。”以钟发声，以磬收韵，奏乐从始至终，比喻音韵响亮、和谐，也比喻人的知识渊博、才学精到。仲的“中”是人字形，上方的圆寓意人要顶天立地。蓝色代表海洋，是梦想，是未来。

“仲”字下方一株幼苗茁壮成长，层层递进演绎成一本打开的书籍，寓意万物生长，循序渐进，开智养正，赢得未来。“育”养万物而生发，寓意位育。

十二颗星代表十二生肖，寓意每一个学生都是冉冉升起的未来之星，同时代表一年十二个月，快乐进步每一天。仲村学子在“中和位育”教育理念的滋养下各美其美，和而不同，成长为最精彩的自己。让我们的教育关注每一个学生，让每一颗星都亮起来。仲村小学的校徽见图 1-1。

图 1-1 青岛市城阳区仲村小学校徽

六、吉祥物

琴娃、棋娃、书娃、画娃四个不同造型的娃，寓意五育并举，全面发展。仲村小学的吉祥物形象见图 1-2。

图 1-2 青岛市城阳区仲村小学吉祥物形象

七、思维导图

构建学校办学理念与课程体系的思维导图具体见图 1-3。

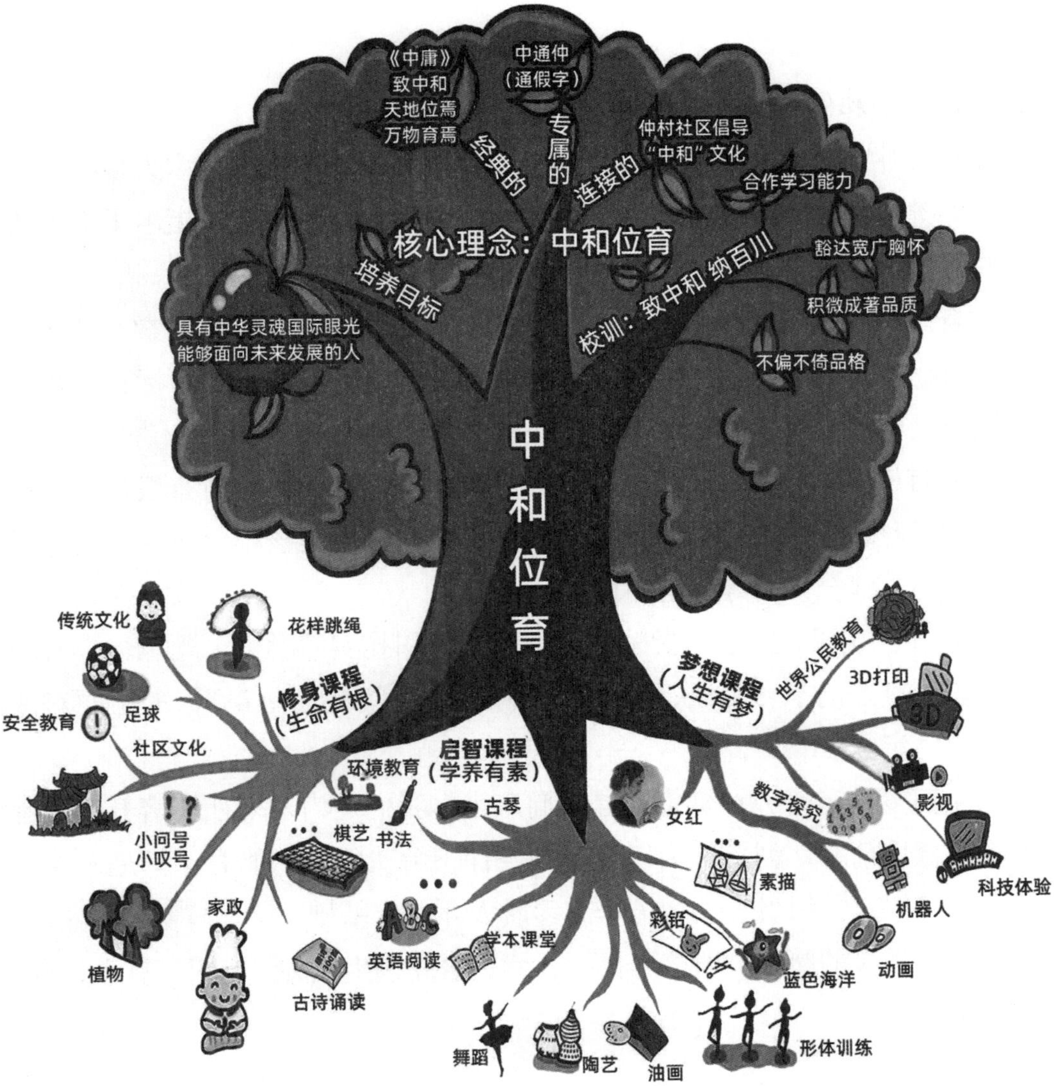

图 1-3　构建学校办学理念与课程体系的思维导图

第三节 学校的愿景

一、“中和位育”培养目标

2016年中国学生核心素养标准出台，内容包含三个维度、六大核心素养、十八个关键要点，目标直指“全面发展”，为我们的课程改革指出了更加明确具体的方向。

结合国家提出的学生核心素养标准，仲村小学确立了学生的素养结构为：生命有根、学养有素、人生有梦，这是我们校本化的特色育人目标，也是中国学生核心素养的仲村表达，又是三类课程的价值定位。

生命有根（德）：根，指德行、品行、品德。因此，生命有根是从“德”的层面，来对课程进行价值定位；就是立足于社会主义核心价值观，培养学生的传统美德、健全人格等关键品格。

学养有素（智）：学养指的是丰富的学识和扎实的学力，既包含丰富的知识，也包含良好的学习习惯、态度和毅力。学养有素是从“智”的层面对课程进行的价值定位。

人生有梦（未来）：梦指的是面向未来，我们是为未来社会培养建设者和接班人。合作精神、创新能力以及复杂条件下解决问题的能力，都是未来人才的特质。“位育”积极尝试为培养高素质人才奠定基础。

因此，学校的愿景，即培养目标，就是培养学生成为“有根、有素、有梦”的现代公民。

二、 “中和位育”理念体系

“中和位育”理念体系具体见图 1-4。

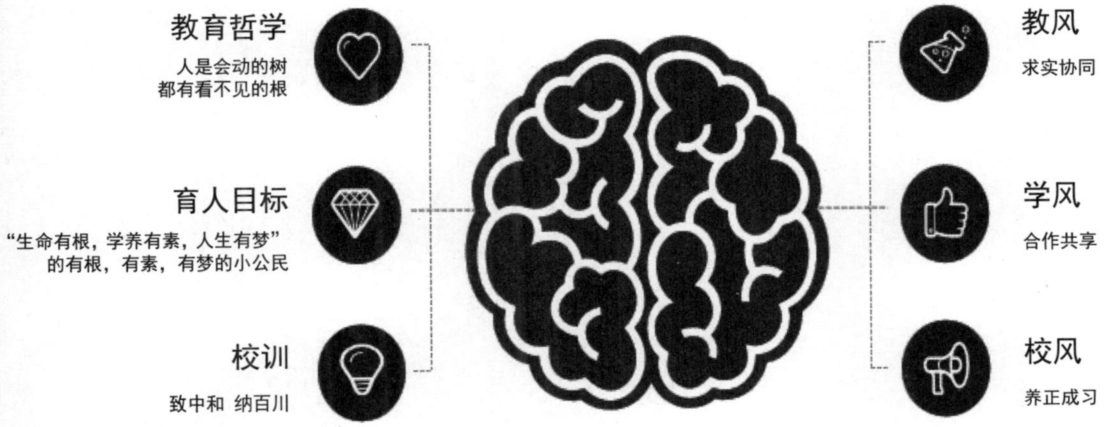

图 1-4 “中和位育”理念体系

第二章 积淀“中和位育”校园文化

CHAPTER TWO

一所学校会因为一句话被人记住，名动天下；也会因为一句话做到极致，百年恪守。学生因为明确的精神文化而有鲜明烙印，也会因为明确的精神文化受益一生。所以，学校文化决定学校发展的未来。而好的学校文化有一个突出的特点，就是以理念为先导，又以理念为核心，它是学校精神文化的核心，是价值取向，是独立品格，是发展之魂。在实现理念的同时，文化生命应运而生。

校园文化包含精神文化、物质文化、制度文化、活动文化和管理文化。精神文化最核心，是学校的宗旨理念；制度文化是对师生的基本要求；活动文化是学校各种活动庆典等；环境文化是学校的楼宇、景观建设等。学校正是通过这些文化的外在表现和内在气质搭建师生表演的舞台，熏陶、感染、凝聚着一代代学子，塑造真善美的理想人格，并努力实现学校所追求的育人目标。

第一节 学校文化的建设构思

学校文化 以文化人

《周易》上说：“观乎人文，以化成天下。”意思是人们在接受了人文精神的影响之后，会凝结起一种价值观，一种精神思想和灵魂中理性的力量，再把这些凝结起来的东西化入人心，化入人们的生活，这就叫“化成天下”。

从这个意义上说，所谓的文化，就是“以文化人”。而学校文化是学校在长期的教育教学活动中积淀、演化和创造出来的，并为师生所认同和遵循的物化环境风貌、价值观念体系、行为规范标准的一种整合和结晶。它不仅彰显着学校的办学理念和发展方向，更体现着学校特定的精神环境和品位格调，对增强全体师生的凝聚力有着重要的意义。

评价一所好学校的四个要素，就是要有“好理念、好师资、好学生、好文化”。一所学校的文化比制度、理念、师资等都要高一层，是一种综合的东西。只有学校的文化才能长久地存在于这所学校的历史上，并给学生留下烙印，伴随他的一生。不管是集古代人民智慧结晶的著作，还是当代著名学者，都旗帜鲜明地指出了文化的力量。一个国家如此，一个企业、单位如此，一个负有育人职能的学校更需要由文化来教化、影响师生。因此，教育做到极致一定是文化，文化才是真正的学校根基，是学校发展强大的源泉。

那么，如何打造校园文化，实现以文化人的目的？实践中我们有了深刻的触动，对学校的思想、理念的内在气质和外在形貌进行了深入的思考和系统的构建。

“中和位育”文化品牌建设规划

一、思想指引

“中和位育传中华千载文化，普滋万类谱仲村教育华章”是学校文化建设的思想指引。“中和”是教育目的，不偏不倚，谐调适度；“位育”是教育手段，各守其分，适应处境。“普滋”是过程，均衡滋养，润物无声；“万类”是师生，教学相长，有教无类。因此，学校在“中和位育”理念指引下，以“生命有根、学养有素、人生有梦”三类素养结构和育人目标为主线，从更宽广的时空视角思考谋划学校文化的顶层设计。

二、目标任务

通过打造“中和位育”文化品牌，将政治性和引领性相统一、共性与个性相统一、针对性与实效性相统一等“六性三统一”作为校园文化建设的基本原则和规划目标。建设真实的、快乐的、独特的有内涵和魅力的学校文化，逐步形成涵养师生自主发展的精神与力量，推动学校创新、特色、优质、内涵发展。

三、整体规划

基于学校的发展基础，结合学校的发展目标，从学校主体形象、校园环境、视觉中心、厅廊文化、特色展示空间、学校视觉识别系统（VI）六个层面的建设，形成健康活泼、资源丰富、富有特色的整体校园文化氛围。

（一）主体形象

根据“立足青岛——放眼世界”的构想愿景，明确学校主题形象的三要素。

1. 学校代言形象核心元素：校徽、吉祥娃。

2. 学校格调定位：中西合璧一多元融汇。

3. 校园主色调：以中性色为主，间以东西方之色彩、造型元素穿插其中。

（二）校园环境

充分利用学校现有的地理优势、空间特点、墙壁功能及界面特性，将建筑空间轴线、移动轨迹轴线、文化节点轴线、功能教室轴线有机组合，构成学校环境文化的空间格局。通过载体升级、场景切换、创设了“位育”的支持系统，使其成为各具功能又互为呼应的特色空间建设，为师生提供舒适愉快的教与学的环境。

（三）视觉中心

立足学校“中和位育”理念创设主题性教育景观，形成学校文化的视觉中心，树立学校师生心目中具象的精神图腾。

（四）特色展示空间

特色展示空间是学校特质文化的象征，利用地面、连廊、楼梯、单元空间等有效界面，充分进行学校特色展示，形成学校对内教育、对外宣传展示的亮点。

（五）厅廊文化

利用校园内和教学楼内的有效空间，建设主题文化厅廊，营造润物无声的教育氛围，丰富课程教学资源，“使学校的每一面墙壁说话，发挥出人们期望的教育功能”。

（六）学校视觉识别系统（VI）

将学校的精神与文化加以形象化、系统化地设计和应用，形成学校独特的品牌形象，提高识别度，给校内师生和社会各界形成深刻印象。

一条以校门、中庭广场、教学楼为主题的文化轴线贯通校园整体，与步行系统一起连接空间、景观节点。以层层递进、移步异景的铺陈方式，由外而内地交替串联各主要区域——校门文化区、学校视觉中心景观、绿化带景观、各层主题展示区、各楼层走廊文化区、隔层楼道、各层展示与开放式阅读空间、系列功能教室空间、室内外 VI 形象应用区等，形成校园文化的主题空间、规划骨架。

此环境设计注重“意境”的营造，空间序列主次分明、有张有弛、渐进展开，激发师生在审美过程中的求知意愿，并为教育教学提供丰富的环境资源。

四、具体着手点

在“整体性”与“个性化”的指导思想下，对学校现有的区域空间进行分析布局。充分利用学校地形条件，最大限度地拓展对外标志性展示空间，丰富校内互动性教育园地，在设计与建设中贯彻关键词：中和位育、中西融合、海纳百川、群星荟萃。

五、实施载体

“中和位育”文化品牌创建以实施“生命有根、学养有素、人生有梦”的主题行动和主题文化为载体，主题行动依托课程建设落实，主题文化在课程实践中形成，并在教学楼四个楼层等逐步彰显，实现文化引领学生个性发展，发展彰显中和位育文化的以文化人的教育目的。

第二节 主题文化分布及内涵表现

墙体文化
传播核心价值观等先进性文化

一、设置内容

墙体文化的设置内容有教育方针、政治文化、精神文化、社会主义核心价值观文化等社会主义先进文化。

二、设置目的

学校墙体文化强调政治性和引领性，坚持社会主义办学方向，传播社会主义先进文化，引领师生存爱国情、立强国志、践报国行。

三、文化彰显

“为党育人，为国育才”“百年大计，教育为本”是新时代赋予教育的新使命。这些标语口号的教育文化，形成墙体文化，引领师生对党的政治认同、情感认同、价值认同，让新时代中国精神薪火相传（图 2-1）。

图 2-1　校园墙体文化展示

广场文化

培育优秀品格行为

一、设置内容

广场文化的设置内容有中华优秀传统文化、先进楷模文化、优秀家风家训文化。

二、设置目的

广场文化强调针对性和实效性，弘扬中华优秀传统文化，让师生能够时时入眼、入脑、入心，引领传承经典，培育新时代好少年。

三、文化彰显

1. 精心打造“儒学经典育人馆”，用优秀传统文化育人。儒学经典是中华优秀文化的精髓，我们在这里设置了孔子像和儒家五圣经典成就，张贴了《论语》中的励志名言，引领师生弘扬“仁义礼智信”的道德境界，践行“礼乐射御书数”的全面发展，培育学生成为中华民族基因“生命有根”的现代人，彰显中华文化。努力实现“陶冶心灵，熔铸大器”的中华文化育人目标（图 2-2）。

图 2–2　校园广场文化展示

2. 精心打造“立德树人榜样馆”，用楷模人物育人。在银杏树旁，展列了“助人为乐”“见义勇为”“诚实守信”“敬业奉献”“孝老爱亲”五大类型新时代楷模人物，遴选了中国优秀立德典故、全校师生优秀家风家训。我们在师生中开展搜集整理“我的家风家训”活动，目的就是引领家庭建立优秀家风家训，形成向上、向善的社会风尚（图 2-3）。

图 2-3　校园墙体文化家风家训展示墙

这棵银杏树已经有30多年的树龄，是我们学校的校树，我们在这里构建“加减乘除”符号的“育”人文化景观，就是教育学生“五育”并举，全面发展，激励学生为中华之崛起而读书。“加”就是文化之积累，“减”就是课业之轻松（落实减负精神），“乘”就是智慧之升华，“除”就是精神之凝练（图2-4）。

这个文化馆建设的目的就是用道德模范引领师生，以家风家训浸润师生，实现立德立志、成人成才的目标。

图 2-4　“加减乘除”符号的“育”人文化景观

五类道德模范在引领，优秀家风家训在感染，加减乘除“育”人景观在指引。这样的文化阵地，为“立德树人，培根铸魂”的愿景营造了良好氛围。

大厅文化

引领内化于心、外化于行

一、设置内容

在教学楼大厅东西两侧设置“中和”“位育”浮雕，在大厅墙壁设立“三风一训”文化板块。

二、设置目的

大厅文化的设置目的一是展示“中和位育”理念，彰显理念内涵。二是打造一处“精英平台”，让师生仰望星空，与孔子同在，与柏拉图、苏格拉底、亚里士多德同在，以期在师生中培养“榜样意识”。三是引领师生将校训内化于心，外化于行，在实践中培养合作学习的能力、豁达宽广的胸怀、积微成著的品质、不偏不倚的品格。

“中和”主题浮雕见图 2-5。

浮雕主体造型元素由代表东方文化的孔子与代表西方文化的亚里士多德、苏格拉底、柏拉图构成，寓意中西融合，和而不同，立足中国，放眼世界。

左侧孔子与弟子的对话寓意教学相长，师生互动，和合相生。左上方四位弟子，分别代表礼、义、廉、耻。他们款款而来，寓意道不远人，指引师生不断提高自己的认知水平和伦理水平。左上角车马出行，寓意知行合一、读万卷书行万里路。左下角有凤来仪，寓意吉祥如意。学校将培养具有高尚品格和才能的人。

右侧亚里士多德、苏格拉底、柏拉图相互引领彼此成就，寓意“吾爱吾师吾更爱真理”。三本书分别代表“自由”“博爱”“真理”。前方打开的空白书籍寓意期待着仲村学子续写人类文明的华章。

右侧竖琴代表西方音乐的里拉琴，呼应代表东方雅乐的编钟，寓意东西方文明共同奏响和谐美好的音符。

图 2-5　“中和”主题浮雕

“位育”主题浮雕见图 2-6。

浮雕主题造型元素由天真烂漫、充满童趣、茁壮成长、各美其美的仲村学子构成。

同学们或互相帮助彼此，或手擎智慧的金钥匙点燃梦想，或放飞航模勇于创新飞向太空，或走进自然细心观察维护生态，或齐心协力奏响童年的美好乐章，或同心同德携手并进展望未来，“德”“智”“体”“美”“劳”精彩纷呈。

图 2-6　“位育”主题浮雕

楼层文化
打好生命底色

一、一楼主题文化：生命有根

1. 设置内容。

一楼设置诗润童心诗词馆、红色记忆研学馆、时代楷模雷锋馆，给学生打好生命底色。

2. 文化彰显。

(1) 建设诗润童心诗词馆，传承经典文化。人生自有诗意，诗意美在四季！学校重视对学生进行诗词教育，在一楼走廊建立了诗词诵读情境角，营造浓厚的诗词文化氛围。墙上展示了学生和老师根据二十四节气诗词创意制作的作品；顶棚悬挂了师生共同创意描绘的诗词伞；长廊里陈列了“在农历的天空下跟着二十四节气学古诗、活在传统节日里的古诗、在诗歌里走过四季、诗说心语、飞花令”五个系列的诗词创意书签，以及古诗配画、古诗诵读视频、每日一诗故事等学生诗词实践成果。这些诗词教育活动，引领学生在动手实践中喜欢诗词、感受魅力，在学习诗词的过程中了解和传承优秀文化，增强文化自信；引领学生在每天的诗词诵读里，一起看“人面桃花相映红”，一起听“稻花香里说丰年”，一起叹“霜叶红于二月花”，一起盼“风雨送春归，飞雪迎春到”，品诗意人生，润学生心灵（图 2-7）。

图 2-7　校园诗词文化

(2) 建设红色记忆研学馆，传承红色基因。红色文化是培育红色接班人的重要载体。让身边的红色资源“走进学校来”，把红色资源利用好，把红色传统发扬好，把红色基因传承好，从而顺利地发挥红色资源对学生的多元教育价值，促进学生的全面发展。

学校在一楼北大厅和东西走廊建立了党建文化和红色革命文化为一体的红色记忆研学馆，进行党史、国史、军史、团史、队史“五史”文化教育。红色基因一直是党发展壮大、保持活力的“遗传密码”。党的一大到十九大文化、青岛解放战争文化、革命精神文化、长征故事文化、红色影片文化、英雄人物文化、红色物件文化等营造了浓厚的教育氛围，给师生提供了丰富的爱国主义教育基地。特别是设置了青岛解放战争城阳战场板块，当年青岛解放的著名的三山战役：不其山战役、丹山战役、蝎子山战役。其中的蝎子山战役就发生在仲村，现在学校的东北方向。我们通过搜集和展示发生在身边的甚至是站在脚下的这片土地发生的革命故事和革命文化，进一步激发学生主动了解红色文化的热情，引领师生了解革命历史、传承红色基因、增强爱国情怀（图 2-8）。

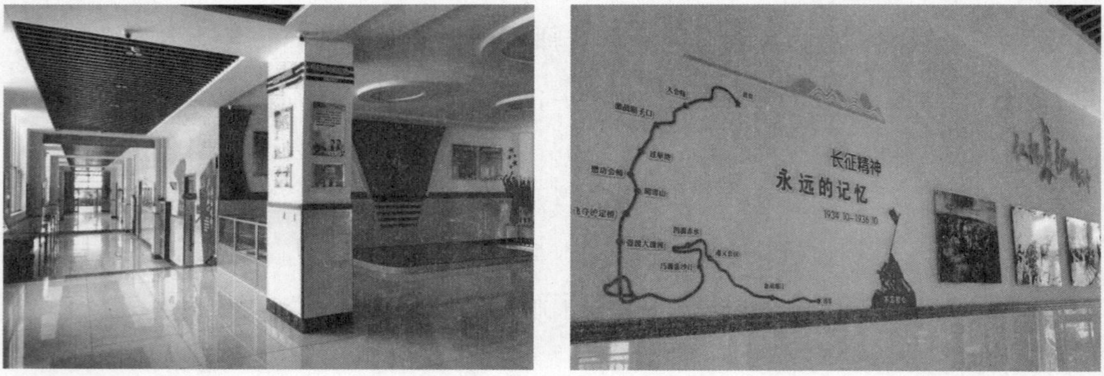

图 2-8　红色记忆研学馆

（3）建设时代楷模雷锋馆，弘扬雷锋精神。雷锋精神是永不磨灭的时代精神，是引领正能量的火炬。学校充分利用楼梯拐角的空间建设雷锋馆，里面设置有雷锋日记、雷锋故事、领导题词等。用雷锋精神鼓舞学生成长，培育学生具有“俯首甘为孺子牛”的豪情、“化作春泥更护花”的美丽、“君子先人而后已”的品质……通过氛围的营造和实践活动，培育新时代活雷锋（图 2-9）。

图 2-9　时代楷模雷锋馆

二、二楼和三楼主题文化：学养有素

1. 设置内容。

二楼和三楼设置翰墨飘香书法馆、琴韵悠扬古琴馆、华夏文明耕读馆、泽蒲文苑国学馆、智慧体操棋艺馆等场馆，为学生培育优秀素养能力。

2. 文化彰显。

（1）建设翰墨飘香书法馆，传承经典文化。书法是中国传统文化中的瑰宝，承载了国学文化的内涵，能够培养学生的民族气度。学校建设了书法教室和书法文化长廊。加强硬笔、软笔书法教学，聘请专业的书法教师进行授课。在潜移默化的书法教育中引导学生了解书法文化，体验书法魅力。通过笔墨纸砚，纵向地了解造纸术、印刷术等中国的四大发明、历史文化、名人名品等国学文化。书法馆弘扬“端正写字，方正做人”的精神，宣讲着“书道虽深，至诚可达”的真理。引导学生懂得写好汉字每一笔既是写好字的开始，又是读好书的起点；既是把事做好的基本要求，又是为人处世的基本态度；既是一种文明和修养，又是一种尊重与品质。在写好字的过程中逐步懂得，书写的不仅仅是一个个汉字，而是美丽的人生。学校成为山东省王羲之书法特色学校、青岛市数字化书法教育改革学校、城阳区唯一一个书法教育实践基地（图 2-10）。

图 2-10　翰墨飘香书法馆

（2）建设琴韵悠扬古琴馆，传承经典艺术。在中国传统文化中，“琴棋书画”历来被视为文人雅士修身养性的必由之径。古琴对古人来说，不仅是乐器，而且是抒怀寄情之物。古琴是我国最古老的弹拨乐器，是国乐

图 2-11　琴韵悠扬古琴馆

之精粹。古琴是一种浓缩了中国传统文化内涵的艺术形式，是传统高雅艺术的典型代表，深刻影响了中国传统文化的各个方面，其意义与价值远远超出了一般的传统音乐。学校开设这个课程的目的就是弘扬古琴文化，培养学生的艺术素养（图 2-11）。

(3) 建设华夏文明耕读馆，传承优秀文化。中国古代一些知识分子以半耕半读为生活方式，以耕读传家、耕读结合为价值取向，形成了一种“耕读文化”。耕读文化决定了中华文化的特征，是中国几千年农业文明社会在特定历史时期形成的民族血脉，耕读文化所秉持的重要道德修养，将勤劳节俭、读书劳动的身体力行与道德情操的理想追求密切结合起来，发挥着积极的社会影响和潜移默化的教育作用（图 2-12）。

“诗礼继世，耕读传家”，不仅代表着中华民族的一种优良传统，更体现着一种人文精神。“耕”可以丰五谷，以立性命；“读”可以达礼仪，以立高德。

中共中央办公厅、国务院办公厅印发的《关于实施中华优秀传统文化传承发展工程的意见》中指出要围绕立德树人根本任务，充分发挥文化馆等教育阵地在传承发展中华优秀传统文化中的作用。因此，为传承中华优秀文化，弘扬耕读文化精神，增强学生的国家观念和自强不息、勇于担当的民族精神，学校在争取多方资金支持的基础上，建设了华夏文明耕读馆，为学生提供中华优秀文化宣教阵地。

我们搜集整理了中国耕读文化形成的历史、内涵和价值，有影响力的历代耕读文化名人，文房四宝和书稿，耕读楹联，家风家训家谱家书，农耕生活习俗，农具和老物件等，丰富耕读文化馆内容。在搜集的过程中进行耕读文化渗透和熏陶，引领学生了解中华耕读文化历史，培养爱读书、爱劳动、知礼仪的文化情怀和价值追求，形成向上向善的社会风尚。

新时代的耕读教育，要面向学生厚植家国情怀，让传统教育精华在当下延续。因此，结合华夏文明耕读馆的建设，我们建立了耕读教育机制，编写耕读文化读本，进行耕读文化阅读，开展耕读实践活动等。让传统文化教育在“读、诵、唱、演、编、舞、弹、书、画、创”的十项美好意境中得到浸润。让学生在浩瀚历史中汲取营养，把中华优秀传统文化全方位融入思想道德教育中。

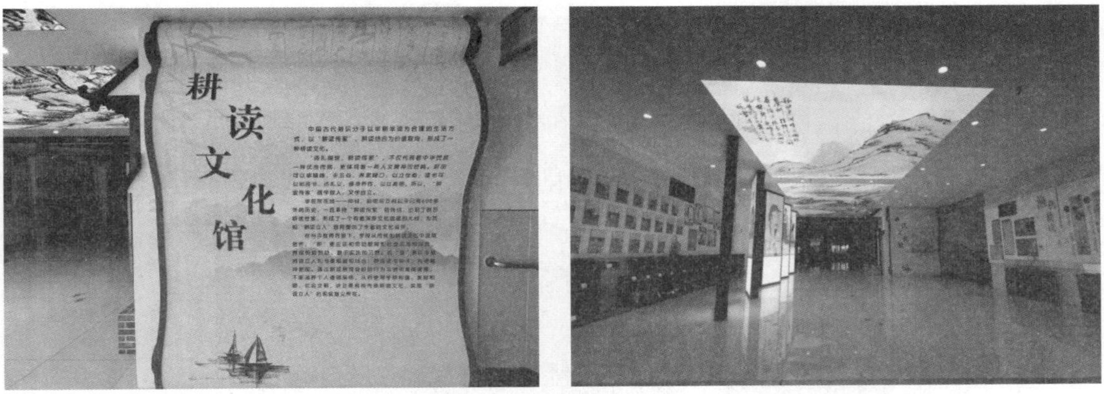

图 2-12　华夏文明耕读馆

华夏文明耕读馆一进门设置了“耕读人家”，这是模仿农村耕读人家的一个门楼（图 2-13）。“忠厚传家久，诗礼继世长”的对联表达了耕读人家传承的门风。大门里是古代著名耕读世家的家训节选，通过这些家训，让学生明白耕读在家风传承中的重要性。

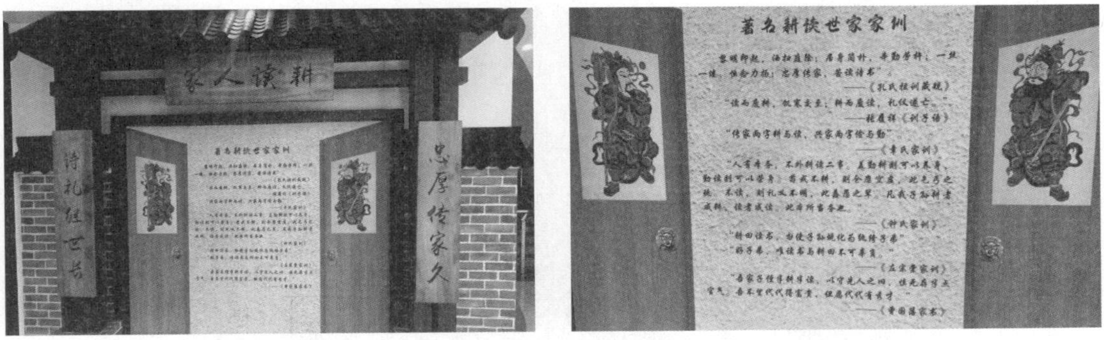

图 2-13　耕读人家

渔樵耕读即渔夫、樵夫、农夫与书生，是中国农耕社会四种比较重要的职业（图 2-14）。

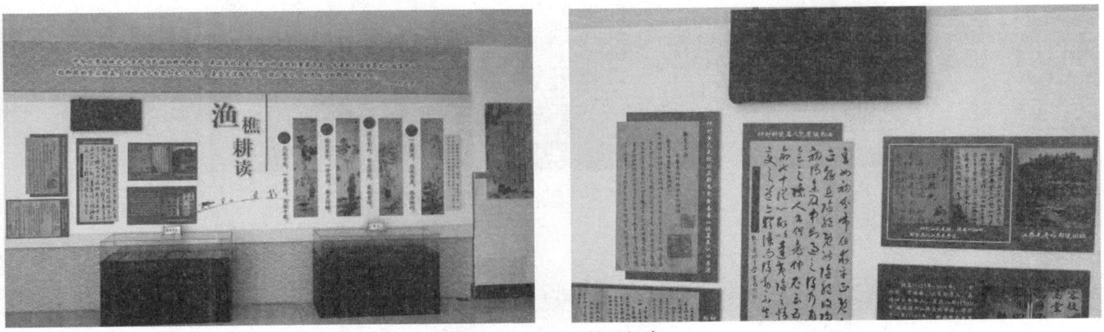

图 2-14　渔樵耕读

“书香第”是我们收集的一块老匾，反映了古代农家子弟渴望通过勤奋读书、科举及第的愿望。匾下是仲村几大姓氏先祖的手迹，他们都是耕读及第的代表，也是族谱里的荣耀。

耕读名人（灯箱）。耕读馆里设置了十幅古代著名耕读人物的灯箱画面，通过画面上的介绍，激发学生探究耕读文化的兴趣，了解他们求学、治家、平天下的历程。中间两幅展现的是汉代经学大师曾两次来到惜福镇不其山，建康成书院，率弟子们一边耕田、一边读书，创耕读教育和书院教育的先河(图2-15)。

图 2-15　耕读名人灯箱画面

华夏文明耕读馆的吊顶是一副大型的耕读山水灯箱画，与十幅耕读人物画交相辉映，在孩子们心中勾勒出一片田园，培养寄情于山水的人文情怀（图2-16）。

图 2-16　耕读名人吊顶画面

“晴耕雨读”就是耕读结合的生活方式。图2-17左边的是一幅幅古代的农耕图，表现了从耕种、收获到祭祀的全部过程，从这里我们不但可以了解古代农耕的器具和劳作的情景，也可以体会“粒粒皆辛苦”的含义。右边的是古代勤奋读书的几个经典故事。通过这些故事告诉同学们一个道理：读书如同耕田，一分耕耘一分收获。

图 2-17　晴耕雨读展示

耕读传家。这是我们收集到的一块老匾，在过去常挂在耕读世家的大厅里（图 2-18）。

图 2-18　耕读传家牌匾

（4）建设泽蒲文苑国学馆，传播国学文化。学校所在地——仲村，自明初立村以来已有 600 多年的历史，一直秉持“耕读传家”的传统，出现了很多耕读世家，形成了一个有着深厚文化底蕴的大村，为我校“耕读立人”教育提供了丰富的文化滋养。

为挖掘和传承仲村耕读名人事迹，我们建设了纪念馆。城阳历史文化名人、仲村耕读名人纪家坛，他半耕半读，半耕半教，耕读起家，为官清廉，维公维民。纪家坛，字泽蒲，号文苑，所以我们把这个馆命名为泽蒲文苑国学馆（图 2-19）。

图 2-19　泽蒲文苑国学馆

展馆东侧是纪家坛的生平介绍和他的故事节选，里面陈列了关于纪家坛的历史文献和文物（图 2-20）。

图 2-20　泽蒲文苑国学馆的历史文献和文物

墙上的照片，有他的儿子抗日将领纪淑和，有他的嫡孙教育名家纪秩尚，还有教育世家嫡孙五兄妹，反映了耕读传家在书香门第建设中的重要意义。

正面墙壁，中间是圣人孔子的画像，与厅里的桌椅构建了一个古代私塾的情景，因为纪家坛告老还乡后一直致力于家乡的教育事业。两侧为纪家坛人生的座右铭和纪氏家训，给我们很多的启迪（图 2-21）。

图 2-21　古代私塾情景再现

纪家坛还是一个著名的书法家，西面墙壁上挂着的都是他的书法作品（图 2-22）。

图 2-22　纪家坛作品展示

我们以仲村本土的著名耕读人物为点，创设一个书香浓郁的国学研学馆，通过开展国学经典诵读活动，引领学生鉴古知今，传承忠厚传家的耕读文化，发扬诗书继世的民族精神。

（5）建设智慧体操棋艺馆，提高文化品位。棋是“智慧的体操”，棋艺运动丰富的文化内涵对提高学生的文化品位、陶冶学生的情操将产生潜移默化的影响。棋类活动既是一门艺术，又是一种文化；既能发展智力，又能提高综合素质。教育家苏霍姆林斯基认为：不下棋就不能充分增强智能和记忆力。教育部也要求学校开展棋艺活动。为此，学校建设了“智慧体操棋艺馆”，有象棋室和棋艺文化长廊，让更多的孩子了解棋艺，参与棋艺，以棋启智、以棋修身、以棋养德。通过实践教育，学校初步形成了校园棋艺文化（图 2-23）。

图 2-23　智慧体操棋艺馆

三、四楼主题文化：人生有梦

1. 设置内容。四楼设置梦想启航科技馆、机器人室、3D 创客教室、科学实验室、梦想园地，为学生筑梦（图 2-24）。

2. 文化彰显。科技承载梦想，四楼以科技馆建设为主，彰显“人生有梦”主题文化，最大可能为学生个性发展提供机会和空间，引导他们筑梦、追梦、圆梦，成为最精彩的自己。

图 2-24　梦想起航科技馆

通过几年的打造，学校初步形成了“中和位育”文化品牌，学校被评为首批青岛市中小学校园文化建设示范校。“中和位育”文化品牌在“文以载道”的“化而育之”中浸润师生，在“文化润校”的“润物无声”中生机萌发。学校积极创设多类育人馆，建成一所博物馆式的文化育人学校。

第三节 文化建设成果

“中和位育”校园文化品牌建设方法路径

一、设置内容

学校文化是学校师生基于广泛认同的教育哲学思想及价值取向，在共同构成的独特氛围中所习得并呈现出的思维方式、行为方式、话语方式及精神面貌。优秀的学校文化建设是学校持续发展的关键，是学校生存和发展的灵魂，对师生的成长起着引导作用。学校文化大致分为物质文化、制度文化、精神文化、师生文化等。其中，物质文化是校园文化的实体组成部分，是精神文化的载体，是校园文化最直观的体现；制度文化是校园文化不可缺少的重要组成部分，展现了学校的教育理念、管理理念、价值观念等；精神文化是校园文化的核心和精髓，是学校长远发展的精神推动力。因此，在多种传播媒介蔓延的时代，给学生提供什么样的育人环境，打造什么样的文化氛围，就显得尤为重要。我们认识到，只有用优秀文化立校、优秀文化育人，充分发挥文化的作用，才能给学生建立起“防火墙”“过滤镜”，让学生在色彩斑斓的大千世界里寻找到成长需要的正面营养，呼吸到清新的正能量空气。所以，办学校就是办文化，高度重视学校文化建设是学校的共识。

于是，学校在“立德树人”根本任务引领下，坚持“为党育人、为国育才”总目标，实施“文化润校”战略。

理念是学校全部文化的积淀，是学校教育发展之魂，它体现了学校的一切，也展示了学校的一切。因此，学校非常注重打造先进的文化理念。在理念的提炼过程中，我们把握未来的方向和中国学生核心素养的最基本特征，将培养人的品质与学校办学思想统合起来，将优秀传统文化和现代教育目标结合起来，将社区文化底蕴与学校文化链接起来，用理念的力量统领教育教学工作。

虽然学校在校园文化建设方面走在了区域前列，但是，学校文化建设的路径和方法还不够清晰，与学校课程建设还不够融合，还没有形成师生内化于心、外化于行的精神品质，没有形成文化品牌和生态文化系统。

二、研究现状

当前，校园文化备受重视，已然成为各类学校管理的重点。但是放眼各地校园文化建设的现状，我们发现，很多学校的文化建设看起来“美观”，但缺陷诸多。一是重视外表的多，挖掘内涵的少。二是大同小异的多，有自己的特点与亮点的少。比如，有的看起来“高大上”，但不切实际；有的零散缺乏体系，有拼凑之嫌；有的热衷于宣传，无实质性内容；有的空喊口号，无具体落实措施。三是学校文化建设没有和学校课程建设结合。四是学校文化建设的历史与发展，与不同社会文化形式的结合相对失衡等。

三、研究的实践意义

1.站在“整体育人”的高度来设计文化体系和课程体系。根据“生命有根”“学养有素”“人生有梦”三大素养结构，建立“中和位育”文化体系。形成有独特的学校文化哲学、特定的文化功能、个性化的文化结构、多样化的文化实施方式、多元化的文化管理和评价。

2.搭建科学合理、充满活力的文化结构。厘清相关理念文化概念；有逻辑依据地把文化内容划分成若干个领域；搭建适当的“关系结构”，用文化结构图表述出来；选择多样化的实施方式；选用适合的文化评价方式。

四、研究内容

从理念文化、环境文化、行为文化和制度文化等多个方面形成学校最新亮点，让校长文化、教师文化和学生文化得以充分体现和动态生成。

五、研究过程设计

1.第一阶段。草拟、讨论、确定文化建设实验方案，聘请专家担任课题顾问，请专家论证。召开研讨会，制定实施方案及工作计划。

2.第二阶段。

（1）梳理文化体系。构建好八大文化区和两个教育广场，并进行文化场馆方案设计。专家诊断论证，指导优化“中和位育”校园文化方案。

（2）根据文化体系完善课程体系建设。文化与课程同步规划、同步推进。文化引领课程，课程彰显文化。

3. 第三阶段。

（1）建设“泽蒲文苑国学馆”“华夏文明耕读馆”“诗润童心诗词馆”“梦想起航科技馆”“红色记忆研学馆”等场馆。

（2）举办校园文化实施阶段性成果展示，推动校园文化特色发展。

（3）在校园文化体系建设过程中重点提炼每项文化展馆的核心主题，形成科学的校园文化目标体系。

4. 第四阶段。

（1）推进“中和位育”校园文化建设课题研究，教师人人进行“中和位育”校园文化建设课题之下的子课题研究。通过开展“班级文化展”、“诗润童心”诗词文化展，学生书画作品展、“华夏文明”耕读文化展等各种活动丰富“中和位育”校园文化体系。

（2）开展校园文化成果评比，推动校园文化高质量发展。对发展有特色的校园文化进行成果梳理，精准实施，打造精品校园文化，形成品牌文化。

（3）整理校园文化实施内容策略，专家修正，优化形成“生命有根”“学养有素”“人生有梦”等特色校园文化展馆。

5. 第五阶段。

（1）课题结题，梳理总结“中和位育”校园文化建设路径和方法成果。

（2）专家修正，编印耕读文化读本、“诗润童心”学生诗词配画集。

（3）整理总结校园文化成果，形成“中和位育”校园文化体系研究专著。

六、研究方法设计

采用资料研究、考察访问、调查研究、经验总结等方法展开实践探索和研究，具体步骤如下。

（1）论证和梳理理念体系阶段，采取调查研究、文献分析方法。

（2）校园文化建设和实施阶段，采取行动研究方法，利用在外学习和参观考察等各种途径对校园文化建设成果丰硕的学校进行访问考察、资料分析，收集个案研究素材。

（3）总结规律和成果阶段，采取质性研究方法，对成果进行分析综合，形成具有本校特色的“中和位育”校园文化建设体系。

（4）通过系统分析，全方位、多角度地对学校校园文化建设深入研究，进一步加强对“中和位育”校园文化建设体系的实践与研究。

七、预期成果

学校文化育人的软实力增强，立德树人根本任务落实明显。为党育人、为国育才总目标成果突出，文化润校战略成效显著。“中和位育”核心理念凝聚师生，“致中和，纳百川”校训成为自觉，养正成习的校风蔚然形成。

文化博物馆、三全育人、五育融通成为校园的靓丽风景线，“六性三统一”的目标达成，“中和位育”文化品牌影响力不断增强。

八、保障措施

1. 加强组织领导。成立“中和位育”校园文化建设研究项目组，保障“中和位育”校园文化建设体系的落地和效果。

2. 强化队伍建设。统一干部教师思想观念，具有改革创新意识，形成共同的价值观和团队凝聚力。

3. 整合专家资源。一是根据实际需要，遴选学校文化方面的专家，建立专家资源库，定期到学校诊断、论证、指导、提升。二是借助青岛市名校长工作室成员的优势，以及对标学校无锡育红小学教育集团资源优势，用先进的教育理念和成功的教育经验帮助学校开展“中和位育”校园文化建设体系的研究。

文以载道 化而育之
文化建设现场会经验交流

办学校就是办文化，因为校园文化是学生、教师在特定的校园环境中创造出来的，与社会和时代密切相关的，具有特色的人文氛围、校园精神和生存环境。因此，学校文化创设的任务有三点。一是铸魂，就是提炼办学理念。二是聚焦，就是创设文化符号。三是对话，就是人与环境互动。

鉴于以上认识，仲村小学实施文化润校发展策略，师生共建共享了一所“小而精，博而美”的“博物馆式”学校，生成了独特的校园文化，实现了“小学校，大作为”的自我超越。

一、铸魂理念，三大育人价值定位的引领和浸润

理念是教育的价值取向、独立品格、发展之魂，文化建设必须以理念为先导、为核心。因此，学校要从符合科学性、超前性、战略性、传承性的角度思

考办学理念。

学校确立了“中和位育”的核心理念，提出了“致中和，纳百川”的校训，确立了学生的素养结构和价值定位为“生命有根、学养有素、人生有梦”。引发每个孩子积极向上的内在力量是教育的本质。为让“致中和，纳百川”的校训内化于心、外化于行，学校强化宣讲渗透。一是在学校的每处角落、资料、钢笔以及手提袋上，都印上了校训文字和吉祥娃的图案。二是每周升旗仪式上师生齐呼校训。三是开展全员校训解读活动。让“海纳百川，做最精彩的自己”的思想引领学生一点一滴养成良好习惯，一言一行塑造高尚人格。现在，“致中和，纳百川”的思想理念已成为全校师生、家长和社会共同认同的价值文化。

二、聚焦符号，十大校园博物馆建设思路和意义

教育要承担塑造21世纪的使命，必须回应新时代要求。学校在市教育局“六性三统一”“五大文化元素”校园文化建设思想统领下，围绕“中和位育”核心理念和“生命有根、学养有素、人生有梦”价值定位，结合学校实际，凝聚师生智慧，设计了“十个育人文化博物馆”，聚焦了鲜明的文化符号，给师生创设了潜移默化、润物无声的育人环境。

“中国精神教育馆”是学校空间最大的博物馆。这个博物馆遍布了学校8大区域、36个显著位置、58个场所。呈现了党的教育方针和先进思想、学校理念和校风校训等标语口号，展现了教育文化，引领师生入眼、入脑、入心。

“红色记忆研学馆”是体现革命意志，震撼心灵的博物馆。我们构建了“四史教育”“青岛解放”“英雄人物”“长征路线”“革命精神”五大红色文化板块，引领师生传承红色基因，增强爱国情怀。

“时代楷模雷锋馆”是面积最小但精神最美的博物馆。我们充分利用楼梯拐角的空间建设雷锋馆，展示雷锋事迹，弘扬雷锋精神，培育新时代活雷锋。

“诗润童心诗词馆”是师生在实践中生成的、自主设计的博物馆。文化建设要有记忆，有记忆才有积累，有积累才有文化。因此，诗词馆建设的主题就是“书写、张贴、悬挂、展示”。我们在大厅走廊陈列展示师生制作的“诗词伞”“诗词书签”“诗词配画”“二十四节气创意”等成果，逐步丰富形成了博物馆。璀璨辉煌的中华文化润泽学生“学养有素”。

“儒学经典育人馆”是体现中华文化宝藏的博物馆。儒家五圣浸润思想，论语经典沁人心脾。坚定了文化自信，培育了民族基因。

“立德树人榜样馆”是榜样力量最强的博物馆。五类道德模范在引领，优秀家风家训在感染，加减乘除“育”人景观在指引。这样的文化阵地，为“立德树人，培根铸魂”的愿景营造了氛围。

“华夏文明耕读馆”是体现五千年农耕文明的博物馆。耕读文化的勤劳节俭、道德情操浸润师生品格，先进文化培育具有中华民族基因“生命有根”的现代人。

“泽蒲文苑国学馆”是反映社区名人事迹的博物馆。“泽蒲文苑”解读耕读修身立家的密码，“私塾学堂”领略国学音韵的美好，“读诵唱演编、舞弹书画创”的实践锤炼国学素养。

“翰墨飘香书法馆”是体现国粹文化的博物馆。它弘扬着“端正写字，方正做人”的精神，宣讲着“书道虽深，至诚可达”的真理。师生在文化熏陶中懂得写字犹如做人，字要写端正，为人要正直；懂得一笔一画是耐力的修炼，是向上精神的培养。

“梦想启航科技馆”是面积最大的博物馆。其有着 800 多平方米，95 种科技器材，营造着浓厚的科学文化氛围，启迪着学生的科学梦想。“少年志，梦未来”，为让中国梦在孩子心中生根发芽，我们制作了“梦想卡片”，引领每个孩子筑梦、追梦、圆梦。

十个小小博物馆，十个文化育人基地，十个荡涤心灵场所。面积虽小，但内容博大，以点带面。体现了政治性和引领性的统一、共性与个性的统一、针对性和实效性的统一。教育文化、红色文化、中华文化、先进文化、科学文化五大文化元素空间布局合理，完美融合，发挥了政治引领、文化浸润、立德树人的积极作用。

三、对话实践，五大校园文化元素的生根与开花

现代学校教育，已经从知识育人走向文化统领下的课程育人。因此，要实现品质立校，文化是先导，课程是载体。学校在价值理念和文化体系引领下，构建了集国家、地方、校本课程为一体的“修身课程、启智课程、梦想课程”位育课程体系。引领学生在课程实践中与文化对话，在创造文化又被文化所创造的过程中“生命有根会做人、学养有素会求知、人生有梦会创造”。

例如，结合耕读文化馆建设，建立耕读教育机制，开设了“诵读课程”“劳动课程”，编写了《古韵》《菊香》校本课程指导手册，引领学生在诵读经典的音韵中感悟国学的浩如烟海，在种菊赏菊的实践中感受“采菊东篱”的耕读雅趣。结合书法馆建设，师生共同开发实践了“翰墨飘香书法课程”，通过诗词歌赋、笔墨纸砚了解中国的四大发明、地理物产等国粹瑰宝，培养民族气度。结合科技馆建设，开设了“梦想启航科技课程”，师生共同探究编写的《奇妙的声音》，引领学生踏上了科技探究之旅。优秀文化统领下的课程实践，促进了学校发展，师生成长。

文化润校，推进了学校“特色发展、精致管理、品质立校”，办学水平进入全区先进行列，“中和位育”文化品牌逐步形成。

文化兴则学校兴。围绕“立德树人”使命，丰盈文化内涵，完善文化体系，凸显个性特色，努力创建充满活力的生态文化系统，建成师生共建共享、底蕴深厚的阳光校园。

第三章 建立“中和位育”课程体系

CHAPTER THREE

课程是一种教育性经验，是对主体产生积极影响的各种因素的总和。也就是说，课程是师生发展成长的“跑道”，是师生共同经历的教育的全部，对学生的个性成长和学校的多样发展起着非常重要的作用。近年来，学校加强课程开发建设，在课程建设过程中不断修改完善，逐渐形成彰显学校特色的课程体系。

第一节 学校课程建设规划方案

课程总体规划

有什么样的课程，就有什么样的教育。学校的改革与发展，最终目的就是构建适合学生发展、匹配学校文化的多样特色课程。在当下“开放的大课程观”的呼吁下，学校以“中和位育”教育理念为统领，不断构建、完善、重构课程体系，引领学生多元成长、品质发展，形成系统的“中和位育”课程内涵。

一、课程建设思路

1. 根据学生成长素养需要开设课程。

2. 依据问题解决开设课程。

3. 利用身边资源开发课程。

4. 依托学校特色活动项目形成课程。

二、课程建设原则

规范开发、科学管理、有效实施。

三、课程建设目标

开发、整合各种课程，五育并举，逐步打造彰显学校魅力的“中和位育”课程体系，促进师生品质成长，学校内涵发展，课程建设品牌知名度不断扩大。

四、课程培养目标

1. 培养学生适应未来发展的必备品格和关键能力，成长为最精彩的自己。

2. 提高干部教师的课程领导力、专业发展水平和反思创新能力。

五、课程建设措施

构建“中和位育”课程体系，制定课程实施方案。

课程体系构建

教育的本质是育人，让学生为未来的生活做准备。学生无论是在生活环境还是在学习习惯、学习能力等方面，都存在着较大差异，他们的学习兴趣、学习动机、学习需求也会千差万别。基于对课程的认识，在“中和位育”理念引领下，根据“生命有根、学养有素、人生有梦”的素养结构，确立“补足差距、发展个性”的课程建设定位，构建了“修身课程、启智课程、梦想课程”三大主题课程体系。通过传统的、面向未来的、国际化的三位一体的课程教育，为学生的发展提供多样化的平台，让学生在丰富的课程认识、体验和践行中养成习惯，养成现代公民必备的素养基础。

课程内涵决定育人方向，要培养什么样的人，就要开发什么样的课程。我们从“三有”小公民中提取出三个关键要素：会做人、会求知、会创造。以此为线索，对国家课程、地方课程和校本课程进行了重组，构建了以校本育人目标为导向的“修身课程、启智课程、梦想课程”三大类别主题课程体系。课程体系构建及课程图谱见图 3-1。

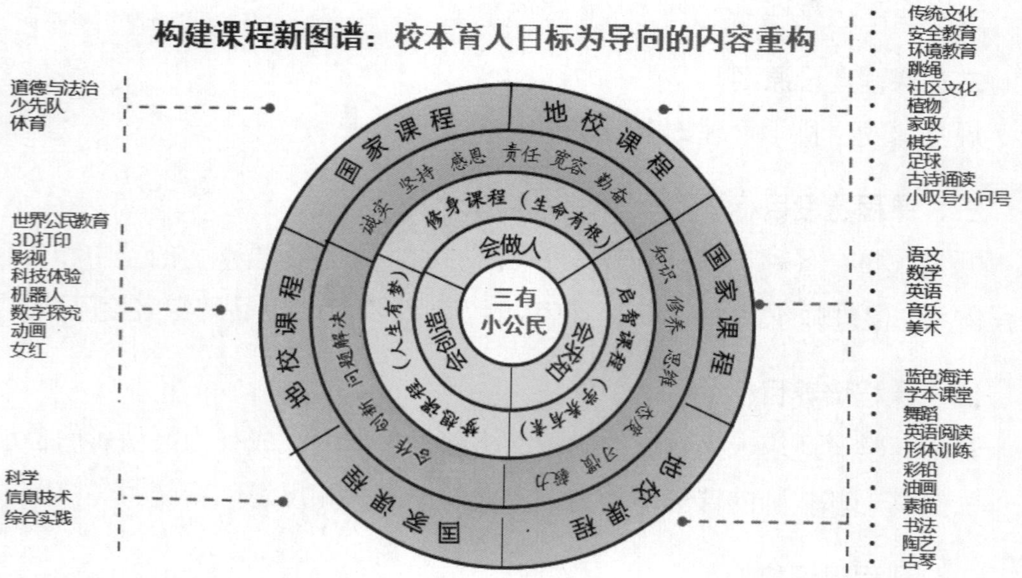

图 3-1　课程体系构建及课程图谱

一、修身课程体系

1. 价值定位。修身课程体系的价值定位是“生命有根”，就是引导学生会做人。课程培养的关键能力是诚实、坚持、感恩、责任、宽容、勤奋等。

2. 课程内容。国家课程中的道德与法治、少先队、体育；地校课程中的传统文化、安全教育、环境教育、古诗诵读、花样跳绳、社区文化、植物、家政、棋艺、足球、小叹号小问号等。

二、启智课程体系

1. 价值定位。启智课程体系的价值定位是“学养有素”，就是引导学生会求知。课程培养的关键能力是知识、修养、思维、态度、习惯、毅力。

2. 课程内容。国家课程中的语文、数学、英语、音乐、美术；地校课程中的蓝色海洋、学本课堂、舞蹈、英语阅读、形体训练、彩铅、油画、素描、书法、陶艺、古琴等。

三、梦想课程体系

1. 价值定位。梦想课程体系的价值定位是“人生有梦”，就是引导学生会创造。课程培养的关键能力是合作、创新、问题解决。

2. 课程内容。国家课程中的科学、信息技术、综合实践。地校课程中的世界公民教育、3D 打印、影视、科技体验、机器人、数字探究、动画、女红等。

这样的课程重构，能够为学生的全面发展和个性成长提供多样化平台，更系统地引领学生成长为“三有”小公民。

课程建设方案

一、课程依据

1. 国家课程要求。《基础教育课程改革纲要（试行）》明确提出“实行国家、地方、学校三级课程管理，增强课程对地方、学校及学生的适应性”。这意味着在新课程背景下，学校必须厘清学校教育哲学，以统率所有课程去育人，从“依据教学计划、教学大纲实施教学”转向“根据育人目标发展学校课程”；教师要从“备一节课”到“备一门课程”，从“教教材”到“用教材教”，要转变教师角色去当“导师”。因此，学校要有一套本土化的专业规范的课程方案。

2. 学校教育哲学。学校从传统文化中汲取营养，确立了“中和位育”的教育理念和发展愿景，就是通过给学生提供适合的教育，培养每个学生成为最精彩的自己。

3. 学生基本情况。仲村小学是仲村社区在 2015 年由农村向城市化改造进程中，投资一个亿新改建的学校。改建之前的仲村小学，是城阳区一所非常薄弱的农村支教学校。改建后的学校，虽然办学条件已迈进城市化学校行列，但学生的生活环境并没有发生变化，他们在向城市化迈进过程中出现了诸多问题。

4. 社区发展需要。随着城市化进程的不断推进，学校所处的仲村社区等周边环境已经有着典型的城市化风貌和国际化气息，需要学校能够适应现代学校要求，需要教师适应高位发展要求，培养具有创新思维、自理能力、实践能力的全面发展的学生。这就需要学校开设家政类、劳动类、阅读类、艺体类、科技类课程，丰富教育内容，提升学生综合能力。

5. 课程资源条件。

（1）师资能力。学校教师有不同学科骨干教师，虽然数量不多，但骨干教师课程领导力强。学校领导有较强的课程领导力。

（2）SWOT 分析。具体见图 3-2。

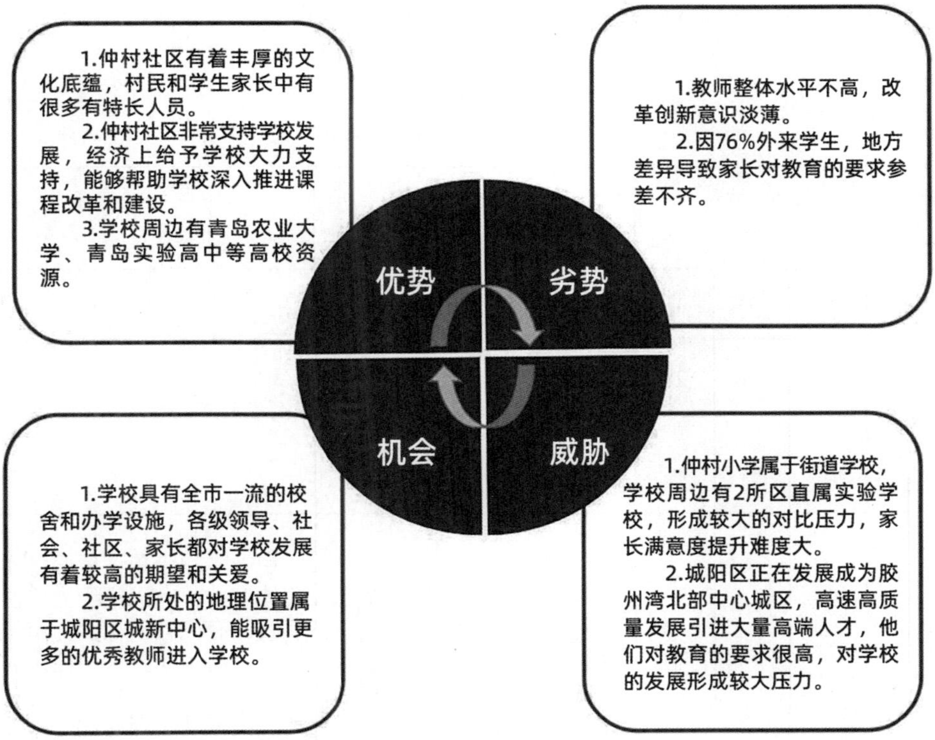

图 3-2　SWOT 分析图

（一）课程目标

根据“生命有根、学养有素、人生有梦”的校本化特色育人目标，“中和位育”课程的价值定位是期望学生在小学六年成长为“有根、有素、有梦”的“三有”小公民。

（二）课程结构与设置

1. 整体课程结构及其说明。

一是构建“中和位育”课程体系，将国家课程、地方课程和学校课程进行重组。将各个课程有机地结合成一个联系紧密的、有逻辑的点、线、面三个维度相结合的课程模式和“育人整体”。二是创造“四性建设”课程实施策略。建立多元性课程体系、开放性课程内容、系统性课程实施、发展性课程评价。三是构建素养培育的实践路径。根据学生存在问题和面向未来的素养需要，在课程实践中实现指向行动自觉的价值养成。

2. 课程设置与课时分配、比例及其说明。

国家课程与地方课程按照规定设置课时。学校课程结合国家、地方课程实施，既有集体学习的课时安排，又有自主实践的时间要求。具体课程设置分配见表 3-1。

表 3-1 课程设置分配表

课程类别	课时安排（周）			比例（周课时 / 总课时）			说明
国家课程	低	中	高	低	中	高	
	26	27	28	86.68%	90%	93.32%	
地方课程	2	2	1	6.66%	6.66%	3.34%	
学校课程	2	1	1	6.66%（加课后实践达 20%）	3.34%（加课后实践达 20%）	3.34%（加课后实践达 20%）	利用中午和下午课后服务实践进行集体实践，有以班级为单位的课程实践，有以兴趣社团为单位的课程实践。自主实践利用课余时间每天不少于 1 课时，每周至少 5 课时，加上国家规定课时共 6~7 课时，课时比例 20% 左右。

3. 地方课程、校本课程开设具体内容与说明。

按育人价值重构课程种类和各学科教育内容，课程学习内容更加丰富，更有体系，更能达成“中和位育”目标。

语文课程重构内容：语文学科课程 + 晨读课程 + 演讲课程 + 阅读课程 + 诗词诵读课程 + 书法课程。

数学课程重构内容：数学学科课程＋数学家的故事课程＋数说有道课程＋数独游戏课程 + 计算天天练。

英语课程重构内容：英语学科课程 + 晨读课程 + 自然拼读课程 + 绘本阅读课程 + 单词比赛。

科学课程重构内容：科学学科课程 + 科技体验课程 +3D 课程 + 机器人课程 + 无人机课程 + 数字探究课程 + 动画课程 + 影视课程。

音乐课程重构内容：音乐学科课程 + 形体课程 + 合唱课程 + 古琴课程 + 陶笛课程。

体育课程重构内容：体育学科课程 + 跳绳课程 + 篮球课程 + 足球课程 + 羽毛球课程 + 乒乓球课程 + 棋艺课程 + 研学课程。

美术课程重构内容：美术学科课程＋版画课程＋油画课程＋彩铅课程＋水彩画课程＋珐琅凝萃课程。

道德与法治课程重构内容：道德与法治学科课程＋模拟法庭课程＋爱国主义班会课程＋小问号小叹号课程。

综合实践课程重构内容：综合实践学科课程＋家政课程＋女红课程＋研究性学习课程＋社区实践活动。

传统文化课程重构内容：传统文化学科课程＋经典诵读课程＋陶艺课程＋耕读文化课程。

环境教育课程重构内容：环境教育学科课程＋保护动物课程＋植物课程＋世界公民教育课程。

安全教育课程重构内容：安全学科课程＋安全教育平台课程＋班会课程＋模拟演练。

心理健康课程重构内容：心理健康课程＋主题班会＋体育活动。

蓝色海洋课程重构内容：蓝色海洋学科课程＋多彩的海洋植物课程＋海洋鱼类课程＋海洋贝类课程。

这些课程内容，不是简单的相加，而是根据国家课程、地方课程的培养目标和素养达成，进行有效的整合和校本化实施，是一个基于学科种类逻辑而组织化了的课程整体。

（三）课程实施

结合“生命有根”“学养有素”“人生有梦”三大价值定位，各方面采取如下措施。

1. 学校层面。

（1）形成“中和位育”课程图谱。在教师参与和专家指导下，理清学校的理念体系，并以此为指导，对国家课程、地方课程进行校本化处理，明晰各类课程的教育使命，进一步完善学校“中和位育”课程框架，形成“中和位育”课程图谱。

（2）完成五大体系建设。针对各门具体课程，在研制校本化课程纲要的基础上，建设“五大体系”（目标体系、内容体系、策略体系、活动体系、评价体系）。

一是优化目标体系。解读、提炼每门学科的核心素养，确立课程目标体系，明确课程五育教育使命。

二是优化内容体系。重构各学科的教育内容，让课程内容更加丰富，更有体系，更能达成五育相关目标。

三是优化活动体系。各门课程都要打造精品的、金牌的、标志性的活动。

四是优化方法体系。围绕引导学生主动思考、积极提问、自主探究、合作学习的理念，围绕培养思维品质和减轻课业负担来探索不同学科不同课型的各个规律，总结经验，优化方法，形成不同的教学模式和典型课例。每门学科都建立课堂教学模式。

五是优化评价体系。根据“中和位育”培养目标，优化对学生综合素养和学科素养的评价。把课程育人目标分解成一个个小目标，通过评价实现发展目标。

(3) 建设“中和位育”特色精品课程群。在课程实践中对促进学生发展成效显著的课程重点挖掘，提升课程育人品质，打造多个精品课程。

(4) 打造“中和位育”课程文化。以建设一所博物馆式的学校为目标，建设红色文化、科学文化、先进文化、中华文化、教育文化五大文化教育场馆，聚焦鲜明的文化符号，给学生创设潜移默化、润物无声的课程实践阵地环境。

2. 教师层面。

(1) 适应社会发展和学生成长需求，提高自身的专业素养。

(2) 处理好教师讲授与学生自主学习的关系，注重启发学生积极思考、动手实践，做好教学活动的组织者、引导者、合作者。

(3) 创造性地使用教材，积极开发、合理利用课程资源，灵活运用多种教学策略和现代教育技术，为学生提供丰富多彩的学习素材。

(4) 精心设计和组织教学活动，组织学生通过观察、体验、探究、展示等多种方式学习，培养学生浓厚的学习兴趣、积极的学习态度、良好的学习习惯。教师可以采用以下教学策略组织教学。

体验式教学。体验式教学主要通过教师充分调动学生身体的各种感官进行学习的方式。体验式教学大体可分为直接体验和间接体验，其意义在于让每个人在活动中获得真实感受，学会某种操作方式，形成某种技能。

启发式教学。启发式教学主要通过提出问题、分析问题、解决问题，引导学生学会综合地、多角度地、切合实际地思考和解决问题的一般方法，形成积极的学习态度和参与活动的行为方式。

探究式教学。探究式教学主要通过探究性活动，使学生获得探求知识的教学方式，形成科学精神、科学态度。整个活动不能将过程和答案直接呈现给学生，而应通过发现问题、设立假设、搜集资料、处理数据、验证假设等步骤，为学生留下思维和行动的足够空间。

小组合作教学。小组合作教学主要调动所有学生参与学习，培养合作交流能力和民主意识，为学生提供展示交流的平台。小组有多种组合方式，应根据学习任务采用不同的合学方式。教师应指导学生合理分工，平等讨论，帮助学生融入小组学习，使小组学习成为培养学生平等民主意识与合作交往能力的过程。

(5) 关注学生的个体差异，尊重学生的个体特点，有效地实施分层次教学，使每个学生都得到充分的发展。

3. 学生及家长层面。

(1) 学生是学校课程学习的主体，通过观察、调查、体验、探究、制作、展示等多种方式进行主动学习，与环境互动，与同伴合作，在积极参与和学习活动过程中获得丰富的知识或经验，获得创造性和实践能力的发展。

(2) 学生获得知识，必须建立在独立思考的基础上，通过实践活动，学会应用知识并逐步形成技能，在整个课程学习过程中，要善于表达自己的感受，大胆创新，形成个性化体验和经验。

(3) 发挥学校、家庭和社区等教育资源，积极参加课程学习活动，拓宽学生的学习实践空间。

（四）课程评价

1. 各类课程评价策略。

(1) 国家课程评价。学科课程的评价标准主要依据各学科课程标准制定，主要从知识与技能、过程与方法、情感态度价值观三个维度进行评价，通过过程性评价和终结性评价相结合的方式，关注学生知识水平的提高和学科素养的提升。

(2) 地方课程评价。地方课程的评价标准主要依据各学科教育指导标准制定，主要从兴趣与态度、方法与习惯、课堂参与度三个维度进行评价，以过程性评价为主，终结性评价为辅的方式，关注学生在学习过程中的变化和发展，在学习活动中的情感和态度，通过评价保护学生自尊心，树立自信心，激活进取心。

(3) 学校课程评价。实施个性的课程成长评价。每门课程都研发符合课程自身特色的评价办法，学科课程的评价标准主要依据课程培养目标制定，主要从学生上课参与度、完成效果、竞赛成绩等方面，通过过程性评价和终结性评价相结合的方式，关注学生特长的发展，形成“精彩个性”的评价模型：过程性评价（日常实践评价）+ 总结性评价（综合积累评价），激励学生主动参加课程，促进适性发展。

2. 建立综合性评价模型。评价是促进课程建设的一把标尺。根据育人目标与课程理念，构建对学生进行综合评定的模型。主导思想是“鼓励与帮助”，评价关注的是“发展与获得”，使学生不断体验进步的喜悦和成功的快乐，促进学生多元成长。

三、课程保障

（一）组织保障

1. 加强组织领导。成立学校课程建设领导小组，统筹规划“中和位育”学校课程规划的顶层设计和行动研究，保障学校课程建设的落地和实施效果。

2. 强化队伍建设。一是统一干部教师思想观念，具有改革创新意识，形成共同的价值观和团队凝聚力。二是强化干部教师培训，进行针对性、专题化、系统化培训和跟岗培训，重整与优化教师知识结构，提升课程领导力。

3. 优化内部管理。实施项目式管理，将课堂教学建模、课程体系重构、校园文化建设、学生综合素养评价体系建设、后勤保障等进行任务分解，分别由领导小组专人负责，分头推进。项目负责人制定项目任务书，明确目标清单、阶段任务、过程论证、完成时限、成果展示等时间表和路线图，提升五育并举实验项目的执行力。

4. 整合专家资源。一是根据实际需要，有针对性地遴选课堂建模、课程构建、学生评价、学校文化等方面的专家，建立专家资源库，定期到学校诊断、论证、指导。二是借助青岛市名校长工作室成员学校优势，以及对标学校资源优势，用先进的教育理念和成功的教育经验帮助学校实施“中和位育”课程体系建设。

5. 实施课题研究。申报市级以上“中和位育”课程体系建设课题，促使课程体系建设课题化，引领教师在课题研究中扎实落实课程建设，提升干部教师理论研究和实践水平。

（二）机制保障

1. 实施领雁行动。建立领雁队伍，课程骨干教师带领教师建设学校课程，教师之间互补优势，利用差异，抱团发展，使学校课程建设落地生根，开花结果。

2. 建立课程开发制度。制定《仲村小学校本课程纲要》《仲村小学课程规划方案》，建立学校课程申报制度、审议制度、激励机制等。

3. 建立学校课程选课制度。每学期开展课程大集，学生自由选择新课程。

4. 建立教师课程实施评价体系。结合教师专业发展，建立教师课程建设评价方案，把教师的课程建设和实施作为对教师评价的重要内容。评价方案从制定、论证到实施，教师参与，专家指导，形成科学的评价策略。让考核服务于“中和位育”课程体系建设，激励教师主动参与、积极实践，促进专业发展，保障项目质量。

5. 构建信息体系。构建学校教育信息化体系，把信息技术作为支持保障。一是促进信息技术与课程的深度融合，二是结合“中和位育”理念，构建学生成长发展综合素质档案。

6. 经费支持。为确保“中和位育”课程建设和实施效果，集多方力量保障经费投入，支持课程和课程实践文化场馆建设，更好地保障“中和位育”课程实施。

第二节 课程纲要精选

课程纲要能完整地体现课程元素、课程目标、课程内容、课程实施与课程评价。有利于教师整体把握课程的内容与要求，解决课程碎片化、活动随机化问题；有利于学生明确课程的目标与内容框架，激励自我成长；有利于学校开展课程审议与管理，科学开发、规范管理、有效实施。因此，有效实施课程的关键是制定课程纲要。

结合学生面向未来的必备品格和关键能力，学校精心研究，每项课程都制定了课程纲要。纲要中有课程开设的背景分析，有融合落实国家课程、地方课程的培养目标，有课程内容的活动安排，有集体实践的课时安排等。

"家政课程"纲要

一、背景分析

个别学生存在卫生差、衣冠不整等习惯素养缺失问题，而且生活自理能力、动手实践能力普遍较弱，他们的健康成长需要具备优秀的生活习惯和能力。优秀习惯、健全人格、城市公民素养逐步养成和可持续发展是小学生的成长需要。通过家政课程的构建和实施，帮助学生革除生活积习，养成优秀习惯、体验劳动乐趣、外化自觉行为。

二、课程目标

（一）总目标

1. 通过开设家政课程，解决个别学生卫生差、衣冠不整等生活习惯素养缺失问题。

2. 提高生活自理能力与动手实践能力，养成良好的生活习惯、卫生习惯。培养主动精神，为参加社会生活奠定良好基础。

3. 养成良好的家庭关系和幸福健康生活的态度与能力，增强家庭责任感和社会责任。

4. 提高自身文化艺术修养，身心健康成长。

5. 增强感恩意识，增进亲子情感。

（二）分级目标

低年级

1. 学会自己整理书包、衣物、房间等。

2. 培养良好的生活方式、自理能力，养成自己的事情自己完成的好习惯。

3. 培养主人翁意识。

中年级

1. 学会基本的家务劳动和简单的手工制作、食品制作。

2. 培养良好的生活方式，养成劳动习惯，初步具备自理自立能力。

3. 体验劳动辛苦，明确家庭角色，培养主动精神。培养对父母的感恩意识，树立家庭责任意识，增进亲子情感。

高年级

1. 学会家务劳动和简单的手工制作、食品烹饪。

2. 培养良好的生活方式、劳动习惯，具备自理自立能力，养成健康饮食习惯。

3. 帮助学生在劳动中培养主动精神，发展生活自信，培养独立人格，实现自我价值，幸福健康生活。

4. 体验劳动辛苦，明确家庭角色，培养感恩意识、家庭责任意识，增进亲子情感。

三、课程实施

（一）课程内容

低年级

1. “从小爱劳动”德育课，1 课时。

2. 背诵一日常规歌谣，1 课时。

3. 学会穿衣服、系鞋带，1 课时。

4. 学习叠被子，1 课时。

5. “整理小妙招”德育课，1 课时。

6. 学习整理书包，1 课时。

7. 学会整理书桌，1 课时。

8. 学习整理玩具，1 课时。

9. “做力所能及小家务”德育课，1 课时。

10. 学会收拾碗筷，1 课时。

11. 学会扫地，1 课时。

12. 学会洗毛巾，1 课时。

13. “自理小达人”评选，4 课时。

中年级

1. “我们爱清洁”德育课，1 课时。

2. 学会刷碗，1 课时。

3. 学会洗衣服，2 课时。

4. “厨房小帮手”德育课，1 课时。

5. 学会择菜、洗菜，1 课时。

6. 学会做简单的饭菜，2 课时。

7. “家务小窍门”大探究，2 课时。

8. 学会整理房间，1 课时。

9. 书桌整理大赛，1 课时。

10. “父母好帮手”评选，4 课时。

高年级

1. “生活大课堂”德育课，1 课时。

2. “家务小窍门”大探究，1 课时。

3. 学会包饺子，2 课时。

4. 制作家常菜，2 课时。

5. 制作水果蔬菜沙拉，1 课时。

6. 包粽子大赛，1 课时。

7. 包饺子大赛，1 课时。

8. 月饼制作，1 课时。

9. 烘焙课，2 课时。

10. “小小美食家”评选，4 课时。

（二）课程实践

通过讲授、实践、展示、评比等方式完成教学内容。

1. 讲授课。课程中涉及家务小窍门、热爱劳动、劳动节等知识的内容，教师可采用讲授的方法进行授课。

2. 实践课。开展丰富多彩的实践活动，主要以劳动探究、家务实践、综合实践课等多种可行的方式开展活动。

3. 展示课。学生通过演讲、展示探究报告、设计劳动宣传画等多种方式学习劳动技巧，展示劳动魅力。

4. 评比课。通过家政活动专项比赛，劳动过程展讲、家务表评比等形式评选“自理小达人”“父母好帮手”“小小美食家”。

四、课程资源

教师、家长共同参与实施；综合实践教室、家庭资源。

五、评价活动

1. 即时评价（60%）。在每次课程实践中，根据学生在活动中的参与态度和完成效果两方面的内容，采取自评、小组评价、父母评价及教师评价等方式，对学生进行相关评价。其中，参与态度由学生、小组、教师和家长在每节德育课和家务实践活动根据学生表现的情况进行评价，完成效果由学生、教师和父母在每次的家务实践活动后进行评价。所有课程结束后，根据全班学生所获★的多少，划分三等，以鼓励为原则，分别赋分。其中，一等赋分 55~60，二等赋分 50~55，三等赋分 45~50。

2. 总结评价（30%）。每个学期结束，举行班级家政课程实践比赛，如：制作美食、整理大赛等，将以组为单位的实践活动展示进行全班评价，将每组得分作为组员得分计入期末评价。

3. 加分项（10%）。根据评比周评比记录表的反馈和实践活动材料上交的质量，评选当月的“自理小达人”“父母好帮手”“小小美食家”。每获得一项荣誉称号加 2.5 分，颁发奖状并表彰 3 个生肖章。此项总分不超过 10 分。

4. 期末评价。根据学生总分进行期末评价，85 分以上为 A，90 分以上为 A+，95 分以上为 A ☆，成绩记录到“小学生素质测评”。

“花样跳绳”课程纲要

一、背景分析

跳绳运动是对我国民族传统体育项目的一种传承，而且跳绳运动简单易学，运动强度易于掌控，不受场地、空间、时间的限制，易于推广普及，是一项适合广大青少年生理特点的体育项目。现在的小学生大多感统能力缺失，感统失调会影响大脑各功能区、感觉器官及身体的协调发挥，引发学习、生活等方面的问题。像好动不安、笨手笨脚、注意力不集中、喜欢他人用力推挤压等现象都是感统失调造成的，跳绳就是最简单高效的感统能力训练项目，能有效提高学生的感统能力。同时，为纠正某些学生课间抬腿就跑、张嘴就喊的生活陋习，培养学生健康的运动习惯，促进他们器官发育、骨骼成长，开设花样跳绳课程。

二、课程目标

（一）总目标

1. 学会跳绳运动方法，了解有关花样跳绳运动的知识。

2. 会创编简单的跳绳花样，掌握跳绳运动练习方法。

3. 提升感统能力，跳出健康、跳出活力，培养良好运动习惯。

4. 培养团结合作，勇于探索、大胆创新的精神和勇敢顽强的意志品质。

（二）分级目标

一年级

1. 激发学生参与体育运动的兴趣，使他们乐于运动，善于运动，为终身体育奠定基础。

2. 通过跳绳练习，让学生了解跳绳形式多样，并掌握跳绳的基本技术与技能。

3. 发展学生的协调性，上、下肢肌肉力量，提高跳跃能力。

4. 培养学生勇于克服困难、不怕失败，积极进取、拼搏向上的精神。培养学生合作创新的意识，使他们能建立和谐的人际关系。

二年级

1. 学生能够在游戏中掌握跳绳技术动作，发展耐力、弹跳、灵敏和协调素质。

2. 提高和改善学生参与活动的意识和行为，增强学习的主动性和自信性。

3. 学生能够熟练掌握跳绳方法，简单的单摇跳非常流畅，会几个简单的花样跳并且熟练掌握。

三年级

1. 学生能够了解跳绳的多种玩法，在玩中进一步了解跳绳技术的有关技巧。

2. 学生能够掌握多种跳绳的玩法，并能利用跳绳进行各种不同方式的玩法以及进行各种跑跳游戏。

3. 发展学生思维能力，提高学生创造能力，培养学生合作能力。

四年级

1. 通过练习熟练掌握并脚跳绳的动作要领，同时发展灵敏、协调等身体素质。

2. 学生能够熟练掌握八字绕绳的动作技巧。

3. 学生能够创编简单的花样跳。

4. 通过教学培养学生创新意识，不断努力进取的精神。

五年级

1. 学生在掌握简单的花样跳绳的基础上，掌握难度高点的动作。

2. 学生能够掌握较高难度的双人跳，如车轮跳。

3. 学生能够掌握简单的双人跳的花样动作。

4. 学生能够创编简单的组合动作。

5. 通过创编动作，培养学生的创新意识、团结协作意识。

六年级

1. 学生能够熟练掌握多种步伐的单人跳，并且能够掌握较高难度的花样跳。

2. 学生能够熟练掌握八字绕绳的技巧，计时三分钟跳最少 200 个。

3. 学生能够熟练掌握双人跳的简单花样。

4. 学生能够创编 6 人的简单表演动作。

三、课程实施

（一）课程内容

一年级

1. 单摇跳动作，4 课时。

2. 单脚跳，4 课时。

3. 倒摇跳，3 课时。

4. 开合跳，3 课时。

5. 弓步跳，3 课时。

6. 创编简单的组合跳，5 课时。

二年级

1. 单摇跳动作，2 课时。

2. 单脚跳，4 课时。

3. 倒摇跳，4 课时。

4. 开合跳，3 课时。

5. 弓步跳，3 课时。

6. 正摇倒摇交叉跳，6 课时。

7. 交叉步伐跳，5 课时。

8. 创编简单的组合动作，5 课时。

三年级

1. 单摇跳，1 课时。

2. 单脚跳，2 课时。

3. 倒摇跳，2 课时。

4. 开合跳，2 课时。

5. 弓步跳，2 课时。

6. 踢腿跳，4 课时。

7. 提膝踢腿跳，4 课时。

8. 正摇倒摇交叉跳，4 课时。

9. 交叉步伐跳，4 课时。

10. 长绳绕八字进绳，3 课时。

11. 创编简单的花样组合动作，4 课时。

四年级

1. 单摇跳，1 课时。

2. 单脚跳，2 课时。

3. 倒摇跳，2 课时。

4. 开合跳，2 课时。

5. 弓步跳，2 课时。

6. 踢腿跳，2 课时。

7. 提膝踢腿跳，2 课时。

8. 正摇倒摇交叉跳，2 课时。

9. 交叉步伐跳，2 课时。

10. 长绳绕八字跳，4 课时。

11. 俯卧撑跳，2 课时。

12. A、B 缠绕，5 课时。

13. 创编表演性组合动作，4 课时。

五年级

1. 单摇跳，1 课时。

2. 单脚跳，2 课时。

3. 倒摇跳，2 课时。

4. 开合跳、交叉步伐跳，2 课时。

5. 弓步跳，2 课时。

6. 踢腿跳，2 课时。

7. 提膝踢腿跳，2 课时。

8. 正摇倒摇交叉跳，2 课时。

9. 双人简单车轮跳，3 课时。

10. 长绳绕八字计时跳、交叉跳、绳中绳，4 课时。

11. 俯卧撑跳，2 课时。

12. A、B、C 缠绕，4 课时。

13. 创编表演性组合动作，4 课时。

六年级

1. 单摇跳，1 课时。

2. 单脚跳，2 课时。

3. 倒摇跳，2 课时。

4. 开合跳、交叉步伐跳，2 课时。

5. 弓步跳，2 课时。

6. 踢腿跳，2 课时。

7. 提膝踢腿跳，2 课时。

8. 正摇倒摇交叉跳，2 课时。

9. 双人简单车轮跳，2 课时。

10. 长绳绕八字计时跳、交叉跳、绳中绳、交互绳跳，6 课时。

11. 俯卧撑跳，1课时。

12. A、B、C缠绕，4课时。

13. 创编具有表演性的花样组合动作，4课时。

（二）课程实践

1. 通过15分钟的花样跳绳大课间，学生掌握最基本的跳绳技术，锻炼学生的感统能力及培养学生团结协作的意识。

2. 进行花样跳绳绘画的研究性学习。

3. 举办跳绳节，通过亲子跳绳活动增进亲子关系的同时对学生的花样跳进行等级评价，根据学生创编的花样组合及双人跳绳的花样创编进行等级评价，增强学生的自信心。

4. 根据跳绳标准对学生进行跳绳达标测试，通过长绳绕八字的比赛，锻炼学生的耐力，同时培养学生团结协作的意识。

5. 把跳绳带进每个家庭，让家长和孩子一起动起来，在养成跳绳习惯的同时强健体魄。

6. 组织学生参加国家、省、市级比赛，开阔学生视野的同时提高学生的跳绳水平。

7. 聘请精英跳绳教练进行培训，提高学生的花样跳绳技能。

四、课程资源

体育老师、跳绳教练、班主任、家长共同参与实施；学生人手一根跳绳、各类花样跳大绳；花样跳绳视频。

五、评价活动

1. 过程性评价（30%）。在课程实践中，根据学生在活动中的学习态度、小组合作意识两方面的内容，采取自评、小组评价及教师评价等方式，对学生进行相关评价。其中，学习态度由学生、小组、教师在每周跳绳活动结束时根据学生表现的情况进行评价，每周一评；小组合作意识由老师和学生根据学生参与小组活动的积极性进行评价，每周一评。

2. 总结评价（70%）。学期结束时对学生的创新意识和学生的等级进行评价，创新意识由学生、教师根据学生的创编花样是否有被认同及是否有创新意识进行评价，期末进行评价，小组成绩为小组成员的成绩。每个学期结束，举行班级跳绳比赛，进行等级评价，比如一分钟跳绳、三分钟长绳绕八字比赛、创编花样展示，将以组为单位的跳绳展示进行全班评价，将每组得分作为组员得分计入期末评价。

3. 加分项。根据期末比赛超出规定优秀水平个数的队员评选“跳绳小达人”“跳绳健将”。每获得一项荣誉称号加 2.5 分，颁发奖状并表彰 3 个生肖章。此项总分不超过 10 分。

4. 期末评价。根据学生总分进行期末评价，85 分以上为 A，90 分以上为 A+，95 分以上为 A ☆，成绩记录到“小学生素质测评”。

“社区文化”课程纲要

一、背景分析

培育文化素养，树立价值取向，增进家国情怀，促进多元发展是学生适应终生发展和社会发展的必备品格。仲村是一个有着浓厚文化底蕴的古村落，在旧村改造农村城市化进程中丢失了许多优良传统，导致学生文化信仰缺失。为把民族根留住，引领学生在挖掘乡俗民风、整理村规家训、弘扬民族文化、传承历史记忆的实践中形成价值追求、文化自信和多元能力，学校构建社区文化课程，满足学生的成长需求和发展愿望。

二、课程目标

（一）总目标

1. 通过搜集、整合历史资料，提高整合知识的能力。

2. 通过充分挖掘历史文化底蕴，记录社区名人故事，引领学生传承家族传统家风，弘扬民间优秀文化。

3. 能够了解社区历史变迁，感悟发展变化，进而珍惜当下生活，勤奋努力学习，将来为建设家乡做出贡献。

4. 学会感知、体验、描述、应用、分析、综合、评价等，发展自主学习能力、探究实践能力、社会交往能力。

5. 能够逐步形成优秀的价值取向、文化信仰和情感态度，增强家乡自豪感和文化自信，增进家国情怀。

（二）分级目标

低年级

1. 学会初步获取家乡文化信息的能力，感受家族优秀传统家风。

2. 了解并说出社区的名人名家，能列举出传统家居摆件，家乡名胜古迹。

3. 培养初步的逻辑思维能力、语言表达能力和社会交往能力，为以后独立自主地探究打好基础。

4. 增强爱家、爱家乡情感。

中年级

1. 提高整合知识的能力，记录社区文化，认同家乡优秀文化。

2. 通过对老物件的收集展示，传承优秀文化，了解历史变迁。

3. 学会筛选、辨别、分类、归纳搜集的资料、图片。

4. 培养审辩式思维能力、语言表达能力和社会交往能力。

5. 增强爱家、爱家乡的情感。

高年级

1. 通过访谈等活动，提高探究学习能力和社会交往能力。

2. 学会归纳、总结、设计、编写家族发展史，传承优秀家风。

3. 培养审辩式思维能力、口头和书面表达能力、逻辑思维能力以及社会交往能力。

4. 对优秀文化和家庭家风进行评价、讨论，培养家乡自豪感，增强家国情怀。

三、课程实施

（一）课程内容

低年级

1. 社区文化主题班会，4 课时。

2. "家庭留学生"活动，4 课时。

3. 研学实践活动，4 课时。

4. "春节"传统文化实践活动，1 课时。

5. "元宵节"传统文化实践活动，1 课时。

6. "清明节"传统文化实践活动，1 课时。

7. "端午节"传统文化实践活动，1 课时。

8.“中秋节”传统文化探究活动，1课时。

中年级

1. 社区文化主题班会，4课时。

2. 研学实践活动，4课时。

3. 社区历史大探究，2课时。

4. 优秀家风作文展，2课时。

5.“春节”传统文化实践活动，1课时。

6.“元宵节”传统文化实践活动，1课时。

7.“清明节”传统文化实践活动，1课时。

8.“端午节”传统文化实践活动，1课时。

9.“中秋节”传统文化探究活动，1课时。

高年级

1. 社区文化主题班会，4课时。

2. 研学实践活动，4课时。

3. 社区历史大探究，2课时。

4. 优秀家风作文展，2课时。

5.“寻根之旅”族谱回执，2课时。

6.“春节”传统文化实践活动，1课时。

7.“元宵节”传统文化实践活动，1课时。

8.“清明节”传统文化实践活动，1课时。

9.“端午节”传统文化实践活动，1课时。

10.“中秋节”传统文化探究活动，1课时。

（二）课程实践

通过讲授、探究、展示、实践等方式完成教学内容。

1. 讲授课。课程中涉及社区历史、社区文化等知识的内容，教师可采用讲授的方法进行授课。

2. 探究课。探究老物件、家风、社区文化等相关知识，撰写探究报告。

3. 展示课。通过展示探究报告、讲解老物件等多种方式学习劳动技巧，展示劳动魅力。

4. 实践课。开展丰富多彩的实践活动，主要以外出研学、家庭留学生、传统文化庆祝等多种可行的方式开展活动。

四、课程资源

班主任、传统文化教师、家长、仲村社区共同参与实施；以“华夏文明耕读馆”“泽蒲文苑国学馆”作为实践阵地。

五、评价活动

本课程的评价主要采用加分制。根据课时安排，学生基础分为45分。

1. 即时评价。学生即时评价的基础分为45分。每完成1项实践任务提交相应的实践活动材料，采取自评、互评、师评的方式，对活动材料进行评价，根据上交材料的质量分别赋2、3、5分，其中完成探究作业的赋2分，完成且书写认真的赋3分，完成、书写认真并内容翔实的赋5分，最终取其平均分作为本课时的最终得分。

2. 总结评价。每个学期末，举行班级课程汇报，以小组为单位，选取探究课题，全员参与进行汇报。根据展示的效果进行全班评价，根据汇报内容与汇报形式进行赋分。将每组得分作为组员得分计入期末评价。

3. 期末评价。根据学生总分进行期末评价，85分以上为A，90分以上为A+，95分以上为A☆，成绩记录到“小学生素质测评”。

“植物”课程纲要

一、背景分析

学校校园植物品种丰富，且学校毗邻白云山公园，蕴藏着丰厚的教育资源。学校充分利用这一资源，开设了植物课程，引领学生探究、记录植物的生长和果实的成熟过程，培养学生观察、实验、比较的研究方法和爱绿、护绿的环保意识以及爱校园、爱自然、爱生命的情感。同时，引领学生进行劳动实践，在体验中探究奥秘，懂得万物成长和发展规律；懂得成长成才非一日之功，需要不断磨炼，才能有所成就。

二、课程目标

（一）总目标

1. 掌握一些简单的观察方法，提高观察能力。

2. 指导学生与同伴合作、交往，并在过程中发表自己的见解，逐步提高合作能力和人际交往技巧。

3. 学会一些植物栽培方法，并会种植、养护一些常见植物。

4. 热爱科学、热爱自然、热爱生活，关心人类社会的进步和发展，具有一定的社会责任感。

5. 初步掌握一些科学研究的基本方法，每学期习得 1 ～ 2 个直接经验。

6. 认识周围以及校园里的植物，知道它们的生长习性，扩展视野，丰富课外知识。

（二）分级目标

低年级

1. 认识常见的植物，了解其特点及生长习性。

2. 初步了解浇水、施肥、捉虫等常见的植物护理方法。

3. 定期观察校园里的植物变化，学会基本的观察方法。

中年级

1. 认识常见的植物，了解其特点及生长习性，能制作植物卡片。

2. 了解种子发芽的过程及探究影响种子发芽的条件。

3. 学会养护、种植常见植物的方法。

高年级

1. 结合科学课认识各种植物的根、茎、叶的形态及其作用。

2. 学习基础的嫁接、水培技术，能够自己嫁接、水培一种植物。

3. 观察自己栽种的植物和观察周围的植物，撰写观察日记、科学小论文。

三、课程实施

（一）课程内容

低年级

1.“我的植物朋友”主题课，1 课时。

2. 认识校园里植物，2 课时。

3. 认识常见的家庭植物，2 课时。

4. 了解常见植物的特点及生长习性，2 课时。

5.“我与小树共成长”主题课，1 课时。

6. 学习浇水、施肥、捉虫等护理方法，2 课时。

7.“校园里的绿色”主题课，1 课时。

8. 学习植树造林、环境保护相关知识，1课时。

9.“绿色小使者”评选，4课时。

中年级

1. 认识校园、家庭里的常见植物，2课时。

2. 学习制作植物卡片的方法，1课时。

3. 制作植物卡片，1课时。

4. 探究种子发芽的过程及条件，1课时。

5. 撰写“种子的秘密”探究报告，1课时。

6.“种子的‘秘密’”主题课，1课时。

7.“植物的养护”主题课，1课时。

8.“常见植物的种植”主题课，1课时。

9. 种植一棵植物并随时观察、记录，3课时。

10.“绿色小使者”评选，4课时。

高年级

1. 认识植物的根、茎、叶的形态、作用，1课时。

2.“植物的嫁接”主题课，1课时。

3. 植物的嫁接主题实践，2课时。

4. 观察、记录嫁接植物的生长过程，2课时。

5.“神奇的无土栽培——水培”，1课时。

6. 水培主题实践活动，2课时。

7. 观察、记录水培植物的生长过程，2课时。

8. 观察日记、科学小论文分享交流会，1课时。

9.“绿色小使者”评选，4课时。

（二）课程实践

1. 讲授课。课程中涉及植物的嫁接、水培、科普等知识的内容教师可采用讲授的方法进行授课。

2. 实践课。开展丰富多彩的实践活动，主要以实践、探究、观察课等多种可行的方式开展活动。

3. 展示课。学生通过演讲、展示探究报告、设计植物卡片、展示观察日记等多种方式学习植物的栽培、养护方法。

4. 评比课。通过观察日记、植物卡片、探究作业评选“绿色小使者”。

四、课程资源

班主任、社区园林工、家长、青岛农业大学园林与林学院共同参与实施；校园植物、社区植物、白云山公园中的植物。

五、评价活动

1. 即时评价（60%）。在每次课程实践中，根据学生在活动中的参与态度、完成效果两方面的内容，采取自评、小组评价、父母评价及教师评价等方式，对学生进行相关评价。其中，参与态度由学生、小组、教师在每节主题课和实践活动根据学生表现的情况进行评价，每次系列课程结束后评；完成效果由教师和父母在每次的实践活动后进行评价。所有课程结束后，根据全班学生所获★的多少，划分三等，以鼓励为原则，分别赋分，其中，一等赋分 55~60，二等赋分 50~55，三等赋分 45~50。

2. 总结评价(30%)。每个学期结束,举行植物课程实践成果展,展示内容如:探究报告、观察日记、植物卡片等，以组为单位进行全班评价，将每组得分作为组员得分计入期末评价。

3. 加分项（10%）。探究报告、观察日记、植物卡片，学校每录用一次加 2.5 分，表彰 3 个生肖章。此项总分不超过 10 分。

4. 期末评价。根据学生总分进行期末评价，85 分以上为 A，90 分以上为 A+，95 分以上为 A ☆，成绩记录到“小学生素质测评”。

“古诗词诵读”课程纲要

一、背景分析

古诗词是中华传统文化的精髓，它沉淀于历史的长河，而又升华于现代的社会，既是延续传统的纽带，又是开创未来的阶梯。新高考改革，语文测试阅读理解、写作的广度、难度增加，2019 年秋季统一使用的部编版教材，小学 6 个年级 12 册共有古诗文 128 篇，与原有教材比，增幅达 87%。高考和课本改革，都在告诉我们学生的语文核心素养亟待提升。通过古诗词诵读课程的构建和实施，激发孩子学习语文的灵性，引领学生深入感悟中华经典中的家国情怀、社会关爱和人格修养，增强文化自信，提高语言文化修养、审美情趣，全面提升学生的语文核心素养。

二、课程目标

（一）总目标

1. 通过开设古诗词诵读课程，激发学生学习祖国优秀文化的兴趣。

2. 养成良好的学习行为习惯，提高自学能力。

3. 通过经典古诗词陶冶高雅情趣，开阔胸襟。

4. 通过诵读中华经典诗词，营造和谐、人文的校园文化。

（二）分级目标

低年级

1. 读准、读好一定量的古诗词，激发兴趣，掌握诗词诵读量为 40 首左右。

2. 培养每日读诗的好习惯。

3. 能初步了解篇幅较小的古诗词的意思和背景，知道李白、杜甫等一些伟大诗人。

4. 学会古诗词诵读的基本学习方法。

5. 培养学生的诵读能力、语言表达能力。

中年级

1. 有韵味地读准、读好较多量的古诗词，兴趣较浓，掌握诗词诵读量为 60 首左右。

2. 养成每日背诵古诗词的习惯，

3. 在了解和知道古诗词意思和背景的基础上，有感情地诵读。

4. 了解诗词常识，掌握古诗词诵读技巧和方法。

5. 培养学生的诵读能力、表演能力和理解能力。

高年级

1. 熟练而有韵味地读准、读好更多量的古诗词，兴趣浓郁，诗词诵读量为 80 首。

2. 能正确地分析、掌握和阐述诗词意思，知道、了解更多诗人，熟练掌握古诗词诵读的方法。

3. 积极参与古诗词诵读比赛和教育主题活动。

4. 能根据情境，较熟练地诵读和运用古诗词，感悟古诗词的魅力。

5. 培养学生的诵读能力、分析能力、理解能力、表演能力、运用能力。

三、课程实施

（一）课程内容

低年级

1.《江南》《绝句》(迟日江山丽)，自选古诗 3 首，1 课时。

2.《古朗月行》《寻隐者不遇》，自选古诗 3 首，1 课时。

3.《敕勒歌》《七步诗》，自选古诗 3 首，1 课时。

4.《幼女词》《夏日绝句》，自选古诗 3 首，1 课时。

5.《画》《塞下曲》(月黑雁飞高)，自选古诗 3 首，1 课时。

6. 晨读日诵，1 课时。

7.“漫步古诗园”大探究，1 课时。

8. 每月古诗达级，6 课时。

9. 班级、年级飞花令大赛，2 课时。

10.“诵读小明星”评选，1 课时。

中年级

1.《山行》《枫桥夜泊》，自选古诗 5 首，1 课时。

2.《出塞》《送元二使安西》，自选古诗 5 首，1 课时。

3.《九月九日忆山东兄弟》《山行》，自选古诗 5 首，1 课时。

4.《枫桥夜泊》《望天门山》，自选古诗 5 首，1 课时。

5.《晓出净慈寺送林子方》《乌衣巷》，自选古诗 5 首，1 课时。

6. 晨读日诵，1 课时。

7.“漫步古诗园”大探究，1 课时。

8. 每月古诗达级，5 课时。

9. 班级、年级飞花令大赛，2 课时。

10.“诗词小达人”评选，1 课时。

高年级

1.《游园不值》《宿新市徐公店》，自选古诗 7 首，1 课时。

2.《四时田园杂兴》《泊船瓜洲》，自选古诗 7 首，1 课时。

3.《赠汪伦》《过故人庄》，自选古诗 7 首，1 课时。

4.《秋夜将晓出篱门迎凉有感》《望岳》，自选古诗 7 首，1 课时。

5.《饮湖上初晴后雨》《渔歌子》，自选古诗 7 首，1 课时。

6. 晨读日诵，1 课时。

7.“诗情画意”绘古诗，1课时。

8. 每月古诗达级，6课时。

9. 班级、年级飞花令大赛，2课时。

10. 学校“诗王“争霸赛，1课时。

（二）课程实践

通过讲授、诵读、古诗达级、评比展示等方式完成教学内容。

1. 讲授课。课程中涉及古诗词创作背景、赏析等知识的内容，教师可采用讲授的方法进行授课。

2. 诵读课。教师利用早读时间和课前两分钟，采用教师带读、学生齐读、自由对读等多种形式，让学生吟诵古诗词，感受诗词魅力。

3. 古诗达级。每月20号左右，每班进行一次古诗达级赛，邀请家长担任评委，检查学生利用课余时间诵读的古典诗文，8首为一级，将等级填写到古诗达级卡上，每月评选一次“古诗小达人”。

4. 评比展示。通过“古诗配画”“诗词表演”“古诗书法作品展”等形式，调动学生学习古诗文的积极性，举办班级、年级的飞花令比赛、“诗王”争霸赛、诵读大赛等形式评选“诵读小明星”。

四、课程资源

班主任、语文老师、家长共同参与实施；建立“诗润童心诗词馆”；唐诗宋词元曲书籍、“跟着二十四节气学诗词”书籍、诗词卡片、古诗答级册。

五、评价活动

1. 即时评价（60%）。在诵读活动和讲授课中，根据学生在活动中的参与态度（20分）、背诵的等级（24分）和诵读表达效果（16分）三方面，采用小组评价、家长评价及教师评价等方式，对学生进行相关评价。其中，参与态度由教师在讲授课中根据学生表现的情况进行评价；背诵的等级由担任达级的家长在每月的古诗达级活动后进行评价；诵读表达效果小组和教师在每次诵读活动后进行评价，每月一评。

2. 总结评价（30%）。每个学期结束，举行诵读比赛，如飞花令比赛、“诗王”争霸赛等，邀请社会诗词诵读专家、老师、家长等担任评委，对学生诗词掌握量和诵读效果进行评价，将得分计入总结评价。

3. 加分项（10%）。在学校开展的诵读活动或在上级古诗词诵读比赛或演出中表现突出的同学，给予加分奖励，最高10分。

“书法”课程纲要

一、背景分析

书法是中国汉字特有的一种传统书写艺术。因此，书法教育是对中华优秀传统文化的珍视与学习，是增强学生民族文化认同，感受传统书法魅力，接受系统技法训练的重要途径。为培养学生书法的书写技能，在潜移默化的书法教育中引导学生了解书法文化，体验书法魅力，并把“端正写字，方正做人”育人之道寓于书法教育之中，在全校开设翰墨飘香书法课程。

二、课程目标

（一）总目标

1. 书法课程不仅可以培养学生书写技法，更重要的是可以引导学生在练字时，尤其是在临帖时做到眼、脑、手并用，以此提高学生的思维、记忆、操作等方面的能力，锻炼学生做事认真、沉稳、有始有终的品格。

2. 建立书法校本课程，形成校园书法文化，彰显读写教育特色。

3. 发挥校本培训的功能和优势，提升教师课程开发和改革的专业能力。

4. 书法教学中，让学生明白写得一手好字非一日之功，要从写好每一笔开始。要日复一日，持之以恒，使学生的良好行为习惯在不知不觉中养成。

（二）分级目标

低年级

1. 通过观察交流、书写指导、练习实践，掌握普通楷书基本的笔画。

2. 通过“书法准备”学习正确的握笔姿势、执笔方法和文具的使用。

3. 通过学习普通楷书基本的笔画，初步掌握起笔、行笔、收笔的基本方法。利用描红把握字的笔画和间架结构。

4. 通过“描红竞赛”交流书法的活动，激发学生学习书法的热情，培养学生学习书法的兴趣。

5. 通过观察交流，学会正确观察，培养良好的读帖习惯。

6. 通过观察交流、描红练习，引导学生书写练习，掌握运笔的基本方法；提高学生的书写能力。

7. 通过阅读书法故事，引导学生了解汉字和书法的丰富文化内涵及文化价值，传承中华传统文化。

8. 通过观看书法名家名作，掌握更多的书法知识；拓宽学生学习书法的视野，感受汉字和书法的魅力；提升审美能力和文化修养，激发学生的民族自豪感。

9. 培育学生热爱书法的情感，激励学生形成积极的人生态度和正确的价值观，增强学生的文化自信与爱国情感。

中年级

1. 通过观察交流、书写指导、练习实践，掌握欧体楷书基本的间架结构规律。

2. 通过学习欧体间架结构的基本原则，临写楷书时做到整齐平正、分布均匀、错让呼应、主次有序、轻重平稳。

3. 通过学习欧体楷书独体字的间架结构，理解主笔的概念，掌握横、竖、撇、捺、折、钩为主笔的独体字的写法。

4. 通过学习欧体楷书合体字的间架结构，把握左右、左中右、上下、上中下结构合体字的书写方法。

5. 通过集字练习，激发学生书法创作的热情，培养学生书法创作的兴趣。

6. 通过观察交流，让学生学会如何正确观察，培养学生良好的读帖习惯。

7. 通过对欧体楷书图例及重点的讲解，引导学生掌握汉字书写的基本规律和基本技能，培养学生良好的书写习惯。

8. 通过观察、临写、对比调整，引导学生进行自主的书法练习，掌握临摹的基本方法，继续培养学生爱护笔墨纸砚、注意书写环境清洁等良好的书写习惯，提高书写能力。

9. 通过介绍书法名家及书法相关知识，引导学生了解汉字和书法的丰富文化内涵及文化价值，传承中华传统文化。

10. 通过阅读书法故事，了解勤学苦练是学好书法的唯一途径。

11. 通过观看书法名家名作，掌握更多的书法知识，拓宽学生学习书法的视野。

12. 通过阅读名作欣赏，了解经典碑帖的书法艺术特色，感受汉字和书法的魅力，感受中国书法艺术的博大精深，提升审美能力和文化修养，激发学生的民族自豪感。

13. 培育学生热爱书法的情感，激励学生形成积极的人生态度和正确的价值观，增强学生的文化自信与爱国情感。

高年级

1. 通过观察交流、书写指导、练习实践，掌握欧体楷书基本部件的书写规律。

2. 通过学习欧体部件，掌握欧体楷书各类合体字的结构规律。掌握部件和其他部分的结构规律：高低关系、宽窄比例、收放关系、呼应穿插、主次有序、轻重平稳。

3. 通过学习欧体“土”部和“土字底”、“山”部和“山字底”、“女”部和“女字底”、“木”部和“木字底”、“王”部和“王字底”、“日”部和“日字底”等几组部首，了解部首在不同位置时写法的变化。

4. 通过观察交流学会如何正确观察，培养良好的读帖习惯。

5. 通过对欧体楷书及其讲解的学习，掌握汉字书写的基本规律和基本技能，培养良好的书写习惯。

6. 通过观察、临写、对比调整进行自主书写练习，掌握临摹的基本方法，培养爱护笔墨纸砚、注意书写环境卫生等良好的书写习惯，提高书写能力。

7. 通过各类字体的演变及书法相关知识的学习，了解汉字和书法的丰富文化内涵及文化价值，传承中华优秀传统文化。

8. 通过了解名碑名帖的书法艺术特色，感受汉字和书法的魅力与博大精深，提升审美能力和文化修养，激发民族自豪感。

9. 通过书写探究报告，写“福”字等书法活动，综合利用书法提高版面设计水平，感受练好书法的实用性。

10. 培育学生热爱书法的情感，激励学生形成积极的人生态度和正确的价值观，增强学生的文化自信与爱国情感。

三、课程实施

（一）课程内容

低年级

1. 认识笔墨纸砚，1 课时。

2. 学习坐姿及握笔姿势，1 课时。

3. 横、竖，1 课时。

4. 撇、捺，1 课时。

5. 点和提、竖钩、弯钩和横钩，1 课时。

6. 横折、横折钩和横折提，1 课时。

7. 竖弯、竖弯钩和竖提，1 课时。

8. 斜钩和卧钩，1 课时。

9. 横撇和横撇弯钩，1 课时。

10. 撇折和撇点，1 课时。

11. 横折弯、横折弯钩和横折斜钩，1 课时。

12. 竖折、竖折折钩和竖折撇，1 课时。

13. 横折折撇和横折折折钩，1 课时。

14. 测评考试，3 课时。

中年级

1. 字体分类：篆隶行草楷，1 课时。

2. 整齐平正，1 课时。

3. 分布均匀，1 课时。

4. 错让呼应，1 课时。

5. 主次有序，1 课时。

6. 轻重平稳，1 课时。

7. 横为主笔、竖为主笔，1 课时。

8. 撇为主笔、捺为主笔，1 课时。

9. 折为主笔、钩为主笔，1 课时。

10. 左右结构，1 课时。

11. 左中右结构，1 课时。

12. 上下结构，1 课时。

13. 上中下结构，1 课时。

14. 复习，2 课时。

15. 测评考试，1 课时。

高年级

1. 天干地支纪年法，1 课时。

2. “三撇”“竖心旁”，1 课时。

3. “草字头”“光字头”，1 课时。

4. “土”，1 课时。

5. “广”，1 课时。

6. “山”，1 课时。

7. “反犬旁”“弓”，1 课时。

8. “尸”“儿”，1 课时。

9. “女”“示部旁”，1 课时。

10.“木”，1课时。

11.“欠”“反文旁”，1课时。

12.“王”“四点底”，1课时。

13.“心”“日”，1课时。

14.“牛”“禾”，1课时。

15. 测评考试，2课时。

（二）课程实践

通过讲授、实践、展示、评比等方式完成教学内容。

1. 讲授课。课程中涉及书法知识、古代文学、笔墨纸砚、笔画特点、字体结构的内容教师可采用讲授的方法进行授课。

2. 实践课。以进行书写、整理工具等多种可行的方式开展活动。

3. 展示课。学生通过演讲书法故事、展示探究报告、展示书法作品等多种方式学习书法技巧，展示书法魅力。

4. 评比课。通过书法比赛等形式评选“写字小能手”。

四、课程资源

书法教师、区书协成员共同实施；建立书法教室、“翰墨飘香书法馆”实践阵地；“翰墨飘香”书法教学指导用书。

五、评价活动

评价活动包括教师评、学生自评、学生互评。定性与定量相结合，既用生动形象、适合于学生接受的语言评价学生，又用优、良、中、差或具体的分数对学生进行评价。

评价方案：评价分为形成性评价和综合性评价两大部分。

1. 即时评价（60%）。即时性评价主要考查学生平时的学习情况，包括课前准备、课堂表现、课堂作业、清洁卫生四个方面。

（1）课前准备。能按老师的要求准备好所有学习用品并摆放有序为优；准备学习用品不齐全者为良；不带学习用品的为中。每节课进行检查，随时让学生做好记录。

（2）课堂表现。上课善于观察、乐于倾听、勤于思考、勇于发言、会交流与合作者为优；基本能观察、会倾听、会思考、会交流与合作者为良好；依次酌情降低等次。

（3）课堂作业。作业态度认真、美观为优；依次酌情降低等次。

（4）清洁卫生。完成作业后能保持干净整洁为优秀；基本能保持干净为良；依次酌情降低等次。

2. 终结评价（40%）。让学生根据指定内容自主选择进行表现完成作品，并对自己的作品进行介绍，同时让其他学生参与评价。

具体标准：

（1）90 分以上。

①执笔书写姿势正确，笔法中的起、行、结、提按、方圆、转折、快行、慢行等，准确无误。

②单字结构合理，重心平稳，舒展，主笔突出，点画呼应，大小一致，用笔流畅。

③章法布局合理，行列整齐，风格统一，题款位置、大小与正文协调。

（2）80~89 分。

①执笔书写姿势正确，笔法中的起、行、结、提按、方圆、转折、快行、慢行等较好。

②单字结构合理，重心平稳，舒展，主笔突出，点画呼应，大小一致，用笔到位。

③章法布局较好，行列整齐，风格一致，题款位置、大小与正文统一。

（3）70~79 分。

①执笔书写姿势合格，笔法中的起、行、结、提按、方圆、转折、快行、慢行等较好。

②单字结构合理，重心平稳，舒展，主笔突出，点画呼应，大小一致，用笔基本到位。

③章法布局基本合格，行列较整齐，风格一致，题款位置、大小与正文较统一。

（4）60~69 分。

①执笔书写姿势基本合格，能掌握笔法中的起、行、结、提按、方圆、转折、快行、慢行等。

②单字结构基本合理，重心较平稳，舒展，主笔时有时无，欠缺点画呼应，用笔一般。

③章法布局存有毛病，行列基本整齐，风格欠统一，题款位置、大小与正

文存在一些毛病。

（5）60 分以下。

①执笔书写姿势欠规范，笔法中的起、行、结、提按、方圆、转折、快行、慢行等存在问题。

②单字结构欠合理，其中书写中的突出主笔，点画呼应，大小一致等方面做得不到位，个别字的重心欠平稳，且不够舒展。

③章法布局欠合理，行列欠整齐，风格不统一，题款位置、大小与正文的关系不协调。

3. 评价要求。参与态度由学生、教师在每节书法课程根据学生表现的情况进行评价，每课时一评；完成效果由学生、教师在书法课程后进行评价。所有课程结束后，根据全班学生所获★的多少，划分三等，以鼓励为原则，分别赋分，其中，一等赋分 55~60，二等赋分 50~55，三等赋分 45~50。

“古琴”课程纲要

一、背景分析

古琴是汉文化中地位最崇高的乐器，位列中国传统文化四艺“琴棋书画”之首，被文人视为高雅的代表，亦为文人吟唱时的伴奏乐器，自古以来一直是许多文人必备的知识和必修的科目。学生普遍存在传统文化知识薄弱，对传统文化不了解等问题，古琴社团以古琴为载体，引导学生了解古琴历史文化，感受古琴魅力，进一步弘扬中国传统文化。

二、课程目标

（一）总目标

1. 以古琴为载体，对古琴的历史、起源、历史典故等进行研究性学习，能自主探究了解中国传统文化。

2. 通过系统的教学，在掌握琴技的同时培养琴德、琴容，提高自身文化艺术修养。

3. 深入了解古琴的历史文化，体验古琴魅力、感受古琴精髓，感受中国传统文化的博大精深。

（二）分级目标

低年级

1. 初步了解古琴的历史文化，对古琴文化有兴趣。

2. 以古琴为载体，对古琴的历史、起源等进行研究性学习，并完成探究报告。

中年级

1. 了解古琴的历史文化，体验古琴魅力、感受古琴精髓。

2. 以古琴为载体，对古琴的历史、起源等进行研究性学习，并完成探究报告。

3. 了解认识古琴的演奏姿势和基本的指法。

高年级

1. 深入了解古琴的历史文化，体验古琴魅力、感受古琴精髓，感受中国传统文化的博大精深。

2. 以古琴为载体，对古琴的历史、起源等进行研究性学习，并完成探究报告。

3. 掌握琴技的同时培养学生的琴德、琴容。

三、课程实施

（一）课程内容

低年级

1. 简单了解古琴历史背景，1 课时。

2. 《广陵散》故事解析，2 课时。

3. 初步了解古琴的制式及形态，1 课时。

4. “启势”的学习，2 课时。

5. 抹的基本指法，2 课时。

6. 勾的基本指法，2 课时。

7. 挑的基本指法，2 课时。

8. 剔的基本指法，2 课时。

9. 处理《古琴基础教程 12 课》中的练习，2 课时。

中年级

1. 抹、挑、勾、剔的组合练习，3 课时。

2. 打的基本指法，2 课时。

3. 摘的基本指法，2 课时。

4. 右手练习曲《康定情歌》，3 课时。

5. 《康定情歌》巩固练习检测，2 课时。

6. 左手指法大指按弦，2 课时。

7. 左手指法无名指按弦，2 课时。

高年级

1. 处理《古琴基础教程 12 课》中的练习，1 课时。

2. 练习曲目《仙翁操》（一），3 课时。

3. 练习曲目《仙翁操》（二），3 课时。

4. 考级曲目《酒狂》（一），2 课时。

5. 考级曲目《酒狂》（二），2 课时。

6. 考级曲目《酒狂》（三），2 课时。

7. 考级曲目《酒狂》（四），2 课时。

8. 作品展示，1 课时。

（二）课程实践

通过讲授、实践、展示、评比等方式完成教学内容。

1. 讲授课。课程中涉及古琴的历史、起源等知识的内容教师可采用讲授的方法进行。

2. 实践课。开展丰富多彩的实践活动，主要以古琴演奏、参观古琴馆、观看古琴演出等多种可行的方式开展活动。

3. 展示课。学生通过古琴演奏、展示探究报告、设计劳动宣传画等多种方式学习多方面的古琴知识。

4. 评比课。通过古琴技巧专项比赛，古琴知识探究展讲、古琴曲目评比等形式评选“璀璨琴星”。

四、课程资源

古琴教师、实验高中学长参与实施；建立古琴室；古琴 20 架。

五、评价活动

1. 即时评价（70%）。在每次课程实践中，根据学生在活动中的出勤、课堂表现和阶段性测评、课后探究四方面的内容，采取自评、小组评价及教师评价等方式，对学生进行相关评价。

（1）出勤表现评价：每节课前由班长点名记录无故缺勤，每课时一评，学期末统计无故缺勤次数，全勤为 5 分，无故缺勤一次扣 0.5 分；

（2）课堂表现评价：上课认真听讲加 1~2 分，积极回答问题加 1 分，认真进行自主练习加 1~3 分，在每节古琴课根据学生的表现进行评价，每课时一评；

(3) 日常技巧测评（40 分）：测评指法、节奏、力度准确，演奏姿势优美，乐曲熟练者得 40 分；指法、节奏、力度较准确，演奏姿势较优美，演奏较熟练，或较之前表现进步较大者得 30 分；依次酌情赋分。

(4) 课后探究评价：每进行一次古琴历史知识探究并形成探究报告，根据其完成质量加 1~5 分。

所有课程结束后，根据全班学生所获分数的多少，划分三等，以鼓励为原则，分别赋分，其中，一等赋分 60~70，二等赋分 50~60，三等赋分 40~50。

2. 总结评价（30%）。每个学期结束，举行古琴专项技能比赛，如古琴技巧专项比赛、古琴曲目比赛等，将以组为单位的古琴展示进行全班评价，总分 30 分，根据组内成员演奏的指法、节奏、姿势、完整度，由任教老师相应赋分，将每组得分作为组员得分计入期末评价。

3. 期末评价。根据学生总分进行期末评价，85 分以上为 A，90 分以上为 A+，95 分以上为 A ☆，成绩记录到“小学生素质测评”。

“珐琅凝萃”课程纲要

一、背景分析

掐丝珐琅画脱胎于古老的景泰蓝工艺品，它是将宫廷御用的珐琅技术移植到画板上的特种绘画，由金丝和彩砂制作而成，全程 6 道工序都是由手工工序完成的。因工艺考究，2006 年被国家列为第一批非物质文化遗产。开设珐琅凝萃课程，一方面提升学生的美术核心素养，促进学生全面发展。另一方面让学生认识传统文化，热爱传统技艺，努力培养出新一代的非遗手艺人，让非遗技艺拥有更高价值，从而实现对我国的优秀传统文化的推广与传承。

二、课程目标

（一）总目标

1. 了解掐丝珐琅画的历史发展和制作过程，学习掐丝珐琅画的制作方法，综合运用各种技法，并组合创作新的作品。

2. 学生通过练习、探讨、听教师讲解等学习方式熟练掌握掐丝珐琅的基本表现方法，学会制胎、掐丝、点蓝等技法，大胆想象创作一件与众不同的的作品，体验掐丝珐琅视觉表现的独特效果。

3. 寻找生活中的美，发扬和传承非物质文化，培养学生对传统和传统技艺的热爱和传承，增强民族自豪感。

（二）分级目标

低年级

1. 初步学习“非遗文化——掐丝珐琅画”，了解掐丝珐琅画的历史发展及掐丝珐琅画的制作方法。

2. 通过教师讲解、作品欣赏等形式，对掐丝珐琅画有初步了解，并在教师的指导下掌握基础的制作方法，表现简单的作品。

3. 培养学习“非遗文化——掐丝珐琅画”的兴趣。

中年级

1. 学习掌握掐丝珐琅的基本表现方法，制胎、掐丝、点蓝等技法，能制作一些小样的物品。

2. 在初步掌握技能的基础上，通过学生搜集资料，教师示范、作品的制作等学习活动，熟练掌握掐丝珐琅画的制作技巧。

3. 通过学习和制作掐丝珐琅画，增强发现美、表达美、创造美的能力，培养对民间艺术的兴趣。

高年级

1. 在熟练掌握制作技巧的基础上，学会制作较为复杂的作品，并尝试创作，如《葫芦创作》《生活中的掐丝珐琅拼画》。

2. 引导学生运用掐丝珐琅画的技艺，综合运用各种技法选取生活中的材料，如珍珠、纽扣，组合创作新的作品。

3. 学生在参与学习过程中获得了积极的价值观，锻炼了持之以恒的良好品质，培养积极合作的团队精神。

三、课程实施

（一）课程内容

低年级

1. 走进掐丝珐琅画，1 课时。

2. 了解掐丝珐琅画发展历史，1 课时。

3. 认识掐丝珐琅画工艺，1 课时。

4. 掐丝珐琅画制作方法，1 课时。
5. 基础制胎画稿学习，1 课时。
6. 十二生肖形象设计，1 课时。
7. 基础捋丝、掐丝、粘丝学习，2 课时。
8. 简单的掐丝练习，2 课时。
9. 基础点蓝学习，2 课时。
10. 十二生肖书签制作，2 课时。
11. 基础上胶固定学习，1 课时。
12. “珐琅凝萃达人”评选，1 课时。

中年级

1. 掐丝珐琅捋丝、掐丝、粘丝提升，2 课时。
2. 掐丝珐琅点蓝技术提升，2 课时。
3. 绘制卡通人物制胎画稿（手机壳），1 课时。
4. 手机壳制作，3 课时。
5. 花卉白描制胎画稿，1 课时。
6. 首饰饰品制作，3 课时。
7. 手绘风景制胎画稿，1 课时。
8. 杯垫制作，2 课时。
9. “珐琅凝萃小能手”评选，1 课时。

高年级

1. 制胎画稿自由创作——生活中的纹样，1 课时。
2. 熟练掐丝珐琅捋丝、掐丝、粘丝，2 课时。
3. 圆盘制胎画稿制作，1 课时
4. 熟练点蓝技术及色彩的综合运用，2 课时。
5. 葫芦制胎画稿制作，1 课时。
6. 葫芦综合材料与掐丝珐琅结合，3 课时。
7. 生活中的掐丝珐琅拼画画稿，1 课时。
8. 合作完成大幅创意作品，4 课时。
9. “珐琅凝萃小画家”评选，1 课时。

（二）课程实践

通过讲授、实践、展示、评比等方式完成教学内容。

1. 讲授课。课程中涉及掐丝珐琅基本知识和基本表现方法，制胎画稿、掐丝、点蓝等技法的内容教师可采用讲授的方法进行授课。

2. 实践课。通过学生搜集资料、教师讲解示范、作品欣赏等方式，大胆创作，熟练掌握掐丝珐琅制作方法。

3. 展示课。学生通过演讲、展示探究报告、独自创作等多种方式学习掐丝珐琅画知识，展示掐丝珐琅画魅力。

4. 评比课。通过掐丝珐琅专项比赛，创作过程展讲、掐丝珐琅画作品等形式评选“珐琅凝萃小达人”“珐琅凝萃小画家”“珐琅凝萃小能手”评选。

四、课程资源

美术教师；珐琅凝萃室；设备器材。

五、评价活动

1. 即时评价（60%）。在每次课程实践中，根据学生在活动中的参与态度、完成次数和完成效果三方面的内容，采取自评、小组评价及教师评价等方式，对学生进行相关评价。其中，参与态度由学生、小组、教师在每节课和活动中根据学生表现的情况进行评价，每课时一评；完成次数由学生和教师每次的课程实践活动后进行评价，每任务类型一评；完成效果由学生、教师所有课程结束后，根据作品完成情况进行评价。全班学生所获★的多少，划分三等，以鼓励为原则，分别赋分，其中，一等赋分 55~60，二等赋分 50~55，三等赋分 45~50。

2. 总结性评价（30%）。每个学期结束，举行掐丝珐琅画创作比赛，如指定主题、风景、人物、物品，将得分分别计入期末评价。

3. 加分项(10%)。根据评比周的即时评价结果(60%)、总结性评价结果(30%)和实践活动照片(10%)评选当月的“珐琅小达人”“珐琅小能手”“珐琅小画家”。每获得一项荣誉称号加 2.5 分，颁发奖状并表彰 3 个生肖章。此项总分不超过 10 分。

4. 期末评价。根据学生总分进行期末评价，85 分以上为 A，90 分以上为 A+，95 分以上为 A ☆，成绩记录到“小学生素质测评”。

“菊香”课程纲要

一、背景分析

为引领学生了解中国人对菊花的挚爱，激发学生知菊、爱菊的雅致情趣，培养学生热爱大自然的高尚情怀，推动学生形成良好的意志品质，学校研发“菊香”课程，以知菊、种菊、赏菊、诵菊、画菊、写菊为主题开展丰富多彩的课程研学和劳动实践活动，推进德育、促进智育、兼顾美育、锻炼体力、实践劳动。一项活动促进五育融通，做到知行合一。与菊为友，赏心悦目，培育谦谦少年君子。

二、课程目标

（一）总目标

1. 认识周围以及校园里的各种菊花，知道它们的生长习性；学会菊花栽培方法，并会种植、养护一些常见的菊花。

2. 帮助学生掌握一定的观察方法，提高观察能力。

3. 了解菊花的价值，进行画菊、写菊、赏菊活动。

4. 了解菊花的品性，古人对菊花的热爱和品鉴。

（二）分级目标

低年级（1~2 年级）

1. 帮助学生掌握一定的观察方法，初步锻炼学生的观察能力。

2. 指导学生了解菊花生长的季节，菊花的样子、品种等，培养喜爱菊花的情感。

3. 画一画菊花，并涂上喜欢的颜色，初步掌握菊花的绘画技术。

4. 学习古人赞美菊花的四言诗。初步了解古人对菊花的喜爱。

中年级（3~4 年级）

1. 根据学校菊花种植基地的分配，学习种植菊花，并学习浇水、松土、施肥等相关技术。

2. 了解菊花的用途，菊花的品性，人们对菊花的热爱和品鉴。

3. 画一画菊花并涂色，掌握基本的菊花品形和绘画技巧。

4. 学习古人赞美菊花的诗词歌赋。

高年级（5~6 年级）

1. 把种植基地的菊花移植到花盆，并做造型学习，同时做好浇水、松土、施肥等工作。

2. 深入了解菊花的品格，做高雅情趣的爱好者。

3. 文赋菊花，学习古人的诗词歌赋，摹写菊花诗文。

4. 培养爱科学、爱自然、爱生活的社会责任感。

三、课程实施

（一）课程内容

低年级（1~2 年级）

1. 了解菊花的历史，菊花的形态特征、生长环境、分布范围，菊花的分类，菊花的价值，2 课时。

2. 观看菊花的样子，了解颜色、花型等，2 课时。

3. 画菊花，并涂上颜色，3 课时。

4. 学习赞美菊花的诗词，3 课时。

中年级（3~4 年级）

1. 了解菊花的生长环境及繁殖方法，菊花分株繁殖的方法，菊花的嫁接技术，菊花的越冬与秋养，菊花的病虫害防治，2 课时。

2. 从几何图形开始学习菊花插花艺术，2 课时。

3. 观赏菊花的颜色、花型，2 课时。

4. 简单制作菊花茶，2 课时。

5. 仿写观察菊花的短文、日记，2 课时。

高年级（5~6 年级）

1. 把基地的菊花移栽到花盆内，3 课时。

2. 诵读古人赞赏菊花的诗词歌赋，2 课时。

3. 绘画菊花，把菊花画下来，2 课时。

4. 仿写菊花的诗、词、歌、赋，3 课时。

（二）课程实践

通过讲授、实践、展示、评比等方式完成教学内容。

1. 讲授课。课程中涉及菊花的历史、形体特征、分类及价值等知识的内容教师可采用讲授的方法进行授课。

2. 实践课。开展丰富多彩的菊花种植实践活动，主要以实践、探究、观察课等多种可行的方式开展活动。

3. 展示课。学生通过演讲、展示探究报告、设计卡片、展示观察日记等多种方式学习菊花的栽培、养护方法。

4. 评比课。通过观察日记、植物卡片、探究作业的评比评选“绿色小使者”。

四、课程资源

教师、家长参与实施；建立菊香园，每人栽种一种菊花。

五、评价活动

1. 即时评价（60%）。在每次课程实践中，根据学生在活动中的参与态度、完成效果两方面的内容，采取自评、小组评价、父母评价及教师评价等方式，对学生进行相关评价。其中，参与态度由学生、小组、教师在每节主题课和实践活动根据学生表现的情况进行评价，每次系列课程结束后评；完成效果由教师和父母在每次的实践活动后进行评价。所有课程结束后，根据全班学生所获★的多少，划分三等，以鼓励为原则，分别赋分，其中，一等赋分 55~60，二等赋分 50~55，三等赋分 45~50。

2. 总结评价（30%）。每个学期结束，举行“菊香”课程实践成果展，展示内容如探究报告、观察日记、菊香卡片，以组为单位进行全班评价，将每组得分作为组员得分计入期末评价。

3. 加分项（10%）。探究报告、观察日记、观察卡片，学校每录用一次加 2.5 分，表彰 3 个生肖章。此项总分不超过 10 分。

4. 期末评价。根据学生总分进行期末评价，85 分以上为 A，90 分以上为 A+，95 分以上为 A ☆，成绩记录到“小学生素质测评”。

“梦想启航”科技体验课程纲要

一、背景分析

科技是国之利器，中国要强，中国人民生活要好，必须有强大科技。为启迪科学智慧、放飞科技梦想，推进“人生有梦”培养目标，学校开设梦想启航科技体验课程，并建立“梦想启航科技馆”，给学生探究科技奥秘创设舞台。

引领学生在实践中学科学、用科学，从小给他们播下科学的种子。

二、课程目标

（一）总目标

1. 满足学生对科技知识的渴求，学生可根据自己的兴趣选择实践，发展潜能。

2. 体验科技器材，进行相关的实践研究，进一步加深对科学原理的理解，感悟科学的深奥，培养科学兴趣、动手能力、实践能力、创新能力。

3. 对学生进行个性化培养，灌溉梦想沃土，培养思维敏感性。

4. 培养民主、平等、自由、合作的科学精神，尊重客观规律的科学素养，严谨的工作态度和科学的价值观。

（二）分级目标

一年级

1. 能认识“梦想起航”科技长廊里的科技仪器。
2. 在玩耍中能操作简单的科技仪器并观察基本的科学现象。
3. 培养学生认真观察、动手实践的科学素养。

二年级

1. 能认识“梦想起航”科技长廊里的科技仪器。
2. 能操作简单的科技仪器。
3. 能简述简单科技仪器的科学现象。
4. 培养学生认真观察、动手实践和口头表达能力。

三年级

1. 认识“梦想起航”科技长廊里的科技仪器并能操作简单的科技仪器。
2. 能用几句话简述简单科技仪器的使用方法和科学原理。
3. 探究结束后，能写出简单的探究报告。
4. 培养民主、平等、自由、合作的科学精神和语言（口头和书面）表达能力。

四年级

1. 认识“梦想起航”科技长廊里的科技仪器并能操作大部分科技仪器。
2. 能用比较详细的话语讲述科技仪器的使用方法和科学原理。
3. 能利用网络学习、图书馆查阅、调查访问等多种学习方式搜集有关仪器的科学知识的相关信息并能进行简单的拓展探究。
4. 探究结束后，能写出比较详细的探究报告。

5. 理解科学原理，感悟科学深奥，培养科学兴趣和动手能力、实践能力、创新能力、语言表达能力。

6. 对有兴趣的学生进行个性化培养，灌溉梦想沃土，培养思维敏感性。

五年级

1. 认识“梦想起航”科技长廊里的科技仪器并能操作科技仪器。

2. 能用详尽的话语讲述科技仪器的使用方法和科学原理。

3. 能利用网络搜集有关仪器的科学知识并能进行相应的深入拓展探究。

4. 探究结束后写出比较详细的科普小论文、调查报告等，汇编成册。

5. 理解科学原理，感悟科学深奥，培养科学兴趣和动手能力、实践能力、创新能力和较好的语言表达能力。

6. 培养学生尊重客观规律的科学素养，严谨的工作态度和科学的价值观。

7. 对有兴趣的学生进行个性化培养，培养思维敏捷性。

六年级

1. 认识“梦想起航”科技长廊里的科技仪器并能熟练操作科技仪器。

2. 能用准确、详细的话语讲述科技仪器的科学原理。

3. 能利用网络学习、图书馆查阅、调查访问、画图讲解、归纳总结、动手制作等多种学习方式搜集有关仪器的科学知识的相关信息并能进行深入的拓展探究。

4. 探究结束后写出比较详细的科普小论文、绘本、思维导图、调查报告等，汇编成册，展示汇报。

5. 培养学生尊重科学、锲而不舍、不怕困难、敢于质疑、团结协作的科学精神。

6. 对学生进行个性化培养，培养思维敏捷性。

三、课程实施

（一）课程内容

一年级

1. 学习体验声学仪器雪浪声波，2 课时。

2. 学习体验声学仪器喊泉，2 课时。

3. 学习体验声学仪器声悬浮，2 课时。

4. 学习体验光学仪器万丈深渊，2 课时。

5. 学习体验光学仪器时光隧道，2 课时。

6. 学习体验光学仪器哈哈镜，2 课时。

7. 争做仲村娃之“我是科普小明星”评选，4 课时。

二年级

1. 学习体验声学仪器雪浪声波，1 课时。

2. 学习体验声学仪器喊泉，2 课时。

3. 学习体验声学仪器声悬浮，1 课时。

4. 学习体验声学仪器共振鼓，2 课时。

5. 学习体验声学仪器鱼洗，2 课时。

6. 学习体验光学仪器万丈深渊，2 课时。

7. 学习体验光学仪器时光隧道，1 课时。

8. 学习体验光学仪器哈哈镜，1 课时。

9. 学习体验光学仪器投篮歪手，2 课时。

10. 争做仲村娃之“我是科普小明星”评选，2 课时。

三年级

1. 学习体验声学仪器雪浪声波，1 课时。

2. 学习体验声学仪器喊泉，1 课时。

3. 学习体验声学仪器声悬浮，1 课时。

4. 学习体验声学仪器共振鼓，1 课时。

5. 学习体验声学仪器鱼洗，1 课时。

6. 学习体验光学仪器万丈深渊，1 课时。

7. 学习体验光学仪器时光隧道，1 课时。

8. 学习体验光学仪器哈哈镜，1 课时。

9. 学习体验光学仪器投篮歪手，1 课时。

10. 学习体验科学仪器人力发电，1 课时。

11. 撰写简单的探究报告，展评，4 课时。

12. 争做仲村娃之“我是科普小明星”评选，2 课时。

四年级

1. 学习体验声学仪器雪浪声波，1 课时。

2. 学习体验声学仪器喊泉，1 课时。

3. 学习体验声学仪器声悬浮，1 课时。

4. 学习体验声学仪器共振鼓，1 课时。

5. 学习体验声学仪器鱼洗，1 课时。
6. 学习体验光学仪器万丈深渊，1 课时。
7. 学习体验光学仪器时光隧道，1 课时。
8. 学习体验光学仪器哈哈镜，1 课时。
9. 学习体验光学仪器投篮歪手，1 课时。
10. 学习体验光学仪器穿墙而过，1 课时。
11. 学习体验光学仪器多角度镜面反射器，1 课时。
12. 拓展科学探究活动：鸡蛋撞地球，2 课时。
13. 撰写探究报告，展评，3 课时。
14. 成果展示汇报，1 课时。
15. 争做仲村娃之“我是科普小明星”评选，1 课时。

五年级

1. 学习体验声学仪器雪浪声波，1 课时。
2. 学习体验声学仪器喊泉，1 课时。
3. 学习体验声学仪器声悬浮，1 课时。
4. 学习体验声学仪器共振鼓，1 课时。
5. 学习体验声学仪器耳语锅，1 课时。
6. 学习体验声学仪器鱼洗，1 课时。
7. 学习体验光学仪器万丈深渊、时光隧道，1 课时。
8. 学习体验光学仪器哈哈镜、多角度镜面反射器，1 课时。
9. 学习体验光学仪器投篮歪手、穿墙而过，1 课时。
10. 科技馆电学仪器风力发电、人力发电、太阳能发电、水力发电，1 课时。
11. 学习体验力学仪器自己拉自己，1 课时。
12. 拓展科学探究活动：鸡蛋撞地球，2 课时。
13. 撰写探究报告，展评，3 课时。
14. 成果展示汇报，1 课时。
15. 争做仲村娃之“我是科普小明星”评选，1 课时。

六年级

1. 学习体验声学仪器雪浪声波、声悬浮，1 课时。
2. 学习体验声学仪器喊泉、共振鼓、鱼洗，1 课时。
3. 学习体验学仪器耳语锅，1 课时。

4. 学习体验声学仪器万丈深渊、时光隧道，1 课时。

5. 学习体验光学仪器，1 课时。

6. 学习体验光学仪器哈哈镜、多角度镜面反射器，1 课时。

7. 学习体验光学仪器投篮歪手、穿墙而过，1 课时。

8. 科技馆电学仪器风力发电、人力发电、太阳能发电、水力发电，1 课时。

9. 科技馆电磁学仪器：电磁加速器、发电轮，1 课时。

10. 学习体验力学仪器自己拉自己，1 课时。

11. 学习体验仪器过山车，1 课时。

12. 拓展科学探究活动：鸡蛋撞地球，2 课时。

13. 撰写探究报告，展评，3 课时。

14. 成果展示汇报，1 课时。

15. 争做仲村娃之“我是科普小明星”评选，1 课时。

（二）课程实践

通过讲授、实践、展示、评比等方式完成教学内容。

1. 讲授课。课程中涉及仪器相关科学知识的内容教师可采用讲授的方法进行授课。

2. 实践课。开展丰富多彩的实践活动，主要以科技长廊实践体验、网络学习、知识搜集、调查访问、知识答卷、制作绘本、撰写探究报告等多种可行的方式开展活动。

3. 展示课。学生通过知识擂台赛、展示探究报告、我做小老师为同学、老师和家长讲解等多种方式开展，场地没有局限性，可以在科技长廊、班级、家庭中开展。

4. 评比课。通过探究实践活动开展专项科技活动比赛，比如科普知识竞赛、鸡蛋撞地球设计比赛、科普小明星评选等。

四、课程资源

科学老师实施，青岛农业大学、青岛实验高中参与指导；建立 800 平方米“梦想启航科技馆”；购置青岛 95 中物理学、数学等仪器。

五、评价活动

1. 即时评价（70%）。在每次课程实践中，根据学生在活动中的参与态度、完成次数和完成效果三方面的内容，采取自评、互评、父母评价及教师评价等多种方式，对学生进行相关评价。其中，参与态度由学生、小组、教师和家长在每节科学课和科技体验实践活动根据学生表现的情况进行评价，每课时一评；完成次数由学生、老师和家长在每次的科技体验实践活动后进行评价，每周一评；完成效果由学生、教师和父母在每次的科技体验实践活动后进行评价。所有课程结束后，根据全班学生所获分数的多少，划分三等，以鼓励为原则，分别赋分，其中，一等赋分55~60，二等赋分50~55，三等赋分45~50。

2. 总结评价（30%）。每个学期结束，根据年级的不同举行科技体验课程实践比赛，如一、二年级可以开展争做科学小讲师（任选一件仪器进行讲解），三、四年级撰写探究报告，五、六年级进行知识答卷、撰写科普小论文等，将以个人为单位的实践活动展示进行评价，将每人得分计入期末评价。

3. 期末评价。根据学生总分进行期末评价，85分以上为A，90分以上为A+，95分以上为A☆，成绩记录到“小学生素质测评”。

第三节 精品课程

在课程开发和实施过程中，不断总结经验，优化课程，形成一批精品课程，比如花样跳绳课程、科技体验课程、翰墨飘香课程，这三项课程被评为青岛市精品课程。这些精品课程成了学校的办学特色，提升了学校育人品质，培养了大批优秀学生。

“花样跳绳”课程

花样跳绳是一项很好的有氧运动，它可以促进学生的骨骼生长和器官发育，也可以进行有效的感统训练，而且跳绳能玩出花样，深受学生喜爱。

我们开发了“花样跳绳”课程，在全校普及了花样跳绳运动，并编写了《课程指导纲要》，设置了不同的课程内容和培养目标。学校有全校队、百人队、比赛队三个层次的跳绳队伍。花样跳绳已经成为学校学生每人都会的体育运动项目。学校每年参加区、街道各级运动大型展演，花样跳绳已经成为学校的体育品牌，课程被评为青岛市精品课程（图 3-3）。

图 3-3　花样年华 绳彩飞扬

一、跳绳运动介绍

跳绳运动在我国已有 1500 多年的历史，有记载的文献可追溯到隋唐年间，古称“跳百索”。在日常生活或休闲娱乐中，绳子游戏随处可见，如利用绳子的魔术、投绳术、拔河、跳短绳（自己甩动绳子跳跃）、跳长绳（他人甩动绳子）。跳绳是孩子们不可缺少的“童玩”之一，是童年快乐的回忆，具有健身价值和游戏娱乐价值。

跳绳是中国古老的传统游戏，随着时代的发展，不断演绎和创新，现今的跳绳运动，尤其是花样跳绳，摒弃了传统跳绳的枯燥乏味，融合了舞蹈、健身操、音乐等元素，将速度与力量、难度与花样完美结合，逐步发展成集健身、娱乐、竞技、表演等多种功能于一体的体育运动项目。跳绳运动以它完美的健身、健心效果特点被大多数人群接受。

花样跳绳既有个人单兵作战，彰显个人魅力；也有巧妙的团队配合，突显团队精神。在花样跳绳运动中，跳绳者之间相互尊重和相互鼓励；积极乐观、开放大度地与别人进行交流及合作；不断开拓创新、挑战自我，把健康、时尚、快乐的理念传递给每一个人，这是跳绳最大的文化魅力和精神内涵。

二、花样跳绳的学练价值

1. 跳绳运动简便易行。跳绳场地要求小，器材简单，易于操作。同时，跳绳的运动量可大可小，锻炼强度自由掌握，没有身体的直接对抗，可以根据自身能力完成不同的跳绳动作。

2. 有健身健心效果。跳绳需要全身协调配合，不仅可以减肥减重、健美形体，更能改善心血管、呼吸和神经系统，预防各种疾病，还能调节情绪，利于心理健康。

3. 富有挑战和创意。花样跳绳花式多样，不管是跳绳初学者，还是跳绳老手，丰富的跳绳技术及难易兼具的跳绳技巧都会带来无限创意和挑战；不管是新发明的跳法，还是不同的花样组合，花样跳绳从来不会让人觉得枯燥乏味，只要肯动脑筋，并努力去做，随时可以体验到进步的乐趣。

4. 培养团队精神。花样跳绳打破了传统竞技跳绳的单一性、枯燥性，不同的跳绳技术编排成的系列跳绳动作，结合了场地运用、动作编排、队形变换、互动配合、情绪渲染等多种内容为一体，将一股强大的团队向心力和凝聚力化为整个团体的和谐运作和整体配合意识。

5. 具有竞技表演和娱乐价值。花样跳绳所展现的速度、力量、难度及团队配合技巧等，可以给他人带来美的享受和心灵的震撼，具有极强的观赏性。娱乐是花样跳绳运动发展的主导价值取向，游戏、竞技是其娱乐性的根本体现，花样跳绳融入学校课程之中，使其娱乐性得以充分展现，表演化的跳绳又使其

“娱人”功能得到进一步的发挥。

6. 提升感统能力。感统失调会影响大脑各功能区、感觉器官及身体的协调发挥，引发学习、生活等方面的问题。好动不安、笨手笨脚、注意力不集中都是感统失调造成的。花样跳绳是简单高效的感统训练项目，可以促进学生的器官发育及骨骼成长。因此，为提高学生感统能力，培养健康运动习惯，促进学生的生命成长和身体素质，我们在全校普及了花样跳绳运动。

三、开展花样跳绳运动的措施

1. 制定实施纲要。根据每个年级学生的年龄和力量特点，设置了不同的课程内容和培养目标。体育教师结合体育课指导培训跳绳技能，按年级循序渐进提高技巧和强度。现在，已形成了全校队、百人队、比赛队三个层次的跳绳队伍，提高了学生的感统能力、交往能力，促进了骨骼成长，培养了坚韧品质。

2. 编排花样绳操。有集体绳操、跳操、长绳、放松操四部分。每天大课间全校 15 分钟花样绳操，有效落实阳光体育运动。

3. 参加各级比赛提高竞技水平。组织参加全国、省、市比赛，更好地提高学生的身体素质、竞技水平、心理承受能力等综合素质。

四、花样跳绳的注意事项

1. 选择适合自己的绳子。跳绳一般有棉绳、塑料绳、珠节绳、钢丝绳等。花样跳绳一般以珠节绳为主，因为不容易打卷、缠脚，可以减少失误，增加成功的机会。绳柄的长短要粗细适中，绳柄与绳体的连接处旋转顺畅，容易控制绳子的速度及形状。初学者可以两脚并拢踩在绳子中间，两腿伸直，两手握绳拉直，绳柄于腋下水平以确定绳子长度。

2. 选择适合的服装与鞋子。跳绳时最好穿轻便舒适、透气性较好的运动服装。运动鞋最好是软底、不容易挂绳、弹性较好的，这样可以保护脚不受伤害。

3. 做好跳绳前的热身。花样跳绳的热身运动应以伸展身体的动作为基础，每个动作拉伸时间保持 8 至 10 秒，以达到肌肉柔和舒展的拉伸，使肌肉能适应接下来的运动量。全套热身运动所需时间应根据当时天气的温度作适当延长或缩短，一般在 5 至 10 分钟左右，要使身体能够发热。

4. 跳绳的正确姿势。

（1）预备动作。并脚站立，两膝关节并拢，两脚踝稍错开；两手握绳柄，将绳置于身后，绳的中央位于脚踝处；两上臂贴紧身体两侧，前臂自然弯曲，前臂与上臂形成约 120°夹角。

（2）基本握绳方法。①绳柄握法。大拇指与食指捏住绳柄前端，其余三指并拢后贴住绳柄，有正握（图 3-4（a））和反握（图 3-4（b））两种握法，正握比较常用，在交互绳速度跳的摇绳中可以使用反握。

②绕手握法。这种握法适合于没有绳柄的绳，将绳的两端分别绕在手上，用大拇指和食指捏住绳子，控制绳子速度及方向（图 3-4（c））。

（3）基本摇绳方法。两手握绳，两臂自然屈肘，以肘关节为轴，用两前臂和手腕协调用力，由后向前摇绳子。

（4）基本跳跃方法。跳绳可以双脚或单脚跳，但无论何种姿势，落地时一定要用前脚掌着地，压地后自然弹起。切勿用脚后跟着地，避免损伤脊柱和大脑。

（a）　（b）　（c）

图 3-4　绳柄握法图例

五、花样跳绳成果

学校编排了全校花样绳操，每天进行 15 分钟大课间绳操，有效提升了学生的体质和感统能力，花样跳绳成为学校大课间特色运动。获城阳区大课间比赛第一名。多次参加全国大型比赛，获得全国花样跳绳比赛团体第四名、全国跳绳联赛总决赛一金两银一铜、大型表演赛项目获得全国第三名、在难度最高的个人花样项目中获全国银牌、连续 4 年在青岛市市长杯等比赛中取得优异成绩。

简单的跳绳让学生的速度、耐力与激情并存，发挥出了运动魅力的极致，让孩子们体验了成功的快乐。

“梦想启航”科技体验课程

科学技术是第一生产力，是国家强盛之基。学校贯彻国家科技教育要求，大力实施科技教育，建设的“梦想启航科技馆”和开发的“梦想启航”科技体验课程为学生探究科技奥秘、启迪科学智慧、放飞科技梦想创设了舞台。学校建立了科技馆体验与科学课程、数学课程相融合的教育机制，让学生在课程实践中既学习科学原理，又感受科技给人类生活带来的巨大变革，激发他们的科学兴趣。

科技教育蓬勃开展，形成了科技教育品牌和教育影响力。学校开展了《小学跨学科创客教育内容和途径的研究》的省课题研究，举行了“青岛市小学科学教研科研成果推广暨专家报告会”“青岛市科技教育精品课程展示会”。3次进行市级科技领域的经验交流，3 名教师举行青岛市科技公开课。学生 300余人次在各级各类科技比赛中获奖，开发的“奇妙的声音”课程被评为青岛市精品课程，科技社团同学们撰写的关于声音的课题研究成果两次获青岛市一等奖。“梦想启航”创新实验室被评为青岛市首批中小学科技创新实验室、青岛市中小学科技创新教育联盟校、青岛市科技创奥实验基地。

学生们在“梦想启航科技馆”里扬帆远航，在科技实践中实现自己的科技梦想（图 3-5）。

图 3-5　学生们在“梦想启航科技馆”里扬帆远航

关于“光”的科技器材体验指导方案

激光琴

同学们，你们相信没有琴弦的琴也能弹奏出优美的音乐吗？那就请你到四楼“梦想起航科技馆”来体验一下吧！

一、实验操作

1. 插上电源，打开电源开关将红外光束从下方射向上方。

2. 用手遮住红外光束将会发出相应的音符声。

3. 不停地对红外光束控制，可以“演奏”出不同的音阶和乐曲。

二、激光琴简介

1. 简介。激光琴是一种没有琴弦的琴，代替琴弦的是一束束激光光束（图3-6）。

图 3-6　激光琴教具

2. 激光琴的科学原理。在自然界，有些物质一经光照射，其内部的原子就会释放出电子，使物体的导电性增加。原来电阻很大的材料，在光照下，电阻就会演奏。当你用手去遮挡光束时，激光琴会发出相应音符的声音，跟弹奏不同琴键而发出不同音符的声音一样，十分有趣，引人入胜。激光琴主要是利用光电效应把光信号转变为电信号。我们研究它的每一束光束由每一个激光点所发出的不同音调和音色与普通的琴类所发出的音调和音色是否完全相同，每遮挡一个光束时激光琴发出的声音与琴类的各个琴键或琴弦的所发出的声音与之相对应。

3. 激光琴的使用方法。演奏者用手遮住一束光，无弦琴就会发出声音，相当于拨动一根琴弦。经过不停地对光控制，可以“演奏”出不同的音阶和乐曲。

4. 激光琴的应用。在日常生活中，激光琴可以作为游乐景点的休闲设施供游人弹奏，而不用担心破坏琴键，较传统的笨重而“娇贵”的传统钢琴，激光琴真是一种理想的集观赏与娱乐为一体的乐器。

时光隧道

好奇妙的一个隧道啊，隧道里有无数盏明亮的灯，向后无限延伸（图 3-7）！这其实是光玩的一个把戏。光照射到物体上时，被物体反射回去，我们能看见五光十色的世界，但表面非常光洁的物体，会对光产生全反射。利用光的全反射，古代人们很早就发明和制作了镜子。

图 3-7 “时光隧道”教具

一、操作方法

按下按钮，模型开始转动，观察展品形成的“无尽长廊”。接通电源，启动开关，站在镜子前你会惊讶地看到由无数个彩灯组成的图案，如同一条隧道由近伸向远方，这是光的反射现象。

二、科学原理

由于前面是一块半透明反光镜，后面是一块全反射镜，把两块镜子前后平行放置，具有多次反射成像的特点。因此，在它们中间放一物体，就可以反射出许许多多的重复影像。

当你透过薄板中的小孔向内看去时，你会惊讶地看到由无数个彩灯组成的图案，如同一条隧道由近伸向远方。虽然半透半反镜和转角镜也能产生类似的效果，但由于光通过透镜的损耗和角度的差异，人们看到的隧道效果并不理想，只有通过小孔观察两面镜子时，光的全反射现象才展示得最为准确。随着玻璃制作精度的提高和真空镀膜技术的成熟，光在反射时的损耗也越来越小，配合一定的照明，就能使在两面镜子中间的图案呈现无穷无尽的效果，由一个多次反射成像的光学系统，可以反射出许许多多的影像，形成一个灯的无穷隧道。竖直方向可做成万丈深渊。

万丈深渊

你有勇气踏上这个人造陷阱吗？站在上面可以体会到如临深渊，如履薄冰的感觉，其实这不过是你的视觉产生了错觉，这是光的反射现象在生活中的应用（图 3-8）。

图 3-8　学生体验"万丈深渊"教具

两面相向的镜子能在它们之间把光线来回反射。每当从一个影像射出的光线被反射时，就会产生一个比这个影像更远的影像，于是形成一直延伸到无尽远处的无限重复的"长廊"。

在仪器中平行安放了两面平面镜：里面的一面为全反射镜，外面的一面为半透半反射镜。箱体中间的发光体在接通电源后所产生的图像，会在两平面镜之间来回反射。每次反射后都会产生一个距离加倍的新像以至于无穷。光线在两面平行放置的平面镜之间多次反射，形成一连串的镜像，第一次反射形成的是物的像，以后就是像的像……由于镜面反射光总是弱于入射光（有一少部分被吸收），所以这种反射不是无限次的（反射的次数越多，像就越暗、越模糊）。而且每反射一次，像与镜的距离就扩大一倍，形成的像就组成了一条像的长廊。由于远小近大的透视原理，看起来像就越来越小，像与像的间距也就越来越小，使人觉得两镜之间无限深远。

歪篮投手

一、探究内容

光可以展示各种奇妙的现象。

二、科学原理

当你戴上这副有趣的眼镜，不论你是多准的篮球高手，也难把球投进筐里（图 3-9）。原来这副眼镜里有奥秘，它是个具有折射作用的光学眼镜。球筐的映相被折射“歪曲”进入了你的视野，你眼中的球筐位置与真实的位置不符，这就大大降低了你的投篮水平。

图 3-9　学生体验“歪篮投手”

三、组成部件

实木底座、不锈钢架、篮球网、篮球、打气筒、偏光眼镜。

四、操作步骤

1. 拿起这副有趣的眼镜，罩住眼睛。
2. 拿起篮球投篮，看谁有本事把球投进框里。

五、知识拓展

1. 光的折射。光从一种透明介质（如空气）斜射入另一种透明介质（如水）时，传播方向一般会发生变化，这种现象叫光的折射。折射，又名屈折，是一个光学名词，指光从一种介质进入另一种介质，或者在同一种介质中折射率不同的部分运行时，由于波速的差异，使光的运行方向改变的现象。例如当一条木棒插在水里面时，单用肉眼看会以为木棒进入水中时折曲了，这是光进入水里面时，产生折射，才带来这种效果。

2. 光折射的现象。鱼儿在清澈的水里面游动，可以看得很清楚。然而，沿着你看见鱼的方向去叉它，却叉不到。有经验的渔民都知道，只有瞄准鱼的下方才能把鱼叉到。从上面看水、玻璃等透明介质中的物体，会感到物体的位置比实际位置高一些，这是光的折射现象引起的。由于光的折射，池水看起来比实际的浅。所以，当你站在岸边，看见清澈见底、深不过齐腰的水时，千万不要贸然下去，以免因为对水深估计不足，发生危险。

3. 均匀介质中的传播。在折射率连续减小的不均匀介质中光的传播不是沿直线而是沿曲线进行的，当光从介质的折射率较大的部分向折射率较小的部分传播且发生全反射时，光的传播将不以折线的形式进行。

4. 光的折射的相关应用。人们利用折射原理发明了凸透镜和凹透镜，细分又有双凸、平凸、凹凸、双凹、平凹、凸凹六种。

中央部分比边缘部分厚的叫凸透镜，中央部分比边缘部分薄的叫凹透镜，凸透镜具有汇聚光线的作用，所以也叫“会聚透镜”“正透镜”（可用于近视与老花镜），凹透镜具有发散光线的作用，所以也叫“发散透镜”“负透镜”（可用于近视眼镜）。

透镜是组成显微镜光学系统的最基本的光学元件，物镜、目镜及聚光镜等部件均由单个和多个透镜组成。如放大镜、望远镜、显微镜。

“翰墨飘香”书法课程

书法承载了国学文化的内涵，能够培养学生的民族气度。结合“翰墨飘香书法馆”建设，学校制定了“书法教育实施方案”，开发了“翰墨飘香”书法课程，聘请专业的书法教师进行书法教学，每个班每周一节课。在潜移默化的书法教育中引导学生了解书法文化，体验书法魅力。

书法教师制定了书法教学实施方案和课程纲要（图 3-10），编写了书法教材和教案，为书法教育的有序开展奠定了基础。学校被命名山东省王羲之书法特色学校、青岛市数字化书法教育改革学校、城阳区书法教学实践基地。翰墨飘香书法课程评为青岛市精品课程。

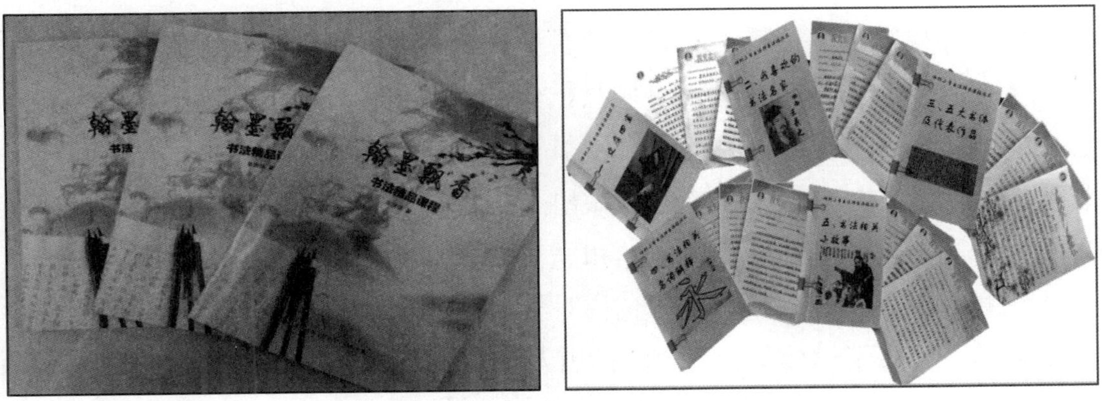

图 3-10　为书法教学开发教材和方案

书道虽深　至诚可达

书法教育实施方案

书法教育是对中华优秀传统文化的珍视与学习，是增强学生民族文化认同，感受传统书法魅力，接受系统技法训练的重要途径。学校所在的办学社区仲村社区有着深厚的文化底蕴，有大批书法人才。因此，借助这一优越的书法环境和资源，学校大力弘扬书法这一中国传统文化，积极探索书法教学的内容和形式，形成了书法教育特色。

一、思想引路，确立书法教育特色

书法是中国汉字特有的一种传统艺术，它承载了中国传统文化的内涵，表现了我们民族的审美意识，是中华民族聪明才智的集中表现。因此，书法是中国艺术的最高级形式。

为进一步传承和发扬中国传统文化，学校从书法入手，加强书法文化的教育与指导。一是学校成立书法研究项目部，组织一批爱好书法、能致力研究书法的老师将书法工作研深、研透。二是确立"端正写字，方正做人"的书法教育理念。三是确立书法建设特色，指明学校书法发展方向。

二、加强投入，保障书法教育设施

学校加大投入，建立书法专用教室，配备专用书法桌椅、博古架、书毡、砚台、墨汁、毛笔、笔架、镇纸等，既保障了师生练习书法的基本设施，又营造了练习书法的浓厚氛围。

三、历史底蕴，提供书法人才资源

仲村社区文化底蕴深厚，孕育着众多的文人墨客。这些文人墨客也为书法文化在仲村社区的传播和弘扬奠定了基础。纪家坛是仲村走出去的官员，自1913年起，历任山西省蒲县、汾城县、代县、朔县县长，山西省绥察禁烟善后总局局长，山西省行政监察委员会委员等职。退休卸职后回仲村办私塾，教书和教书法，为仲村书法文化的推广做出了积极贡献。纪秩尚，1931年2月出生于仲村社区，曾任北京教科所农教和职教研究室主任。他关心家乡教育，重视书法教育，设立"纪秩尚"奖学金，对学校学业突出和书法方面有造诣的学生给予奖励，推进了学校和社区书法的普及学习。

四、自练内功，锤炼书法教师队伍

建设一支高水平的书法教师队伍，是落实书法普及工作的重要保证，因此，学校注重教师书法的全员培训工作。一是每周利用业务学习时间，请书法专业指导教师，对教师进行书法指导方法和技能等方面的培训。二是为每位教师配备毛笔字练习本，要求教师每周练习10个毛笔字，学校定期批阅、评比。通过书法的专业培训，全校教师的书法水平不断提高，为学校书法的普及工作奠定了基础。

五、开设课程，打造书法特色品牌

学校把书法纳入课程体系，并采取扎实有效的措施推进书法教育，逐步形成品牌和特色。

1.开设书法课程，专业教师指导。在1~6年级每周开设一节书法课，并积极争取了城阳区青年书法家协会和青岛农业大学书法学院的支持，由他们选派专业教师根据课程安排到学校进行书法授课。

2. 购置写字软件，建立制度保障。购置胡一凡写字软件，每个班的教师结合写字软件一笔一画指导学生书写。学校专门印制学生硬笔书法练字本，规定每天中午 15 分钟的硬笔书法练字时间。学校每天中午督导检查，确保练字时间和练字效果。

3. 成立书法社团，提高艺术水平。成立书法书团，聘请城阳区书法协会老师每周四、五下午来校指导书法练字，从而进一步提高书法爱好者的水平，激发更多的学生参与到书法活动中来。

4. 家长学生共写，营造良好氛围。印制亲子练字专用纸，采取家长和学生共同练字的方式，调动家长的积极性，吸引家长参与到书法练习中来。既营造了书法教育的良好氛围，又让广大家长支持和监督学生练好字。

5. 探究书法文化，积淀书法内涵。定期组织学生对书法的起源、历史人物、书法种类、笔法名称等进行专题研究，写出探究报告，并对探究报告进行评比表彰。从而引领学生进一步了解书法文化的博大精深，传承和弘扬中华传统文化，培养学生学习书法的兴趣。

6. 定期评比表彰，营造墨香文化。每月进行硬笔和软笔书法的评比，激励学生不断进步。对获奖的学生，学校结合“集卡争娃”多元评价策略，对学生进行表彰。获奖师生的大量作品，学校展览在书法走廊，刊登和发布在学校报纸、月刊、微信平台及网站上。通过不断的积累和推进，在校园里营造了浓郁的墨香文化，翰墨清香飘洒在校园的每一个角落，浸润着学校的每一个师生。

通过不断的推进，每年学校都有大批学生在青岛市、城阳区写字比赛中获奖，获奖人数列全区首位。学校多次接待各级语言文字的检查和参观学习，学校被评为青岛市语言文字工作规范化示范学校。

学校被命名为“王羲之书法特色学校”后，立足于学生书写能力的提高、立足于凸显书法教学特色的打造，在全员参与的基础上，发展书法艺术学社，以生态教育的思想办出书法教育的优势、特色和文化，让墨香更悠长。

第四节 优秀课程活动实施案例

课程实施过程中，师生不断实践、完善经典课程活动案例和课例，形成了课程特色和品牌文化。

石榴红了
“植物”课程实施案例

一、活动开展的背景

校园里有石榴树、柿子树、桃树、银杏树以及各种品类丰富的花草树木，植物资源丰富。为充分利用这些资源，培养学生的观察能力、探究能力、实践能力以及环保意识，学校开设了“植物”课程。让学生一年四季观察、探究各种植物，了解和揭秘他们的成长过程与特性。

课程开设以来，组织开展了“石榴红了”“柿子熟了”“结白果了”“我爱玉兰”等系列活动，学生撰写了大量探究报告。在“植物”课程活动中懂得成长成才非一日之功，懂得万物发展变化规律。但在前期的活动中，开展的只是单一的观察探究活动，而没有系统的长期的观察、分析和探究。例如，一种果实从春天发芽到果实成熟的成长、发展和变化过程是什么样子？这个大的课题是学生比较感兴趣的，也能够锤炼学生的耐力，培养长期坚持做一件事情的能力和品质。于是，新年伊始，学生确定了开展主题为“石榴红了”系列探究活动，把石榴从发芽到成熟的整个过程，通过孩子的眼睛、孩子的视角、孩子的探究去揭示。

二、活动目标

依据小学综合实践课程的教学宗旨，结合学校“植物”课程的培养目标和学生的实际情况，确立了三个维度的活动目标。

1. 知识与能力。

（1）了解石榴树及石榴的相关知识。

（2）了解石榴的生长特性等。

(3) 了解石榴的作用，以及与人类生活之间的密切联系。

2. 过程与方法。

(1) 通过研究性学习，引导学生通过多种途径查阅搜集资料，有序合理地整理资料，并能通过制作资料册、手抄报、绘画、思维导图、课件等方式系统整理资料。

(2)指导学生通过观察、记录、实践等形式进行研究，能在活动中合理分工，合作完成任务，并能及时记录，整理调研资料。

(3) 学会采用多种形式进行展示交流，汇报小组研究成果。

3. 情感态度价值观。

培养学生亲近自然、探究自然、保护自然的意识与情感。

三、活动难重点

指导学生了解石榴的相关常识以及通过参观观察、记录、实践等形式指导学生进行探究，能在活动中合理分工，合作完成任务。

四、活动研究方法

以研究性学习为主，采取小组研究的形式。研究方法主要是观察、记录查阅书籍、上网、采访、参观、实验等。

五、活动过程

课程活动历时大约 8 个月，共计 12 课时，分开题、方法指导、结题三个阶段。第一阶段用时 1 个月，主要进行开题、探究石榴树的知识、整理资料；第二阶段用时 6 个月，进行观察、记录、探究、实践；第三阶段用时两周，进行结题展示和评价总结。

第一阶段：开题、探究石榴树的知识、整理资料。

1. 开题课。开题课上首先播放石榴的基本介绍、功效与作用、营养价值等视频，让学生通过欣赏初步感受石榴的作用，激发学生对石榴探究的兴趣。

引导学生提出对石榴感兴趣的问题；而后在老师的带领下梳理成子课题，如石榴形态特征、生态习性、病虫防治、移栽时间、“五子登科”、营养价值、功效作用等。

全班分为 10 个小组，各小组选择喜欢的课题，小组内制订研究计划。明确研究活动的目的、内容、方法等，在小组长的带领下进行合理分工，为后续活动打下基础。

2. 收集整理资料。指导学生利用课余时间，依据分工通过上网、到图书馆查阅等多方收集石榴资料；带领学生交流资料，师生相互评析，补充完善资料。

第二阶段：实地参观、实践操作。

每隔 2 周，组织学生在校园的石榴树旁，近距离观察石榴从发芽、开花、结果的整个过程，并引领学生做好观察记录，期间以比赛的形式进行，激发学生探究的兴趣，培养学生认真观察、比较、探究的能力。比赛内容及活动主题如下：

观石榴——观察石榴树发芽、开花、结果、成熟等，学生来记录和拍摄石榴的成长变化。

知石榴——每一个成长过程都引导孩子去探究，去揭秘，去查阅资料，把自己的成果撰写成探究报告。

画石榴——学生把自己眼中不同成长时期的石榴用画笔描绘出来。

摘石榴——石榴红了，举办“石榴节”，师生一起来采摘大家精心呵护的石榴。

献石榴——石榴成熟的时候，正是教师节之后的时节，学生把采摘下的石榴献给老师，感谢师恩。

尝石榴——采摘下的石榴，教师和学生共同来品尝，在营造和谐大家庭良好氛围的同时，让学生品味到果实的甜美，感受到秋日丰收的喜悦，培养团队合作精神。

写石榴——写出自己在“石榴红了”系列活动中感受深刻的人和事等。

第三阶段：结题展示、评价总结

10 个小组的学生经过近 8 个月的研究与探索，获得了相应的知识，并进行活动照片集锦式的结题展示。

每个组用多种方法来展示自己的课题探究成果、报告。可以是综合的，也可以是具体某个阶段活动的。每个组的成员均要发言。

活动最后，组织学生从情感态度、合作交流、学习技能、实践活动、成果展示五方面进行自评、他评与师评，并奖励十二生肖章，为整个研究活动画上一个圆满的句号。

六、活动效果

以探究为核心，亲身经历以探究为主的学习活动是学生科学实践的主要途径，这 8 个月的探究与实践基本体现了这样的教育理念。帮助学生在学习中学会观察、学会探究，掌握科学的探究方法，培养良好的科学素养，在探究过程中体验到科学学习的乐趣，且乐于和大家分享。同时，能够对自己关心的问题运用一些已经掌握的方法进行研究，比如，每天观察记录、网上浏览、查阅图书资料、询问长辈、采访参观。资料呈现的方式也比较多样，如相关图片、文字、PPT 制作等，很大程度上也培养了学生的动手实践能力和思维分析能力。

七、活动引发的思考

在研究中我们也在思考如何更好地结合学科特点，打造富有学科特色的智慧课堂。我们应该从培养学生的观察记录能力、探究能力、创新能力、实践能力以及良好的个性品质等方面确立活动目标，真正放手给学生，创设快乐的活动园地。

插菊

“菊香”课程优秀说课课例

说课共分两部分：第一部分，“菊香”校本课程简介；第二部分，“插菊”课堂教学实录。

第一部分：课程简介

（一）开发背景

“菊香”是学校研发的劳动教育校本实践课程。开发“菊香”课程的原因是之前学校开展的劳动实践活动碎片化、随机性、不成体系。“菊香”课程是以“菊花”为载体，系统地开展劳动特色教育，解决活动碎片化问题，使活动课程化、课程体系化，有效激发学生的劳动意识、创造精神和实践能力，促进学生全面发展。从而做到课程科学管理、规范开发、有效实施。

那为什么选择菊花作为学校劳动教育实践的载体呢？因为菊花是古之花中四君子之一，从古至今，许多文人墨客、诗词大师都对菊花留下了不菲的赞誉之词。陶渊明说：“采菊东篱下，悠然见南山。”屈原《离骚》曰：“朝饮木兰之坠露兮，夕餐秋菊之落英。”

菊花有怡人的观赏价值，菊花种类繁多，姿态各异，色彩斑斓，让人心旷神怡、流连忘返。菊花有美妙的食用价值，能做出粥、茶、糕、酒等爽口佳肴、美味可口。菊花有良效的药用价值，可做成膏、枕、护膝等保健养生，延年益寿。菊花有深厚的文化价值，凌霜盛开，西风不落，一身傲骨，有高尚坚强的情操，坚贞不屈的品格。菊花不仅是中国文人人格和气节的写照，而且被赋予了广泛而深远的象征意义。

所以，“菊香”课程的开设，可引领学生了解中国人对菊花特别是对菊花品质的深深挚爱，激发学生对菊花的雅致情趣，培养学生对种菊、插菊、食菊的兴趣。

（二）课程目标

1. 引领学生树立劳动观念、获得劳动体验、感受劳动乐趣、培养劳动态度、提升劳动能力，推动学生意志品质形成。

2. 引领学生与菊为友，以菊立德、以菊启智、以菊创新、以菊育美、以菊健体。实践劳动、推进德育、促进智育、兼顾美育、锻炼体力，促进五育融通，做到知行合一。

（三）课程内容

“菊香”课程共设置 15 课，分别有知菊、种菊、插菊、赏菊、食菊、诵菊、画菊、写菊等实践内容和特色活动。其中，种菊、插菊、食菊为主要内容。

（四）课程实施

结合综合实践活动课和劳动课，设置集体学习课时以及配套的实践活动。比如四年级《劳动教育》上册第 9 课“小小花艺师”一课，与我校校本课程“菊香”中的第十课“插菊”一课目标一致。所以，上这一节课的时候，我们就选用学生前期种的菊花和老师准备的菊花来进行插花技术的学习，体验当一名花艺师的乐趣，掌握插花的基本技能。

第二部分：教学实录

说课的第二部分，“插菊”课堂教学实录。

（一）教学目标

1. 了解花艺师的职业特点和工作职责。

2. 让学生初步掌握插花的基本方法与制作技巧，提高动手能力。

3. 通过实践，体验和感受花艺师带给生活的美，引导学生学会自己动手装扮生活空间，提高艺术修养，陶冶美的情操。

（二）教学方法

本节课采用了精讲法、示范法、实操法等教学方法完成。

（三）教学准备

本节课准备了插花工具、各种花瓶、插花材料、录制的插花过程微视频等。

（四）教学过程

第一个环节：导课。

教师展示一盆菊花的艺术插花实物，问同学们：这盆花漂亮吗？激发学生兴趣。

然后出示插花艺术图片的 PPT，向学生介绍艺术插花。插花，也称为插花艺术，就是把花插在瓶、盘、盆等容器里，而不是栽在这些容器中。所插的花材，枝、花、叶，均不带根，只是植物体上的一部分。插花不是随便乱插的，而是根据一定的构思来选材，遵循一定的创作法则，插成一个优美的造型。借此表达一种主题，传递一种感情和情趣，使人看后赏心悦目，获得精神上的美感和愉快。

介绍完插花后，接着介绍社会上有一种职业就是花艺师，又称花艺设计师，他们通过花材的排列组合，让花变得更加赏心悦目。他们日日与花相伴，用花努力完成一份心意，传递生命中不同的美丽。

然后激发学生的兴趣，问学生：同学们？你们想不想做一名花艺师，来为自己的生活增添光彩呢？今天，我们就来当一名小小的花艺师。前期，我们学校组织开展了种菊花活动，菊花被赋予了吉祥、长寿的含义，是居家插花的很好选择。今天，我们一起来插菊花。

教师边说边板书课题：插菊。

导课的这个环节，通过插花实物和插花图片的展示，让学生对艺术插花有了初步感知，并感受艺术插花的美。通过教师的介绍，让学生初步了解花艺师的职业，激发了自己当一名小小花艺师的兴趣。

第二个环节：示范。本环节是教学插花。通过演示讲解，让学生掌握插花基本技术。为节省时间，更清晰地示范、演示插花过程，教师录制了微课进行展示和讲解。

播放微课。

这是微课的主要环节。播放微课的时候，学生边看视频，教师边根据视频把5个步骤和8个要领板书出来。插花看似简单，实际是有很多规则的，初学插花，很难一下子记住步骤和要领。所以，教师利用播放微课的同时，板书出步骤和要领，指导学生后面的插花实践。

观看完微课后，教师及时进行小结：同学们，刚才老师录制的微课示范了插花过程，谁能说说插花的5个步骤和8个要领？这个环节的设计，目的是引领学生回顾插花步骤和要领，巩固知识。

第三个环节：实践。本环节是指导学生动手操作体验插花，是本节课重点。学生分组实践插花。老师巡视指导，帮助有困难的小组，同时伴奏轻音乐，放松学生心情。来看看学生动手制作插花的过程。

第四个环节：展评。学生完成插花后，教师在班级内开展“插花沙龙”的作品展。来看看学生的作品。

教师组织小组学生展示介绍自己小组的作品。小组内的每个同学都想表达自己的想法，抢着补充。

小组介绍完后，引导学生相互欣赏交流。鼓励学生从大小、颜色、均衡、高度、位置等方面多角度评价作品。

最后，教师做总结性的评价：同学们的插花作品有的色彩搭配协调、有的整体造型优美、有的插放位置合理、有的焦点花枝突出、有的高低比例合适。当然，有些小组也有一些小小的瑕疵，同学们也及时进行了调整，都完成了比较满意的作品，向同学们表示祝贺。

这个环节的设置体现了新课标中教学评价对象和方式多元化的要求，利用自评、互评和师评的方式能够检验本节课的教学成果，激发学生向更高目标努力的积极性，活跃课堂气氛，还帮助教师总结反思，改进教学方式。

第五个环节：拓展。问学生：你了解花艺师的职业吗？PPT出示花艺师的职业特点介绍，引领学生拓展阅读。

这个环节是让学生进一步了解花艺师的职业特点和工作职责，体会花艺师的辛苦和光荣，增强劳动快乐意识和尊重劳动意识。

第六个环节：总结。

问学生，这节课你有收获吗？本环节既是让学生回顾、巩固知识的过程，又是让学生表达自己获得知识、彰显自信的机会，更是渗透劳动快乐、强化情感的阶段。

最后，给学生布置 2 个实践作业。

1. 在父母的带领下走进花店，去采访花艺师，体验花艺师的职业特点和工作职责。

2. 利用周末当一个小小花艺师，教爸爸妈妈一起做一个漂亮的菊花插花作品，做家庭“美的缔造者”。

“插菊”教学实录

一、导课

教师展示一盆菊花的艺术插花实物。

同学们，这盆花漂亮吗？老师告诉大家，这叫插花。（PPT 出示：插花艺术图片）

同学们，插花，也可称为插花艺术，就是把花插在瓶、盘、盆等容器里，而不是栽在这些容器中。所插的花材，枝、花、叶，均不带根，只是植物体上的一部分。插花不是随便乱插的，而是根据一定的构思来选材，遵循一定的创作法则，插成一个优美的造型。借此表达一种主题，传递一种感情和情趣，使人看后赏心悦目，获得精神上的美感和愉快。

社会上有一种职业就是花艺师，又称花艺设计师，他们通过花材的排列组合，让花变得更加赏心悦目。他们日日与花相伴，用花努力完成一份心意，传递生命中不同的美丽。

同学们，你想不想做一名花艺师，来为生活增添光彩呢？今天，我们就来当一个小小的花艺师。前期，我们学校组织开展了种菊花活动，菊花被赋予了吉祥、长寿的含义，是居家插花的很好选择。今天，我们一起来插菊。（板书：插菊）

二、示范

同学们，老师将插花过程整理成 5 步 8 要领，老师录制了微课，请同学们仔细观看。（PPT 出示：插花过程示范微课）

板书 5 个步骤和 8 个要领：

一、选花器 二、放花泥 三、选造型 四、插花型 五、取名字	→	1. 大小：上小下大 2. 颜色：上浅下深 3. 均衡：两边对称 4. 高度：(花器高 + 直径)×1.5 (2) 倍 5. 位置：二在一左后方，矮 6. 宽度：三、四长(宽)相等，1/2 7. 厚度：最前方，1/4 8. 焦点：插中心，1/4

同学们，刚才老师示范了插花过程，谁能说说插花的 5 个步骤和插花型的 8 个要领？

三、实践

同学们，5 个步骤和 8 个要领你都记住了吗？老师给你们每个组都准备了花材和工具，我们一起来插菊花比赛好吗？我们比一比，看看哪个组插的菊花最漂亮。

比赛之前，老师提几个要求：（PPT 出示合作要求）

实践要求：

1. 小组内要做好分工，合作完成。
2. 要注意刀子和剪子的使用安全。
3. 要注意保持桌面和地面卫生。

学生实践，教师指导。

四、展评

教师：同学们，你们真的是心灵手巧，这些普通的菊花经过你们的巧手插花，变成了一盆盆美景。请每个小组展示介绍一下你们的作品吧。

刚才每个小组介绍了自己的作品，同学们相互欣赏一下其他小组的作品，你觉得哪个小组的作品最好？大家可以从大小、颜色、均衡、高度、位置等方面多角度进行评价。

同学们的插花作品有的色彩搭配协调，有的整体造型优美，有的插放位置合理，有的焦点花枝突出，有的高低比例合适。当然，有些小组也有一些小小的瑕疵，同学们也及时进行了调整，都完成了比较满意的作品。祝贺同学们。

五、拓展

同学们，你了解花艺师的职业和职责吗？（PPT 出示花艺师的职业特点介绍，引领学生拓展阅读）

六、收获

同学们，这节课你有收获吗？（学生谈收获）

看来，同学们的收获很多。老师给大家布置两个作业。（PPT 出示作业）

七、作业

1. 在父母的带领下走进花店，去采访花艺师，面对面了解花艺师的职业特点和工作职责。

2. 利用周末当一个小小花艺师，教父母一起做一个漂亮的插花作品，做家庭“美的缔造者”。

声音的传播与共振

“科技体验”课程典型课例

一、教学内容

教学内容是学校课程“奇妙的声音”中第五部分关于“声音的传播与共振”，通过体验相关科技仪器，初步感知声音的传播与共振原理。

二、教材分析

“声音的传播与共振”这节课是以科技体验校本课程“奇妙的声音”中的内容为载体，利用学校科技馆的有关声音的仪器“耳语锅”“雪浪声波”“声悬浮”“鱼洗”等，将声音的传播与共振相关知识和功能系统归纳，深入拓展，整合在一起，构建一个简单的声音知识框架，为初中乃至高中学习声学知识打下基础。学生在体验、探究、归纳、整理、汇编资料的过程中了解声音的奥秘，体验科学探究的乐趣，学会探究知识的方法。养成严谨认真、不怕困难、锲而不舍的学习精神和敢于猜想、勇于验证的科学探究精神。

三、教学目标

1. 通过社团学生汇报“声音的传播与共振”课题研究成果，引领学生参与体验“耳语锅”“雪浪声波”“声悬浮”“鱼洗”等科学仪器，了解声音传播与共振的科学原理。

2. 在学生汇报、体验的过程中了解声学知识。

（1）声音通过凹球面直线反射时，会集中汇聚在焦点处，形成焦点处声响特别强的现象。

（2）认识声波的波形和声驻波。

（3）简单了解声悬浮技术和其他的悬浮技术。

3. 学生在体验、探究、归纳、整理、汇编资料的过程中体验科学探究的乐趣，学会探究知识的方法，培养科学探究精神。

4. 增强热爱家乡、热爱祖国的情感，激发学生努力学习，为祖国、家乡做贡献的决心。

四、教学重点

1. 声音通过凹球面平行反射时，是如何产生聚焦的。

2. 声波的波形和声驻波。

3. 声悬浮原理、共振原理。

五、教学难点

声音通过凹球面直线反射时，是如何产生聚焦的。

六、教学用具

“梦想起航科技馆”中的部分科学仪器：“耳语锅”“雪浪声波”“声悬浮”“鱼洗”。

七、教学过程

（一）激趣导入

师：同学们，告诉大家一个好消息，我们学校梦想起航科技社团的同学进行了一个课题研究，经过他们认真的探究和实践，这个课题荣获青岛市一等奖。(大屏幕出示获奖证书)

师：同学们一起来读一读这个课题名称。

师：同学们，你们想不想看看社团同学的研究历程并参与探究体验呢？这节课，我特别邀请了科技社团的几名同学来到我们班级，社团同学请起立，让我们用热烈的掌声欢迎社团同学。我邀请科技社团的同学作为我的小助理，下面，请科技社团的同学带领大家学习声音的传播与共振，一起体验声音的奥秘。(板书课题：声音的传播与共振)

（二）体验探究

1. 认识体验耳语锅。

同学们，在体验之前，我们先来做个游戏，游戏的名称是“谁能成为传说中的顺风耳”。

问：你们知道什么是顺风耳吗？

我们来验证一下，我请一位同学上台说一句话，看看哪位同学能够听到他说的话。谁能听到，谁就是顺风耳。

请一位同学上台。

说话之前，老师提两个要求：

第一，声音要非常小。

第二，把嘴巴捂起来，不能让同学们看到你的口型猜出来。好，开始说吧。

学生说。

师：同学们听到了什么？（生：没有听到）

师：同学们什么也没有听到吗？为什么听不到？（生：声音太小了）

师：同学们，虽然老师隔着他很近，但是老师也没听到他说什么。可是在我们的科技馆里，有几位同学却发现了一件神奇的宝贝，再小的声音也能让我们听到，它可以帮助我们成为顺风耳！大家相不相信？

很多伟大的科学发现都是从猜想开始的，希望同学们大胆地去猜想，去验证。下面请科技社团第一小组的同学带领我们来验证一下，我们到底能不能成为顺风耳，好吗？

社团学生上台汇报，引领学生回顾探究的过程，并带领学生体验。

师小结：哇！真的好神奇，原来这两口大锅真的可以帮助我们成为顺风耳。这两口大锅是利用了声波通过凹球面镜平行反射传播回来的时候汇聚在焦点处的原理制作的，所以这台科学仪器叫作声聚焦。（板书课题：声聚焦）

师：社团同学都是通过疑问，提出课题，进行了探究实践。我也提出几个课题，同学们课下也去探究、论证一下。

问题 1：如果把耳语锅移开，还能听到声音吗？

问题 2：把锅倒过来，还能听到声音吗？

问题 3：中间站着人，中间站的人能不能听到？对面的人能不能听到？

问题 4：如果把这两口大锅分开很远很远的距离，还能不能听到？

2. 认识体验声驻波（雪浪声波）

师：同学们，大家平时是怎样感受到声音的？

生：用耳朵听。

师：大家猜一猜，眼睛能不能看到声音？

生：不能。

师：同学们要大胆地去猜想。我猜想：眼睛能看到声音。我们科技馆里有一台神奇的科学仪器，它就可以让我们看到美丽的声音。

下面请科技社团第二小组的同学带领大家验证一下。

社团学生带领大家体验、验证。

师：同学们，刚才我们认识了这台神奇的科学仪器，声音的传播真的好奇妙，我们不光耳朵能听到声音，眼睛还能看到声音。那，同学们猜想一下，我们能不能用嘴尝到声音？鼻子能不能闻到声音？身体能不能感受到声音？只要有猜想，就会有伟大的发现。同学们课后带着疑问去探究一下。

通过刚才的学习，我们还了解了一种新的波形——声驻波。(板书：声驻波)

3. 认识体验声悬浮。

师：同学们，声驻波在我们的生活中应用非常广泛，在我们的科技馆里就有一台利用声驻波的原理制作的仪器，大家想不想探究体验呢？好！请科技社团第三小组的同学带领大家探究奥秘。

社团学生带领学生探究体验并讲解。

出示：时速 600 公里的磁悬浮列车图片。

师：这是在青岛城阳生产的列车，是世界首套时速 600 公里的高速磁浮声音系统。我们作为青岛人，为我们的家乡感到自豪，为我们中国感到骄傲。希望同学们努力学习，长大为祖国、为家乡多做贡献。

第三小组带领大家体验，让我们明白了声悬浮的奥秘。（板书：声悬浮）

原来是利用了声驻波的能量将物体悬浮在空中。

师小结：同学们，关于声音传播的奥秘还有很多很多，比如声音的折射、绕射、散射、衍射等传播现象，时间关系，就不再一一体验。下面请同学们观看课件，一起看看社团同学探究的声音的共振现象。（板书：共振）

4. 观看社团学生《共振鼓》《鱼洗》的探究历程。

师边放课件，边讲解：

（1）有几位同学发现了奇妙的现象，敲击其中的一面鼓，另一面鼓上的小球就会自己跳起来。他们兴奋地确定了课题，自己通过网络学习、查阅资料，和老师交流、和家长一起探讨，发现了声音的共振原理，原来是两个物体的固有频率完全相同或者是非常相近的时候就会产生共振现象。

(2) 这是课题组同学自己录制的城阳广播电台爱车 940 调试频率的视频。940 就是电台发出的 94.0 兆赫的电磁波，当我们把收音机频率调到 94.0 兆赫时，就与电台发出的电磁波频率完全一致，就产生共振，非常清楚的广播就会响起来。我们来看一下。

师播放视频，学生观看。

师：当频率调到 93.8 兆赫时，就会有比较弱的音频信号，越接近 94.0 兆赫，音频信号就越清楚，调到 94.0 兆赫时，广播就会响起来。频率相同时，共振效果是最好的。

(3) 同学们，这是共振现象给人类带来的福祉。但是共振现象也能给人类带来灾难。大家看这是科技社团的同学在搜集资料的过程中发现的共振使桥梁倒塌、士兵死亡的真实故事。

师读故事。

看来，共振不但可以给人们的生产生活带来好处，也会带来危害，只要懂得了共振的原理，就可以合理有效地应用它。

(4) 请同学们看看研究《鱼洗》的同学们的探索历程。鱼洗利用的就是声音的共振原理设计的。我们来看看社团同学的讲解和演示视频。

播放社团学生边解说边演示鱼洗的视频。

（三）课堂总结

同学们，声音的传播与共振现象奇妙吗？那这节课，你有收获吗？学生回答收获。

（四）激发动力

师：这节课，我们跟随科技社团的同学一起遨游了奇妙的声音世界，学习了声音传播与共振现象背后的奥秘。除了声音的奥秘外，还有很多未知的科学奥秘等待大家去发现、去探索。希望同学们在奥秘的科学之旅上不断探索、永攀高峰、实现梦想。

第五节 课程建设成果

课程体系建设研究成果

“中和位育”课程体系建设的行动路径

一、研究背景

学校学生 26% 是仲村社区孩子，74% 是外来务工子女。他们的成长环境、学习基础、家庭教育差异太大，给学校教育带来难度。且仲村本地家长在平房搬进楼房的进程中，朴实的作风和传统逐渐淡薄，城市文明还未形成；外来务工人员忙于生计对孩子缺少监管和价值引领。家庭环境、生活背景导致学生生活习惯、文化信仰、人生规划和奋斗目标缺失，与城区学生差距较大。

根据“生命有根、学养有素、人生有梦”校本化核心素养培养目标，结合学生现状和学校实际，学校从补足差距、发展个性的角度出发开设了 20 多门校本课程，为学生的发展提供多样化平台。通过几年的发展，成果初步彰显。但在发展的过程中，我们发现这些课程的开设还是零散的、大杂烩的、不成体系的，没有从整体上构建和规划学生全面发展的核心素养，内容、方法、策略、活动、评价等不够系统、不够科学，国家课程、地方课程和校本课程结构不够清晰，课程价值定位不够明确。

一所优质的学校应该有自己的课程体系，应该构建一个基于特定课程哲学而组织化了的课程整体，将各课程有机结合成一个联系紧密、有逻辑的“育人整体”。国内发达地区的名校都建立了课程体系，站在“整体育人”的高度来设计课程体系，学生得以全面成长，学校实现品质发展。因此，要培养学生全面发展的核心素养，必须建立符合时代要求、符合学生成长与发展需求的课程体系，有逻辑地推进学校课程深度变革，走出学校教育的理想之路。所以，学校急需建立科学的课程架构和体系，顶层设计学校课程建设，全面系统地培养学生面向 21 世纪的必备品格和关键能力。通过构建开放多元、充满活力、富有特色的课程体系，为学生提供更加自主、更具个性、更多选择的成长环境、教育资源和专业服务，让学生的潜能得到全面充分而又自由的发展，尽最大可能实现学校“中和位育”培养目标。

二、研究现状

21世纪之初启动的课程改革至今已近20年，中小学开发了不少校本课程，但是拼盘式、大杂烩或碎片化的课程改革普遍存在，我们离“良好的课程”还有很长的路程。具体表现如下。

1. 不贴地。缺少学校课程情境的分析，空降式课程开发，不基于学校实际，没有在地文化意识，不关注孩子们的学习需求，为了课程而开发课程。

2. 无目标。不少学校的改革是为了课程的课程，课程建设不是基于育人目标的实现，脑中没有育人意识，眼中没有育人目标，育人目标与课程目标不能很好地实现对接。

3. 无逻辑。缺少学校课程的顶层设计或整体规划，学校课程建设只是一门一门的校本课程。没有形成“整体”气候，没有“体系”意识。没有基于学校的办学理念提出自己的课程理念，办学理念与课程理念一致性比较弱，缺少基于理念的课程设计、实施与评价。

4. 大杂烩。学校虽然开发很多课程，但无合理分类，缺少课程之间的关联性与结构性，杂乱无序的“课程碎片”，以及随意拼凑的“课程拼盘”，很难以发挥整体育人效果。

5. 不活跃。课程实施方式单一，以课堂教学为主渠道，以学科学习为主范域，以知识拓展为主追求，辅之以兴趣小组、社团活动。对于户外学习、服务学习、综合学习、动手操作等方式用得少。

6. 无评价。缺少课程认证与评估。课程开发随意性比较大；课程设计缺少具体评价考虑，课程实施效果缺少评价支撑。

7. 弱管理。基于现实因素，中小学对教学管理抓得很紧，但因课程开发对学校来说只不过是锦上添花的东西，所以大多数学校的课程管理比较弱，不受重视。从现实情况看，中小学教师普遍没有课程意识、课程开发能力比较弱，更不懂得如何管理课程，课程资源意识也比较淡薄。

8. 无关联。学校课程建设没有触及课堂教学改革，课程建设与教学有效性的提升没有关系；中小学真正参与建设的积极性普遍不高，他们内心觉得课程开发浪费时间，对提高教学质量没有用，课程开发在很大程度上还只是行政推动或者为了所谓的办学特色而已。

总之，中小学课程改革问题很多，课程改革需要理性、需要智慧。课程改革到今天，提升中小学课程理性，有逻辑地推进学校课程体系建设已成为中小学的普遍诉求。

国内先进地区的名校都朝着构建有自己学校特色的课程体系，通过课程体系建设推动学校内涵、品质发展。一些学校建有了良好的课程体系，为我校的基于“生命有根”“学养有素”“人生有梦”三大类素养的课程体系建构和实施给予了方向性经验指导，我校在借鉴他们的课程体系建设基础上，再创新建构思维，完善课程结构，建立属于学校“中和位育”特色的课程体系。

三、研究的主要内容

结合构建“中和位育”课程体系行动研究，确立五个方面内容进行研究。

1. 提炼办学思想，完善“中和位育”课程图谱。

2. 优化各类课程实施策略，提升课程实施水平，全面提升学生综合素养。

3. 建立学生综合素养评价体系，落实“有根”“有素”“有梦”的核心素养。

4. 开发建设“中和位育”特色精品课程群。

5. 打造“中和位育”校园文化。

四、研究的过程设计

1. 第一阶段。根据五育并举目标，启动国家课程、地方课程、学校课程重构，完成2.0版学校课程图谱构建。

2. 第二阶段。

（1）制定新开发课程实施纲要，优化原有课程实施纲要，建立集国家课程、地方课程、校本课程为一体的“中和位育”课程体系。在课程体系建设过程中重点提炼每项课程的核心素养，明确每项课程在德育、智育、体育、美育、劳动教育方面的教育使命，形成科学的课程目标体系。

（2）进行“十个百分百”学生综合素养评价体系建设，促使学生德智体美劳全面发展。

（3）开展课题研究，五育并举的“中和位育”课程建设课题在市级以上立项。

（4）举办课程实施阶段性成果展示，推动课程深入、特色发展。

3. 第三阶段。

（1）专家诊断论证。指导优化“中和位育”课程纲要中每项课程的目标体系、内容体系、活动体系、方法体系、评价体系。

(2) 推进课程建设课题研究。教师人人进行“中和位育”课程建设课题之下的子课题研究。通过开展“我的课程我建模”、优秀课例评选，激励各学科课程建立典型课例。

(3) 开展课程成果评比。对发展有特色的课程进行成果梳理、评比、展示，促进精准实施，打造精品课程。

(4) 整理各课程实施内容策略。专家修正，优化形成“花样跳绳课程”“书法课程”“科技体验课程”“诗词诵读课程”等特色课程校本教材。

4. 第四阶段。

(1) 课题结题，梳理总结“中和位育”课程建设成果。参加青岛市教学成果奖评选。

(2) 专家修正，编印耕读文化读本、“诗润童心”学生诗词配画集。

(3) 反复论证优化典型课例，结集成册。

(4) 整理总结课程成果，形成“中和位育”课程专著。

五、预期成果

1. 构建“中和位育”课程体系。制定2.0版“中和位育”课程图谱；建立“中和位育”课程纲要。每门课程都建立具体可操作的课程纲要，建设贯穿德智体美劳五育融通的目标体系、内容体系、策略体系、活动体系、评价体系五大体系。

2. 建立精品课程群。精准建设特色课程，不少于6门课程被评为市级精品课程。

3. 形成典型课例集。打造课程教育的典型课例，建立“中和位育”课程典型课例集。如“诗润童心”课程典型课例、“家务小明星”家政课程典型课例、“奇妙的声音”科技体验课程典型课例，“插菊花”菊香课程典型课题。形成的典型课例可以更好地指导教师提高课堂教学能力和课程领导力，为更多学校提供可借鉴的经验。

4. 彰显多元文化特色。形成耕读文化、诗词文化、科技文化、红色文化、家政文化、艺美文化、跳绳文化等特色课程文化。实现课程育人、文化育人。

5. 形成“中和位育”理论成果。一是在课程实践中逐步形成花样跳绳课程、书法课程、科技体验课程、诗词诵读课程、菊香课程等课程的校本指导用书。二是编印耕读文化读本、“诗润童心”诗词配画诗集。三是五育并举的“中和位育”课程建设课题在市级以上立项并结题，“中和位育”课程建设获青岛市教学成果奖。四是学校积累形成“中和位育”课程专著。

6. 提升学校育人品质。学生基本成长为有根、有素、有梦的德智体美劳全面发展的现代小公民，每个学生实现最好的发展。教师知识结构优化，教育理念先进，改革创新意识和课程领导力强，成为学习型、研究型教师，名师队伍凸显。学校实现办学水平新变革，把一所农村学校打造成优质学校。

六、预期主要创新点

1. 课程理念的颠覆性。现行的课程设计是以内容为导向，先有内容，从内容中抽取育人目标和方法。而“中和位育”课程体系建设行动研究是以目标为导向，以基于核心素养的“中和位育”课程体系建设为目标导向来构建和实施课程。

2. 课程内容的开放性。现行的课程内容是封闭的，教材就是全部内容。而“中和位育”课程建设行动研究要转变为开放性的，只要是服务于五育并举的内容都可以为我所用，对课程内容进行拓展、重构。从“教材是世界”转变为“世界是教材”。

3. 课程实施的系统性。现行的课程实施重点研究教材和教法。我们则研究各门课程的目标体系、内容体系、策略体系、活动体系、评价体系五大体系，课程实施更加系统和全面。

课程建设经验交流

发展导向的学校课程建设

青岛市实验学校校长论坛

仲村小学是仲村社区在2015年由农村向城市化改造进程中，投资一个亿新改建的学校。改建之前的仲村小学，是城阳区一所非常薄弱的农村支教学校。改造后的学校，虽然办学条件已迈进城市化学校行列，但学生素质、家长素质并没有发生变化，他们在向城市化迈进过程中出现了诸多问题。家庭教育已成为既成现实，那么，学校应当为学生提供什么样的教育来促进学生发展？经过思考，学校决定从补足差距、发展个性的角度来进行校本课程建设，以课程实施和课程评价作为学生素养发展的有效载体。让学生在丰富的课程认识、体验和践行中革除积习，养成习惯，养成现代公民必备的素养基础。

一、面向全体，开设“生命有根”主题基础课程，促进习惯持续发展

1.“生命有根”课程的设置。学校的校风是“养正成习”。良好习惯、健全人格、公民素养是基础阶段教育的重要目标。结合学生现状，我们开设了“生命有根”主题系列课程，主要有家政课程、植物课程、棋艺课程等。每项具体课程，都确立了具体内容、培养目标与实施策略，并融合国家课程和地方课程，确立集体教育的课时安排，实践体验的活动安排。

2.“生命有根”课程的实施。以家政课程为例。学生普遍存在卫生差、衣冠不整等良好习惯素养缺失问题，而且生活自理能力、动手实践能力普遍较弱，他们的健康成长需要具备优秀的生活习惯和实践能力。本着学生的问题解决、成长需求和素养发展就是学校教育方向的课程开发理念，学校构建和实施家政课程，帮助学生革除积习，养成习惯。

为了帮助学生坚持养成良好习惯，我们分层次按年级递进式制定课程内容、培养目标和实施策略，整合综合实践课，落实劳动与技术教育目标，每学期既设置4课时集体学习项目，又开展了配套的实践活动和家务明星评选活动，学生每天坚持不懈回家实践。

3.“生命有根”课程递进式推进。

(1)低年级每月进行“自理小达人”评选。引领学生自己整理书包、叠衣服、

叠被子，养成自己的事情自己完成的生活习惯，树立主人翁意识。

(2) 中年级每月评选“父母好帮手”。引领学生学做家务，明确家庭角色，培养主动精神，树立责任意识。

(3) 高年级每月评选“小小美食家”。激励学生学会简单烹饪制作，提高自理能力，发展生活自信，塑造独立人格。每个周都有班级利用综合实践课学习制作美食，而且都有学生家长的踊跃参与和指导。

4.“生命有根”课程的成效。每个月进行一次评选，激励学生坚持不懈地去实践，孩子从最初的应付到慢慢地养成习惯。实践过程和展示评选活动，让学生体验到了劳动的乐趣，逐渐地把优秀习惯外化为自觉行为。

实施中，发现积习的革除是反复的。于是，建立家政微信聊吧家校监督机制、“小问号小叹号”学生监督机制，在家校间、学生间、师生间构建监督网格，联手督促鼓励学生改掉不良行为，养成优秀习惯。实施过程中还发现学生习惯养成有时会出现 5+2=0 的现象，就是说学生积习的革除也受父母不良习惯的影响。于是，又开设了家庭教育课，通过一些专题讲座，提升家长家庭教育理念，改变家长行为影响，实现家长孩子共同成长。

家政课程的实施，家长们感慨家里变干净了，孩子们会做饭了，孩子的自理能力变强了。现在，学生和家长的言谈举止、衣着打扮等外在形象素养发生了改变，学生的劳动意识、感恩意识、责任意识、精神素质显著提升。

二、多元培养，开设“学养有素”主题整合课程，促进素养良性发展

1.“学养有素”课程的设置。2018 年召开的全国教育大会提出：要努力构建德智体美劳全面培养的教育体系，要在增强综合素质上下功夫，教育引导学生培养综合能力，培养创新思维。“综合素质”以及“培养综合能力，培养创新思维”被正式提出来。

“学养有素”主题课程是基于学生的成长需求和发展愿望而开发的，主要有文化类课程、艺术类课程、体育类课程、劳动类课程等。学校把这些课程与国家课程、地方课程整合，促进了国家课程的校本化实施，真正地让课程定时间、定内容、定目标、出实效。

2.“学养有素”课程的实施。

(1) 社区文化课程底蕴深厚。

①课程设置。仲村是一个有着浓厚文化底蕴的古村落，在旧村改造农村城市化进程中丢失了许多优良传统，导致学生文化信仰缺失。为把地域文化留住，

引领学生在挖掘乡俗民风、整理村规家训、弘扬民族文化、传承历史记忆的实践中形成价值追求、文化自信和多元能力，我们开设了社区文化课程。

②分段实施。根据年龄特点和探究能力对不同年级学生提出不同的课程要求，制定了分层次的课程目标、课程内容和实施策略。

低年级通过了解自己家、邻居家、朋友家、亲戚家的历史和传统，讲述给别人听，学会选择、归纳、表达。主要实施策略是每月开展“家庭留学生”活动，邀请同学到家里做客一天，进行了解沟通。

中年级学生可以独立进行探究，所以引导他们利用身边资源搜集整理社区历史、名人名家、风俗故事、家居摆件，进行简单记录，学会筛选、辨别、分类。主要实施策略是在低年级实践内容基础上再建立文化搜集记录本，学校每月进行一次研究学习成果展；汇总优秀家风作文集；请社区老人进课堂，讲述他们的童年、生活、传说、历史等。

高年级整理家风和社区传统，绘制家族族谱和社区变迁史，学会总结、设计、编写。主要实施策略是开展寻根之旅行动；建立社区访谈音像材料；将搜集的资料、物品系统整理，为学校要创建的农耕文化民俗馆提供素材。

③课程实效。课程极大激发了学生的探究兴趣。他们寻找社区历史记忆，采访众多文化老人，记录社区名人故事，寻找过去家用物件，传承家族优秀家风。蕴含着民族精神的社区文化课程不断积淀着学生的底蕴、涵养着学生的气质，他们对优秀文化、历史传统产生了向往和认同，逐步形成了优秀的价值取向、文化信仰和情感态度。同时，学生在学习、思考的过程中自主学习能力、探究实践能力、社会交往能力得到广泛发展。

④课程影响。文化探究行动，引发了家长和社区居民的广泛关注与帮助，他们积极地参与到优秀文化大整理的队伍中来，逐渐增强了社区文化的自豪感和认同感。学校与仲村社区合作，借助学生探究的社区文化整理编撰《仲村村志》，虽然学生不是村志编撰的主要力量，但学生搜集了资料，营造了氛围。

（2）体育跳绳课程蓬勃开展。

①课程设置。开设了全校学生参与的花样跳绳课程，根据每个年级学生的年龄和力量特点，设置了不同的课程内容和培养目标。

②分段训练。低年级的培养目标比较简单，要求学生了解形式多样的跳绳，在游戏中掌握跳绳技术动作；掌握跳绳方法，学会简单地单摇跳，会几个简单的花样跳并且熟练掌握；锻炼耐力、弹跳力、灵敏度和协调能力；增强热爱运

动的情感。

中年级的培养目标比低年级有了较大提升：培养学生熟练掌握并脚跳绳的动作要领，学会八字绕绳的动作技巧；能够创编简单的花样跳；养成健康运动习惯，强健体魄，提升感统能力和交往能力；培养思维能力、创新意识和进取精神，发展自信和坚韧品质；学生跳绳带动家庭跳绳，初步培养健康运动习惯，增强热爱运动的情感。中年级的课程内容是在低年级已掌握的跳绳技能基础上提高难度，学习踢腿跳、提膝跳、弓步跳、俯卧撑跳等多种步伐跳；创编简单的花样组合跳；学习长绳绕八字。

高年级培养目标是熟练掌握多种步伐单人跳，掌握较高难度花样跳、双人跳，如车轮跳；掌握简单的双人跳花样动作；创编简单的组合动作；熟练掌握八字绕绳技巧，计时三分钟跳绳不低于200个；能够创编6人的简单表演动作等。课程内容主要是花样跳绳的学习和创编。

各年级培养目标和课程内容都是递进螺旋式上升，每个年级都制定相应的实施策略落实课程内容，实现培养目标。

③精心组织。体育教师结合所担任年级的体育课，根据课程内容和培养目标指导培训跳绳技能，按年级循序渐进提高技巧和强度。每天大课间全校15分钟花样绳操，有效落实阳光体育运动，课间、中午学生都自发到室外跳绳。

④课程实效。跳绳课程提高了学生的感统能力、交往能力，促进了骨骼成长，培养了坚韧的品质。现在，学生和家长已悄然养成了跳绳的运动习惯，强健了体魄。花样跳绳连续在全国比赛、全市比赛取得优异成绩，参加了多次运动会大型展演和舞台展演，多次取得城阳区大课间比赛一等奖。花样跳绳已经成为学校的体育特色项目，课程评为青岛市首批精品校本课程。

(3) 内敛修养"菊香"课程培育少年君子。

①课程的设置。学校研发"菊香"课程，以菊为主题开展丰富多彩的课程研学和教育实践活动，推进德育、促进智育、兼顾美育、锻炼体力、实践劳动。一项活动促进五育融通，做到知行合一。"菊香"课程也恰当地与传统文化教育紧密结合。

②课程的内涵。菊，花中四君子之一。菊花是中国四大名花之首，从古到今，许多文人墨客、诗词大师都对菊花留下了不菲的赞誉之词。

③课程的目标。"菊香"课程引领学生了解中国人对菊花的深深挚爱，激发学生知菊、爱菊的雅致情趣，培养学生热爱大自然的高尚情怀，推动学生

形成良好的意志品质。

④课程的实施。分为知菊、种菊、插菊、赏菊、食菊、诵菊、画菊、写菊等内容，有具体的课程安排，这样一个多彩多价值的课程，深受学生喜爱，能够真正实现五育融通，打造文化精品。

三、尊重差异，开设“人生有梦”主题特长课程，促进个性充分发展

1.“人生有梦”课程的设置。学生在特殊倾向、志趣、潜能、差异、思维等方面的需要各不相同，为满足不同层次学生的教育需求，引领每个孩子走上梦想实现的道路，开设人生有梦主题课程，最大可能为学生个性发展提供机会和空间，引导他们筑梦、追梦、圆梦，成为最精彩的自己。人生有梦主题课程既有面向全体的科技体验课程、3D创课课程、国际理解课程，又有个性化的机器人课程、无人机课程、舞蹈课程等等。

2.“人生有梦”课程的实施。为帮助有科学兴趣、科技梦想的学生筑梦，学校投资100余万元建设了“梦想起航”开放式校园科技体验馆。购置了涉及声学、光学、力学、电磁学等物理学和数学多领域的科技器材。

开设了科技体验课程，创编了校本读本，落实国家课程中对学生科学素养的培养要求，分层次引领学生进行科学课的拓展学习体验，培养学生探究能力，实现国家课程校本化实施。

小学科学教材四年级下册第二单元“声音的秘密”，讲述了声音的产生、声音的传播和各种各样的声音知识。科学教师与学生一起在校园科技体验馆里面探究，通过利用有关声音的“喊泉、耳语锅、雪浪声波、共振鼓、鱼洗、声悬浮”等器材，让学生体验探究。耳语锅利用的是声音的汇聚、反射功能，在深入探究中，学生了解到声音还有折射、衍射、散射等功能，既巩固了课内知识，又开阔了思路视野，培养了学生探究科学知识的兴趣和能力。

六年级上册第五单元讲述了“滑轮”，认识生活中常见的两种滑轮：定滑轮和动滑轮。学生在校园科技体验馆体验“自己拉自己”的滑轮组器材。当孩子们坐到器材座位上，发现自己可以非常轻松地就把自己拉升，激发了他们研究滑轮探索奥秘的兴趣，他们在拓展延伸中学习了滑轮组既省力又改变力作用方向的知识，在巩固课内知识的同时，认识到科学知识在生活中的应用。

3.“人生有梦”课程的实效。课程引领孩子们走进科学，为他们打造了学科学、用科学的科技乐园。课下，这里是仲村娃最喜欢玩的地方，他们在玩耍中学习体验，在探究中放飞梦想。

对在基础课程中呈现出来的特长学生，根据他们的发展特长和兴趣梦想，我们创设条件，通过机器人课程、无人机课程、舞蹈课程等对他们进行个性化培养，让他们实践梦想。并组建跳绳社团、书法社团、绘美社团、陶艺社团、3D 打印社团等，灌溉梦想沃土，培养思维敏感性。

四、异彩纷呈，探索构建“集卡争娃”评价体系，推进师生素养发展

1. 制定课程评价策略促使学生成长异彩纷呈。为保障校本课程实施效果，学校对开设的每一项校本课程都建立了评价策略。为确保课程评价办法科学、有效，实施了课程评价建设三步走策略。第一步是教师根据课程特点和学生实际，以可操作、能激励的原则先自行制定评价办法。第二步是邀请了市教科院课程研发中心专家到学校，培训课程评价理念和策略，对制定的评价办法逐一进行诊断、完善。第三步是邀请青岛市名校长工作室全体校长到学校，进行研讨论证，并邀请课程建设专家讲座指导，推动课程评价前进的步伐。目前，每个课程都建立了比较具体、精准的评价办法。比如花样跳绳课程，教师依据国家体质检测标准当中对跳绳的指标要求，结合学生实际，确立单摇、花样、创编的具体指标和等次标准，既有过程性评价，又有总结性评价，激励学生不断向前。

为更好地落实校本化课程的实施效果，在每个课程评价之外，学校总体又建立了集十二生肖章、换金银铜卡、争当仲村娃这样一个“集卡争娃”递进式多元成长课程评价策略，激励学生勇于实践，养成习惯，个性发展，品质成长。

课程评价的建立，激励学生在课程实践中逐步成长为有根、有素、有梦的现代公民，初步形成了“成为最精彩自己”的“中和位育”课程文化，课程成果初步彰显。专家和校长们称赞我们顶层高位的理念设计、完整系统的课程架构、完善常态的课程评价必然会培养出高品质的学生，推动学校由特色向品牌迈进。正如专家和校长的评价，几年来，学生千余人次在区级以上各类比赛中获奖，培养了高品质学生。一份份报告、一张张证书、一枚枚奖牌，印证着学生梦想的启航。

2. 实施课程建设量化让教师也精彩。为促进教师课程建设的积极性，学校把课程建设纳入教师量化考核，促使教师专业素质实现了质的飞跃，教师群体专业水平逐步向适应高位发展的现代学校要求迈进，为进一步培养学生核心素养，落实立德树人目标奠定了人才基础。

体育教师编排的全校学生参与的花样绳操，跳出了魅力，体育老师参与了全市花样跳绳教材的编写。英语教师针对外来学生英语学习能力低，不会正确英语阅读，家长指导能力缺失的状况，英语组建立智慧团队，进行项目研究学习，开设英语阅读课程，在课程的建设过程中又针对问题确立课题，通过申报自然拼读和分级阅读课题深入研究推进，改进教学策略，引领了团队提升，教师在课程建设中迅速成长。书法教师带领学生探究积累中逐步形成了书法教育校本读本，逐渐提升学生书写技能和艺术欣赏水平。科技教师带领学生研究“奇妙的声音”多次获青岛市青少年科技创新大赛一等奖，个人专业水平实现质的转变，举行了青岛市公开课，参加了市级优质课比赛。全体教师在课程建设中唤醒了改革意识、发展意识、未来意识，在课程的规划、开发与实施中点燃了激情，课程领导力得到全面提升。

学校课程，引领着学生、教师和学校不断发展成长。学校先后在全国STAEM教育与学校课程建设研讨论坛会、山东省首届好课程研讨暨青岛市精品学校课程建设与实施现场会上进行了主题发言。青岛市教科院在我校分别举行了小学学校课程建设与实施研讨活动、青岛市STEM与科学的理解实施研讨会等。

有梦有行就有远方。怀揣着让每个孩子成为最精彩自己的教育梦想，在学生素养成长的优秀学校文化建设及国家课程校本化实施过程中，学校将进一步开拓“明晰成长需要、创设文化阵地、丰富课程内容、完善评价体系、涵养学生发展”的良好生态，探索更为个性化的人才培养模式，提升学校立德树人的核心能力。

课程建设实践成果

经过7年的实践，学校形成了较为成熟的课程体系，构建了课程图谱、制定了课程纲要，建立了评价体系，编印了指导用书。且课程与文化建设紧密融合，为课程实施和学生素养培养奠定了坚实基础。《构建“中和位育”课程体系的实践探索》获得青岛市优秀教学成果二等奖。

构建“中和位育”课程体系的实践探索成果报告

2015年3月，开启了《构建“中和位育”课程体系的实践探索》行动。“中和位育”是学校的核心价值理念，它出自《中庸》：致中和，天地位焉、万物育焉。意为“如果达到理想境界的中和状态，那么天地间的位置就会安排得很适当，世上的万物就会顺利地生长发育了”。学校提出“中和位育”，就是要给每个学生提供适合的课程，培养他们成长为最精彩的自己。7年来，经过不断实践、检验、论证、完善，“中和位育”课程体系建设取得了丰硕成果。

一、问题的提出

（一）提出的背景与成果的意义

立德树人是教育的根本任务，教育部印发《关于全面深化课程改革落实立德树人根本任务的意见》，明确学生应具备的核心素养为适应终身发展和社会发展需要的必备品格和关键能力。因此，研究学生核心素养发展、构建促进每个学生充分成长的课程体系，是落实立德树人根本任务的一项重要举措，也是适应世界教育改革发展趋势、提升教育国际竞争力的迫切需要。《构建“中和位育”课程体系的实践探索》就是依据学校办学理念，学生发展需求，调研学校现有课程优劣，挖掘教师、家长、社会资源，开发多元课程，构建完善的学校课程体系，在更加合理更加适合的课程教育和活动中，充分激发每个学生潜能，培养他们成长为最精彩的自己，并构建一套具有操作性和普适性的实践模式。

（二）解决的主要问题

本实践研究自2015年3月开始，历经7年多时间，着重围绕学生成长为最精彩自己的素养培养，开展适合学生的课程体系构建与实践。解决的主要问题如下。

1. 课程统一化，无法满足不同潜能学生的发展需求。统一性的课程培养学生千人一面，学生的个性化成长需求无法得到满足，不能适应当今社会对多样化人才的需求。

2. 学生个性不凸显，自主发展动力不足。缺少适合自己的空间，学生无法获得适切发展。自主发展的动力不足，潜能得不到充分释放。

3. 评价标准单一，学生综合素养培养不足。学科考试成绩仍然普遍用来衡量学生的唯一标准，用知识的考核代替身体素质、心理素质、思想素质、道德素质、艺术素质、生活素质等方面的测试，评价思想不是鼓励、帮助，制约了学生个性成长、全面发展。评价无法为学生成长为最精彩自己提供有效的支撑和促进。

二、解决问题的过程与方法

（一）解决问题思路

以需要解决的问题及素养标准为主轴，在建构理念体系→构建实践体系→完善保障体系→梳理经验体系的循环中螺旋上升，如图 3-11 所示。

图 3-11　解决问题的基本思路

（二）解决问题方法

1. 把问题的解决融入三条路径中，解决问题的过程与方法相辅相成、整体推进，如图 3-12 所示。

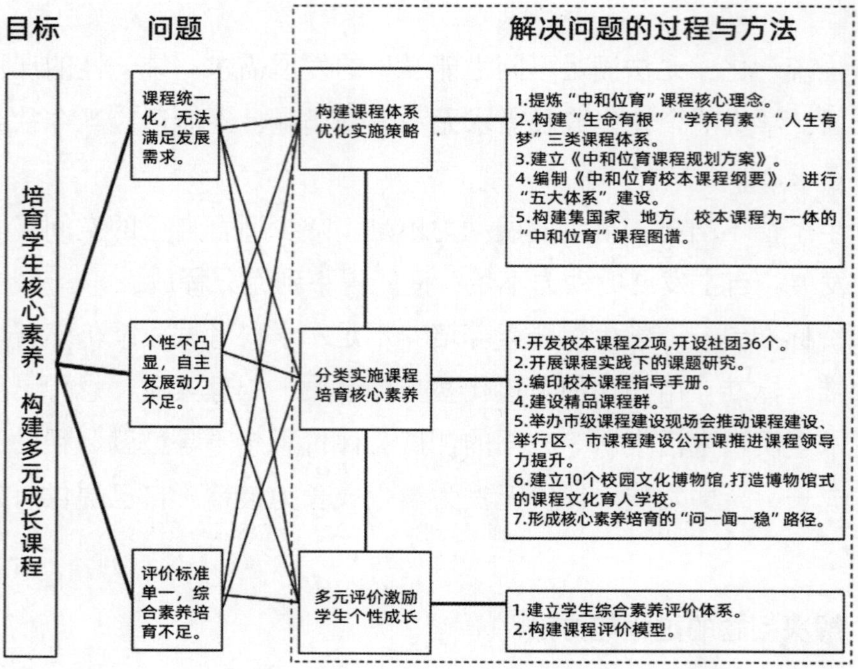

图 3-12　解决问题的过程与方法

2. 解决问题的过程分为三个阶段：顶层设计阶段、实践深化阶段、拓展提升阶段，如图 3-13 所示。

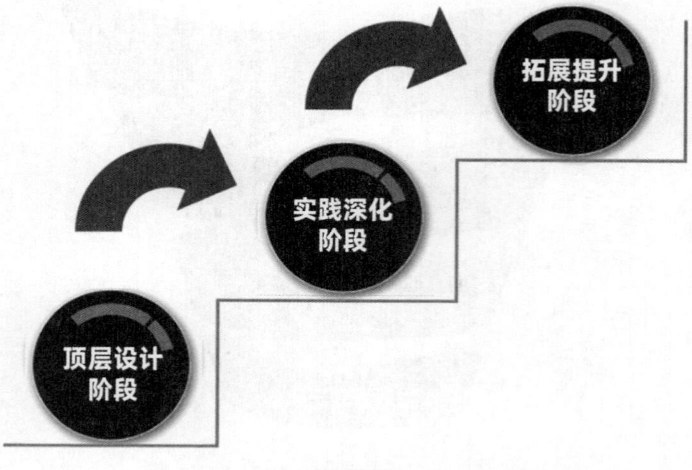

图 3-13　解决问题过程的三个阶段

（1）顶层设计阶段（2015—2016 年）。首先提炼课程核心理念，引领课程建设实践。然后聚焦学生问题解决、素养培养，设计并开发适合学生发展的多样课程。构建“中和位育”课程体系；构建集国家、地方、校本课程为一体的课程图谱；建立课程规划方案；编制校本课程纲要；进行“五大体系”建设，保障课程有序实施。

（2）实践深化阶段（2016—2018 年）。实施三大类主题课程，组建精彩纷呈的课程社团，满足不同学生的个性化成长需求。开展丰富多样的课程活动，形成多元化、选择性、开放式课程育人模式。把课程实践中的问题作为课题进行研究，在研究中不断解决问题，促进课程深化提升。举办区、市课程建设现场会，推进课程深入发展。

（3）拓展提升阶段（2018—2022 年）。配合课程建设，建设校园文化博物馆，丰富课程内容，为学生成长成最精彩的自己搭建实践场所。打造精品课程群，课程建设走向精致发展之路，通过参评青岛市精品课程提升课程品质。多元课程育人模式进入总结提升阶段，在各级课程建设研讨会进行学术交流，在媒体推介学校多元课程建设特色，发挥示范作用。应用本研究成果，促进办学快速变革。

（三）解决问题过程

1. 构建体系，优化课程实施策略。

（1）提炼课程核心理念。仲村小学是由仲村社区投资兴建的，社区倡导“中和”文化，于是，学校提炼确立了“中和位育”的学校核心办学理念，就是提供适合的教育，培养每个学生成长为最精彩的自己。“中和位育”理念成为学校课程建设的价值标准和行动指南，所有的改革和创新都朝着这个方向前进。

（2）构建课程三大体系。一是确立学生素养结构“生命有根、学养有素、人生有梦”。二是构建课程育人体系。构建了“修身课程”“启智课程”“梦想课程”三大类别“中和位育”课程体系，形成课程风格。这样的课程重构，能更系统地培养学生成长为“有根、有素、有梦”的小公民。

（3）建立课程规划方案。课程方案是实施课程建设的蓝图。顶层设计课程方案，从课程依据、资源条件、课程目标、课程结构、内容设置、课程评价、课程保障等方面进行系统规划，制定科学的课程方案，保证课程有序实施。

（4）编制课程实施纲要。对开发的每项学校课程，都精心研究，编写纲要，建设课程五大体系。

2. 分类实施，培育学生核心素养。实施面向全体的“生命有根”修身课程促进习惯持续发展；实施多元培养的“学养有素”启智课程促进素养良性发展；实施尊重差异的“人生有梦”梦想课程促进个性充分发展。

3. 建立模型，实施多元评价策略。一是建立“精彩个性”评价办法。每项课程的评价标准依据课程培养目标制定，主要从学生上课参与度、完成效果、竞赛成绩等方面进行过程性评价和终结性评价，激发学生精彩成长的积极性。二是建立“集卡争娃”评价策略。通过递进式多元成长课程总评价体系，激励学生勇于实践，个性发展，多元成长。

4. 课题引领，促进课程科学实施。课题研究能引领课程构建深入推进，自2015年至今，学校一直以课题研究为引领，进行“中和位育”课程体系建设的实践探索。从“十二五”到“十四五”，先后承担了教育部重点课题、青岛市教育规划课题6项。7年来，在课题研究引领下，学校构建了促进每个学生精彩成长的“中和位育”课程体系。另外，在课题研究和课程实践中，我们重视理论的学习，获得了丰富的理论支撑。也邀请齐鲁名校长、课程建设专家、市课程研发中心领导、高中学校专业教师给予了大力的支持与指导，实现了理论与实践的紧密结合，夯实了研究质量。

三、成果的主要内容

（一）凸显多元的“中和位育”课程体系

学校建立了集国家、地方、学校课程为一体的“中和位育”课程体系和课程图谱，制定了《“中和位育”课程体系构建与实践实施方案》，编印了《中和位育校本课程纲要》，建设了课程的五大体系。“五大体系”建设，使课程策略更加科学有效，课程实施更加系统全面。

（二）素养培育的“问—闻—稳”成长路径

在课程实践中，首先引领学生解决存在“问”题，然后在问题解决过程中形成素养认知，懂得这些素养在自己成长中的重要作用，并在体悟、渐悟、趣悟、顿悟、领悟、品悟、感悟、敬悟等一系列思维活动中实现指向行动自觉的“稳”定的价值养成（图3-14）。

图3-14　核心素养培育的“问—闻—稳”路径

（三）精彩成长的“集卡争娃”评价模型

评价是促进课程建设的一把标尺。但现有的课程评价、教学评价、学生学业评价量规量表均没有完全适用。我们根据育人目标与课程理念，构建了两个评价模型。

1. 个性的课程成长评价。每门课程都研发了符合课程自身，特色的评价办法，形成“精彩个性”评价模型：过程性评价（日常实践评价）+ 总结性评价(综合积累评价)，激励学生主动参加课程的积极性，促进适性发展，如图 3-15~图 3-17 所示。

“自理小达人”实践记录表

时间：________ 班级：________ 姓名：________

实践内容	学会叠被子						
	学会叠衣服						
	学会系鞋带						
	学会系红领巾						
	学会整理书包						
	学会整理书桌						
	学会整理床铺						
	学会收拾碗筷						
	学会自己洗头发						
具体操作							
劳动感言							
参与态度	★★★	★★	★	自评	家评	师评	总计
	主动积极参与课程学习和实践活动	能参加课程学习和实践活动	能在老师或同学的帮助下参加课程学习和实践活动任务				
完成效果	能独立完成，质量高	能独立完成，内容充实	能独立完成				

图 3-15 《家政》课程实践评价表

家政课程即时评价表

课程内容：-------- 学生姓名--------

评价内容	评价结果							
	★★★	★★	★	自评	组评	师评	家评	总计
参与态度	主动积极 参与课程学 习和实践活动	能参加课程学习和实践活动	能在老师或同学的帮助下参加课程学习和实践活动任务					
完成效果	能独立完成，质量高	能独立完成，内容充实	能独立完成					

备注

1. 在每次课程实践中，根据学生在活动中的参与态度和完成效果两方面的内容，采取自评、小组评价、父母评价及教师评价等方式，对学生进行相关评价。

2. 参与态度由学生、小组、教师和家长在每节德育课和家务实践活动根据学生表现的情况进行评价，完成效果由学生、教师和父母在每次的家务实践活动后进行评价。

3. 所有课程结束后，根据全班学生所获★的多少，划分三等，以鼓励为原则，分别赋分，其中，一等赋分 55-60，二等赋分 50-55，三等赋分 45-50。

图 3-16 《家政》课程即时评价表

《仲村小学家政课程总评价表》

评价内容 / 姓名	德育课	实践活动	德育课	实践活动	德育课	过程评价汇总	过程评价得分	总结评价	加分项	总计

图 3-17 《家政》课程总结评价表

2. 综合的课程发展评价。对学生的成长发展进行综合性评价。建立了“集12 生肖章→换金银铜卡→争当‘仲村娃’”这样一个“集卡争娃”递进式多元成长课程评价策略。只要学生在某一方面、某一课程中取得成绩，都计入“集卡争娃”多元成长评价体系（图 3-18）。这个评价模型，主导思想是“鼓励与帮助”，评价关注是“发展与获得”，使学生不断体验进步的喜悦和成功的快乐，促进多元成长（图 3-19）。

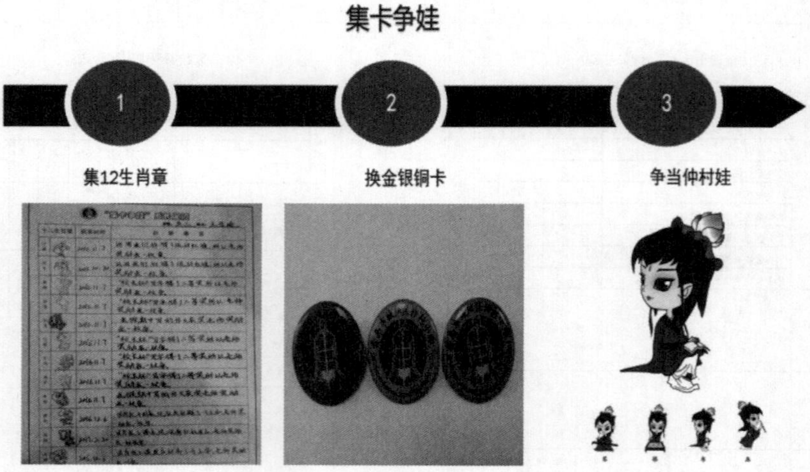

图 3-18　集卡争娃评价体系

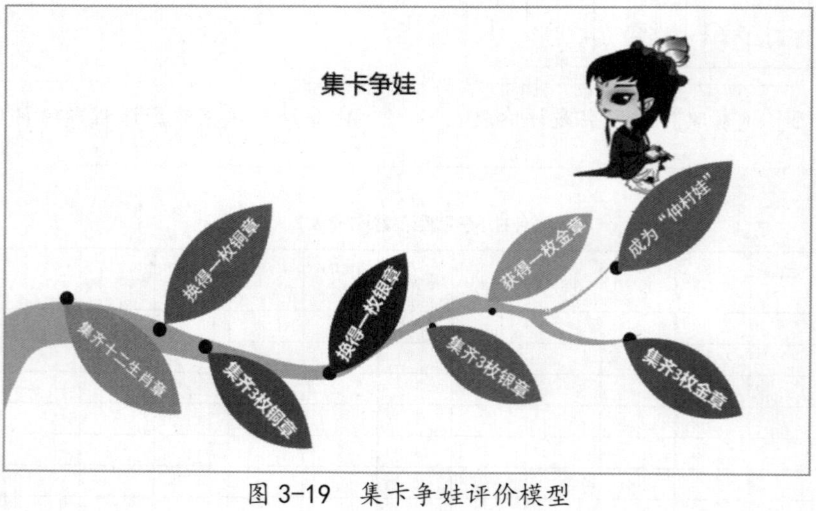

图 3-19　集卡争娃评价模型

（四）形成课程与课题“互促循环发展”模式

在课程开发和实施中，遇到了素养培养的诸多问题，学校把问题作为课题进行研究，研究的过程中推动了课程不断深化，形成了课题成果，为课程建设的不断提升进行了理论指导。互促发展模式为：课程实践发现问题→作为课题研究项目→推动课程深层发展→获得教育科研成果→指导课程建设实施。课题研究推动课程向深层次发展。

四、效果与反思

（一）实践效果

1. 课程的适切度明显提高。调查显示，93.1% 的同学认为目前学习的课程非常喜欢。三大类适切的课程实践，逐步奠定了学生成长为“有根、有素、有梦”的素养基石。

2. 课程的精致性不断提升。在课程实践中对促进学生发展成效显著的课程重点挖掘，精致管理，提升课程育人品质，打造了 12 个精品课程。3 门课程被评为青岛市精品课程。

3. 课程的个性化显著增强。个性化课程不断呈现，开设了 36 个个性化社团，满足学生兴趣、潜能和差异。学生在选择适合自己的课程实践中积极主动发展，个性特长逐步凸显，努力成长为最精彩的自己。

4. 评价的多元性逐步确立。以考试衡量学生的单一模型已成为过去式，评价多元的理念基本建立，“精彩个性”课程评价、“集卡争娃”多元评价等模型初步构建，经过实践检验了评价模型的科学性、有效性，更精准地激励和支撑学生的个性发展和综合素养培育。

（二）获得成效

1. 学生品质成长。在课程实践中，逐步奠定了学生成长为“有根、有素、有梦”的素养基石。7 年来，大批学生在全国、省、市区各类比赛中获奖。学生积极主动，努力成长为最精彩的自己。

2. 教师愉悦发展。全校教师课程领导力得到全面提升，课程建设主动性不断增强，教师在课程建设中实现自我价值，收获职业幸福，成长为适应高位发展、未来发展的教师。

3. 学校品牌形成。学校课程特色精彩纷呈，形成了“成长为最精彩自己”的课程文化。课程的发展推动了校园文化建设，打造了一所博物馆式育人学校，为课程实施搭建了实践场所。学校办学水平迅速提升实现变革，从全区薄弱学校进入最优秀学校行列，获 100 多项市级以上称号，市教育局把仲村小学确立为青岛市第十五实验小学。学校迈上了市级实验学校新平台和品牌创建新征程。

（三）成果的主要影响力

1. 在集团学校推广应用。成果在集团校和联盟校实施，学校核心竞争力显著增强，教育质量和办学水平迅速变革，产生了积极的社会影响。

2. 课程著作公开发表和编印。《让学生在适合的课程内容和实践活动中精彩成长》等多篇论文在《教育家》《教育学文摘》《中小学教师培训》上发表。共编印了4门课程手册和1本课程纲要。

3. 宣传推介。学校“中和位育”课程体系建设经验6次在全国“STEAM教育与学校课程建设”“山东省首届好课程研讨会”等会上进行经验交流；举行了5次市课程建设现场会；多次在青岛电视台、《半岛都市报》、新华社、《人民日报》等新媒体平台宣传推介。

（四）成果创新点

1. 课程体系——多元性。构建了一套分类、分层、综合、特需的可选择的课程体系，最大限度地满足每一位学生的个性发展需求。

2. 课程内容——开放性。只要是服务核心素养发展的内容都可为我所用，对课程内容进行了拓展、开发、重构。从“教材是世界”转变为“世界是教材”。

3. 课程实施——系统性。研究各门课程的五大体系，课程策略更加科学有效，课程实施更加系统全面。

4. 课程评价——发展性。根据学校育人目标与课程理念，研发了每门课程符合自身特色的“精彩个性”评价办法和“集卡争娃”多元成长评价体系，探索了一套服务于师生的课程评价与诊断系统，激发学生内动力，提高自我规划能力。

（五）挑战与展望

1. 课程建设需要深入检验。在“中和位育”课程体系建设中，之前的很多东西被打破，新的举措和效果还有待在更大范围，进行更深入的检验。

2. 课程评价需要细化完善。评价模型与措施的可操作性和激励性需进一步细化、改进，按客观、公正、科学、真实的原则，对事物价值进行定性定量分析与评判，更符合学生成长特点，激励精彩成长。

第四章 建设『中和位育』课堂模式

CHAPTER FOUR

面对教育改革发展的新命题、新任务，学校要实现品质发展，提升办学实力和竞争力，必须进行课堂教学的改革。近年来，学校围绕“中和位育”核心办学理念，以课堂教学改革为中心，进行了深入的变革和创新。

从课改初期的“问题导学”的小组合学，逐步优化为“小助理大同学”的小组合学，再到比较完善的“朋伴教学”的实趣课堂，带领师生一路昂首阔步，高歌奋进。学校教学质量从区域薄弱学校进入A类优秀行列，成为全区教学工作示范学校、青岛市英语教学基地校、青岛市教师专业发展基地校，学校实趣课堂教学品牌逐步树立。

第一节 小组合学

小组合学课改行动规划

第一年：初步建立，诊断研究阶段

初步诊断课堂教学现状，根据诊断情况研究→学习和总结课改名校经验→创新绿色课堂教学模式→建立课堂模式的初步方案；指导培训教师围绕方案研究学习，具备初步的改革能力；课程和校园文化体系初步构建。争取举办一次区级的课改推进会议，总结推进课改。

第二年：逐步提炼，问题改进阶段

在课堂诊断过程中发现问题，指导教师改进，提炼、完善高效的绿色课堂模式；指导培训教师开展小课题研究，形成基本的研究能力，更好地指导教育教学；结合学校发展实际完善学校课程和文化体系。举办一次规模课改推进会议，阶段性总结课改经验。

第三年：整体完善，形成品牌阶段

课堂、课程、德育和学校文化建设有机融合，提升、总结，形成学校文化品牌，并通过一系列会议、宣传、出版，达到整体发展和提升。出版学校教育、教学成果图书。举办一次课改成果推介会，重点对学校三年课改成果进行展示、评价。

构建学习共同体

小组合作学习建设

一、小组的组建

小组的组建需要班主任与任课教师全面考虑，科学合理地进行划分和组建。

小组的组建主要依据以下几个原则。

原则一：同队异质，异队同质。实行的小组合作不仅要体现在课内，更要体现在课外、社区和家庭，这是一种不受空间限制的学习型组织。因此小组的划分要以便于开展组内的校内外合作为目标，综合多种因素，如学生性格、学生学情、家庭住址、家长受教育程度和工作性质等。划分时做到组内学生之间的各方面互为补充，各小组划分均衡。每队学生分为两个层次。

原则二：小队人数的确定。每队 4 人最为合适。每队分为 A、B 两组，组内成员分别为 A1-A2 、B1-B2。

原则三：座位的安排。每个小队按 A、B 组分两侧，组长为 A1，靠近讲台的两名队员是 A2、B2，远离讲台的两位同学是 A1、B1，按照学生性格、成绩、结成对子 A1A2-B1B2。

二、小组成员分工

小组组建后，组内成员要有明确分工，需要确立组长、副组长、记录员、汇报员等。组长在学习小组中的作用相当于“小班主任”，要管理组员，同时又相当于“小教师”，要组织组员进行课前自学和课上讨论与展示。因此，班主任要选择好组长，让他们真正成为管理班级的好帮手。组长的选择首先要考虑是否有表现欲望，有组织能力。其次考虑学习成绩，成绩在小组内要处于中上等，但并不一定是成绩最好的，一般由 A1 和 B1 的学生担任。

三、小组定期轮岗

为保证学生均衡全面发展，组内要做到定期“岗位轮换”。小组分工与角色互换在小组建设中起着举足轻重的作用。只有各有责任，才能各负其责，只有各负其责，才能事事有人管。而不同角色的调换，可以让每个成员体会到其他成员“工作”的苦与乐，才能更尊重别人的劳动，更好地服从领导，激发内动力。这样，自然也就形成了一个和谐团结的集体，就有了形成学习共同体的基础。各小组可有固定组长和一日组长，固定组长负责好本组的全面管理，一日组长负责好当日的学习任务。其他岗位根据班级和教学实际确定轮流担任的时间。

四、小组文化建设

小组文化的建设和班级文化建设一样，能够起到凝聚、团结的作用。小组建好后，首先要有一个组牌，组牌要放在显眼的位置，正面可以是组名、组徽、小组宣言，背面可以是每个组员的签名、组员的个人近期目标等。这样可以时刻警醒和激励组员，也可以使小组内更有凝聚力。其次要有一个小组规则，规则要由组长带领组员共同制定，这样执行起来更有说服力。

五、小组评价

经常受到师长、他人和集体赞美的学生，往往会表现得越来越优秀。因此，一定要加强对小组团队的评价和小组成员个人的评价。通过评价，激发学生的竞争和合作意识，让学生在课堂上质疑和对抗，逐步意识到自己是学习的主人，使他们在成长过程中不断体验进步和成功的快乐。在评价过程中力求做到节节有反馈、日日有评价、周周有总结、月月有表彰。

1. 节节有反馈。每节课的反馈，由任课教师负责，根据学生的课堂表现，依据评价细则给予量化。由小组长计分，小组内成员监督。

2. 日日有评价。一天学习结束，小组长带着记录本，到任课老师处积分换章，与“集卡争娃”评价活动有机结合。

3. 周周有总结。每周评出一个优胜小组，每个组员奖励一个生肖章，或根据班级实际情况由教师自己确定奖励的项目。每周结束后小队分数清零。

4. 月月有表彰。评出每个月获得优胜次数最多的一个小组，每个组员再奖励一个生肖章。

5. 小组评价要多元。做到生生评价、组组评价和班组评价。

6. 生生评价要有实效。学生之间的点评不能重复，并能提出建设性意见。这样的评价需要学生提高注意力，并动脑筋提炼讲话者的重点，以及需要补充的方面，真正发挥“生教生”的作用。

7. 组组评价要有竞争动力。为了使小组在学习、劳动、纪律等各方面取胜，组员们必须团结互助，想方设法克服困难，为达到小组的优胜地位而努力。

8. 班组评价要有高度。班级制定阶段性目标，阶段性目标要层层拔高，能给小组带来希望和动力。班级对提前高质量完成任务的小组或表现优异的小组及时给予表扬，达到整个班级的共同发展。

六、均衡发展

一段时间之后，小组间可能会产生一定的差距，应提倡“请进来，走出去”。采用组间“留学”的方式，请合作学习优异的小组成员到有困难的组中指导如何有效组织合作，让有困难组中的成员走到优异小组中学习怎样的合作才是有意义的，从而促进组间的均衡发展和快速成长。另外，长时间的分组竞争，会造成小组之间的隔阂，要定期适当调整各小组成员，增进学生间的友谊和班级团队的凝聚力。

班级小组合学评价

一、组织方法

1. 班主任负责学习小组的组织、组长的选用、组员的序号排列。负责统计每天、每周的评价结果。

2. 各小组根据小组情况，制定周发展目标和学习计划。

3. 各小组团结合作，互帮互助，组长督促组员认真完成各项学习任务，确保组员不掉队、本组无差生，相互监督导学案独立完成情况。

4. 每节课前，各小组轮流互查导学案完成情况、学具准备情况、知识复习巩固情况，做好检评记录，及时向值日班长汇报。

5. 课上合作学习时，组长主持、讨论分析问题，组长汇总组内同学的观点、学习成果并决定小组发言人，积极展示集体学习成果，提出小组的疑难问题。

6. 教师评价小组自主合作学习情况；评价小组发言、汇报、展示以及测试情况；评价小组学习纪律等，量化赋分。

二、评价细则

1. 评价原则。以激励为主，关注每一位学生的发展，激发学生比学赶帮超。

2. 评价方式。小组合作与个人表现相结合评价。

3. 评价标准。

（1）教师评价学生的作业质量，优秀作业、良好作业、合格作业、较差作业课分别赋 5、3、2、0 分，不交作业者减 5 分（各班可根据实际情况确立赋分值）。

（2）教师评价学生完成导学案，保存导学案的情况，导学案完成情况与作业等级赋分相同。

（3）教师评价课堂上小组合作学习的氛围，对好的组酌情加 1~3 分；评价学习任务完成情况，对好的组酌情加 1~3 分；评价代表小组发言情况，好的组酌情加 1~3 分；评价小组学生纪律情况，差的酌情减 1~3 分。

(4) 作业上交及时，小组每一位成员作业认真，全组都能收齐，小组加 1 分。

(5) 小组中有成员进步特别明显，给予进步的同学 2 分奖励，小组加 1 分，其余组员加 1 分。

(6) 教师评价学生各类测试情况，测试成绩分 A、B、C、D 四个等级，分别赋分 5、3、2、1 分。

(7) 小组合作有序，组织合理，分工明确，交流时表现活跃，纪律良好，小组加 2 分。

(8) A1、A2、B1、B2（按学分情况排序）准确表达问题分别加 1 分、2 分、3 分、4 分。激励小组成员朋伴互助掌握知识，整体提升。

(9) 合作过程中能认真倾听，及时补充或质疑，个人加 1 分。

(10) 组间互查。组长课前检查相邻组的课前准备，重点检查导学案的准备、完成情况，学具准备情况，知识复习巩固情况，准备不充分或未完成者，每人次减 1 分。

三、奖励办法

1. 日评由小组长每天下午汇总，为组员加小星。个人得分以日评累计，以分换星。

2. 周评由班主任每周五汇总，每组得分根据小组成员个人累计得分，按小组组数分四个等级给小组加分，一、二、三等分别加 3 颗、2 颗、1 颗红星，最后两名为 2 颗蓝星，最后两名的小组周一班会后由班主任召开小组会议，每名成员分析本组落后的原因，并商讨出相应的对策。

3. 每周汇总各组得分，对小组和个人分别进行评比。每周评出 1 个周冠军、5 名进步之星；每月评出月冠军；每学期优秀小组 3 个、优秀组长 3 名和进步奖 8 名。学校给予表彰，促进各个小组和每个学生的进步。

问题导学（三问导学）

为让小组合作学习有效、有序，发挥学习共同体的作用，我们深度改革课堂，确立了“问题导学”的小组合学教学流程。培养学生提出问题、提出有价值的问题进行自主探究、合作学习的能力。

一、理论依据

问题是科学研究的出发点，是思想方法、知识积累和发展的逻辑力量，是生长新思想、新方法、新知识的种子。学生学习知识必须从问题开始，没有问题就难以诱发和激起求知欲，没有问题，感觉不到问题的存在，学生也就不会去深入思考，那么学习也就只能是表层和形式的。教学中不仅要提出问题、生成问题，还要让问题成为学生感知和思维的对象。从而在学生心理造成一种悬而未决但又必须解决的求知状态，也就是使学生产生问题意识。这样才能激发学生认识的冲动性和思维的活跃性，并诱发学生的求异思维和批评思维，引导学生从不同维度解决问题，建构自己的思想和意义，产生并形成自己的观念。

二、三问内容

“问题导学”就是三个“问题”引领学生小组学习，分别为前置问题、课堂问题、课后问题，我们也称“三问导学”。

第一问：带着问题前置学习。看到课题（信息窗）后，你想知道什么？引导学生从课题入手，自我激发学习兴趣，培养提出问题的能力，建构自己的思想和意义，并带着问题进入前置学习。

第二问：带着问题课堂学习。前置学习后，学生会有质疑，这种质疑不是就课题自己提出的，而是前置学习后自然产生的疑惑，或者是自己提出的解决不了的问题，整理记录到“导学树”上，带着问题进入课堂，学生合作解决。

第三问：带着问题课后拓展。完成本节课知识学习后，由学生提出更想了解的内容或更深层次的问题，并带着问题走出课堂，去进行课堂之外的小组合作与探究。

三、学习工具

把思维导图作为前置学习和课堂学习的工具，增进理解和记忆能力，帮助师生掌握正确有效的学习策略，建立系统完整的知识框架体系。设置“思维导学树”“思维收获树”。导学树应用在前置学习，收获树应用在课堂学习，一般课后补充。两树可单独设置，也可合二为一，由学生根据实际自己确定。

小组合学教学流程

语文“问题导学”教学流程

一、揭示课题我质疑

教师揭示课题。学生根据课题进行质疑（三“问”中的第二“问”，第一“问”已前置学习），教师把学生提出的问题进行归结并板书在黑板上。（3 分钟）

二、展示交流我精彩

（一）合作交流

带着问题进入课文，先自读一遍，回顾课文，再思考讨论问题。展示组要分工展示内容。

（二）展示荣耀

1. 词语过关。展示组上台展示（使用实物展台），展示组展示不全面的情况下其他组学生可以补充，在学生补充不完整的情况下教师也可以接着发问或补充。教师给展示组一个基础分，小组内每个成员都发言交流就得到基础分，对于其他补充问题的学生根据实际情况给予加分奖励。（5 分钟）

2. 课文解析。

第一个层面展示交流，课文解析。一是先交流所问问题；二是交流从哪些地方看出来的，重点词语、段落的研究，并感情朗读；三是写作方法的交流（方法可穿插在第二步中）。当展示组解决了问题，其他学生都明确后教师把问题逐个擦掉。

第二个层面是对抗质疑，攻擂守擂。在展示组展示结束的情况下，其他组的成员可对展示组进行发问。展示组能解答提问得到加分奖励，对于其他学生提出有价值的问题教师可以给予加分奖励。如果一些重要的知识点学生没有涉猎到，教师需提示发问。（生生对抗、师生对抗，15~20 分钟）

三、收获拓展我成长

第一步，总结收获。学生从知识、方法、情感等方面来谈。

第二步，拓展延伸。加强学生说、写能力的培养。

第三步，质疑探究。“学习后，你还想知道什么？或你有什么疑问？”这一问题的设计，引导学生提出更想了解的内容或更深层次的问题，并带着问题走出课堂，去进行课堂之外的小组合作与探究。让学生从文本又回归生活这个原点。

数学“问题导学”教学流程

一、创设情境我质疑

创设合适的数学情境，调动学生的情绪，激发学生的兴趣。

1. 引导学生主动寻找情境中的数学信息。

2. 提出自己想知道的问题（第二问中的问题和疑惑）。

3. 教师把学生提出的问题进行归结并板书在黑板上。（3 分钟）

二、展示交流我精彩

1. 交流合作。学生针对自己提出的问题在独立思考的基础上进行小组内的合作交流。教师巡视，每个小组督导，发现“问题”及时指引，也便于及时了解学生的学习情况，为集体交流把握重点。（5 分钟）

2. 展示所学。展示小组展示合作探究的结果，并进行组际间的补充和生生、师生间的质疑。教师给展示组一个基础分，小组内每个成员都发言交流就得到基础分，对于其他补充问题的学生根据实际情况给予加分奖励。

3. 方法梳理。通过小结学生对所学知识进行梳理，沟通新旧知识间的联系，使结论更准确，方法更明了。（15~20 分钟）

三、走进生活我能行

新课标中指出，数学来源于生活，又应用于生活。学数学的归宿在生活，在应用。本环节的练习内容力求生活化，设计呈现层次性：仿例练习→变式练习→提高练习，使学生的思维在这个过程中更加严谨、清晰。（10~15 分钟）

四、收获拓展我成长

1. 收获总结。“本节课你有什么收获？”通过这一问题的设计，引导学生从知识、方法、数学思想等方面回顾本节课的所知所识，使所学系统化。

2. 质疑探究。“学习后，你还想知道什么？或你有什么疑问？”这一问题的设计，引导学生提出更想了解的内容或更深层次的问题，并带着问题走出课堂，去进行课堂之外的小组合作与探究。（3 分钟）

教学案例

“埃及的金字塔”

一、揭示课题我质疑

1. 问题导学。

同学们，今天由我和我的团队带领大家学习第 15 课，板书课题“埃及的金字塔”，齐读课题。

看到课题你想知道什么？（问题导学：第二问）

学生提问题。

教师板书几个有价值的引导课文重点知识的问题。

那么让我们带着问题走进课文，看看能不能解决。请看读书要求。课件出示读书要求。

二、展示交流我精彩

（一）展示荣耀

展示小学展示前置学习收获，引领全班学习。

1. 词语过关。

课文读完了，下面抽查字词。

展示组上台展示前置学习的内容。展示组展示不全面的情况下其他组学生可以补充，在学生补充不完整的情况下教师也可以接着发问或补充。

有两个词需要我们区分。屹立和矗立。我们一起来看一个填空题，谁来试试？电视塔高高的（ ）在城市的中央，中华民族的（ ）在世界民族之林。

正确，前一句用矗立后一句用屹立。屹立不仅形容笔直的站立，更有一种山一样的精神，比矗立的含义丰富。

这几个字我们要注意“廓”“厦”，让我们看看一帆老师是怎样书写的，播放书写视频 。

请大家在书上描红，并在本子上写一个。

2. 课文解析。

（1）交流所问问题，展示前置探究成果。

预设一：古埃及各王朝修建的大大小小的金字塔共有 70 多座，其中最大的是开罗近郊的胡夫金字塔。这座金字塔高 146 米多，相当于 40 层高的摩天大厦。绕金字塔一周，差不多要走一公里的路程。

作者是怎样写这段话的？这样写有什么好处？（列数字、通过具体的数字可以感受到金字塔的高大雄伟，使文章内容更加准确）

说明文就是要准确、具体。可是你们看这段文字准确吗？差不多要走一公里路、相当于 40 层高的摩天大厦？（不准确）不准确为什么要这样写？（与实际的生活做比较可以使人有一种形象感）

预设二：塔身由 231 万块巨石砌成，这些石块平均每块重 2.5 吨。有人估计，如果将这座金字塔的石块铺成一条三分之一米宽的道路，可绕地球一周；如果用火车装运，需要 60 万个车皮。

作者是怎样写这段文字的？这样写有什么好处？（列数字，举例子可以使文章内容真实）

预设三：这些石块磨得很平整，石块与石块之间砌合得很紧密，几千年过去了，这些石块的接缝处连锋利的刀片都插不进去。为了建造这座金字塔，经常有 10 万人在烈日曝晒下干活儿。全部工程用了整整 30 年时间。

生活中我们常常看到这样的例子：

a. 大冬天的，妹妹异想天开地想吃冰棒，不仅我不同意，就连最心软的奶奶也不同意。

b. 这次考试同学们都考得不错，就连捣蛋鬼小明也考了满分。

c. 看来我真的闯了大祸，不仅爸爸不理我，就连平时最爱我的妈妈也不理我了。

通过具体的事例来说明事情的严重程度，通过奶奶都不同意这个事例可以看出小妹妹想法的荒谬；通过小明都考了满分，可以看出班里成绩的优异；通过妈妈都不同意可以看出事情的重大程度，所以在写作的时候我们要学会运用特列。你能试着完成填空吗？这道题真难，就连（　　）。

你看，难的程度通过刚才的特例体现出来。同样你看埃及的金字塔，几千年过去了，这些石块的接缝处连锋利的刀片都插不进去。你能感受到金字塔做工的精巧吗？

那么如此宏伟精巧的金字塔是怎样建成的呢？

（师生总结建造方法：木橇拉石、堆土垒石、移土露塔）

这个建造方法是真的吗？你是从哪看出来的？（据说）建造金字塔的方法有很多，为什么作者只写这一种呢？（因为这种方法最可靠、最能体现埃及人的智慧，这就叫作目的不同、取舍有别）

交流从哪些地方看出来的，重点词语、段落的研究，并有感情地朗读。写作方法的交流。

（2）对抗质疑，攻擂守擂。

同学们有什么疑问和补充吗？

学生质疑、补充，发表自己的见解。

教师适时提问、补充，小结。

当展示组带领大家解决了课初同学们提出的问题后，教师把写在黑板上的问题逐个擦掉。（擦掉问题，表示已解决问题，学会知识）

三、收获拓展我成长

1. 这节课，你有收获吗？

学生谈收获，教师引领学生从知识、方法、情感等方面来总结。

2. 课文我们学完了，你还有问题吗？（问题导学：第三问，引导学生提出更想了解的内容或更深层次的问题，并带着问题走出课堂，去进行课堂之外的小组合作与探究）

3. 对展示小组表现进行评价。

小组合学改革成果

创建学习共同体　走向学本式课堂

围绕建设学本式课堂的这一改革目标，我们把创建学习共同体，开展小组合作学习作为改革的切入点和主线，进行基于对话式沟通的合作学习研究。经过实践，实现了几点突破。

第一个突破：实现了小组合作学习

小组合作学习不仅是改变课堂教学的内在“基因”，也是改变人才培养模式的重要方式。它绝不是桌椅摆放位置和形式的变化这么简单，而是教学组织形式的深入践行。它不仅是课堂上的合作，也是课堂外的组织，是一种学习共同体。因此，要进行有效的小组合作，让课堂回到以学为本这一原点上，让每个孩子进入真诚的学习状态，真正实现学习方式的改革，必须建立、规划、指导学习共同体的创建和实施。

1. 构建学习共同体。

第一，划定小组成员。要求小组成员的性别、学业成绩、智力水平、个性特征、家庭背景等方面有着合理的差异，使每个小组成为全班的缩影，这样构建的小组不仅为互助合作奠定了基础，又为各小组间公平竞争创造了条件。合作人数由教师自由选择，一般为4人组，合作人数的多少也是我们研究的一个课题。

第二，打造小组文化。小组要有组牌（组名组徽）、组旨（宗旨目标）、组号（组员编号）、分工（角色分工）、任务（任务分派），使小组内更有凝聚力。

第三，建立小组评价。激发孩子们竞争、合作意识，引导他们在课堂上质疑、对抗，保障合学的有效性。我们学校制定了“集卡争娃”总评价体系，班级和教师根据各自实际，又细化了评价办法，做到生生评价、组组评价和班组评价。完成这三项工作，就建立了一个严密的学习共同体。这个学习共同体的合作学习不仅在课堂上的40分钟，也在课堂外的无限空间。课堂上解决的是学有余力生与学习困难生的好带差、生教生的问题，是一种学习的展示与交流，大家互帮互学、共同提高。课外解决的是前置学习和互助探究。因此，要走向卓越的学本式课堂，关键在于学习共同体的组建，培训好了学习共同体，也就把握了课堂改变的“基因”。

2. 提出合学要求。

学本式课堂要求先学后教，学生主教；先练后讲，学生主讲，把课堂彻底还给学生。一要处理好讲与不讲的关系，在课堂上尝试做到三不教：第一，学生自学能学懂的教师不教；第二，学生自学有困难但互学能解决的教师不教；第三，学生自学有困难，互学依然有困难但展学中学生能解决的教师不教。二要处理好教师讲与学生讲的关系。要求教师少讲，学生多讲，当学生不会说了，教师来点拨。需要强化的知识教师就通过自己喜欢、学生接受的方式引导强化。三要处理好交流与倾听的关系。小组合学的课堂，是要求能够容忍适当“噪音”的课堂，这时，更应当培养学生学会倾听的习惯和品质。教师要不断地强化倾听意识，只有相互倾听，才能相互交流，才能建立交响的合作学习课堂。

3. 创设安全课堂。

实现真实的小组合学，是让孩子在课堂上有安全感，孩子心里没有顾虑，才能交流对抗自己的观点。不管孩子说得如何，教师都要有拾错、用错、融错的智慧和策略，给孩子创设放松的、有安全感和信任感的课堂，让孩子们主动、自信地发言，让成功在差错里生长。

正因为有了学习共同体的构建，小组合作学习才不是形式上的小组交流、小组讨论，而是真实的学习共同体。通过这样的实践，师生教与学的行为已经开始发生深刻的变革。

第二个突破：进行前置学习

学本式课堂要求学习的过程是学生自己的事，学生必须自主独立地去面对。因此，教学要解决的不是教会学生知识，而是引领学生自主获取知识。所以要进行前置学习，借助前置学习来培养学生的学习能力。在实践中不断探究和验证，发现学生只有进行充分的前置学习，才能够暴露问题，产生怀疑，课堂上，学生才会把前置学习不懂的、学不会的、不会学的、有价值的问题提出来，进行深层次的真正意义上的小组探究学习。否则，小组合学只能停留在表面的浅显的小组讨论、小组交流。要达到真正意义上的合学，需要教师在长期的实践中总结经验，提升智慧，驾驭课堂，解决生成。我们的前置学习不是给学生增加负担的导学案，是小组合学的学本课堂的延伸，是教师为学生服务，是一个引领学生自主学习的目标导航。因此，我们尝试在语文学科设置目标导航，引导着学生根据目标导航进行前置学习。

第三个突破：引入思维导图

思维导图是一种思维工具，能够极大激发学生的右脑，成倍提高记忆能力和学习效率，建立系统完整的知识框架体系。为此，引入思维导图，把它作为学生自主学习的工具，而且把它与目标导航这一前置学习结合起来，既培养了学生的自主获取知识的能力，又培养了学生的思维能力，为学生今后的持续学习力奠定了坚实的基础。绘制思维导图，是个人思维的再现，没有对与错之分，无拘无束，符合孩子的天性，以思维导图辅助学习，充分调动了学生学习的主动性。不但挖掘和培养了学生思维的逻辑性和层次性，打开了学生的大脑潜能，还帮助学生养成梳理知识的习惯和大胆质疑的品质，改善了学生的行为表现。有的教师还创新思维导图的应用，设置了思维树，指导孩子们的前置学习和课堂学习。

思维导图不光应用在学科教学，还尝试应用于备课、工作梳理、班级管理等方面，提高了总体规划能力。

第四个突破：建立问题导学模式

问题是教学的起点，小疑则小进，大疑则大进。学本式课堂的方法是“先学后教、问题导学、以学定教、自主学习”。在合作学习中，我们要求学生提出有效的问题进行有效的思考。为此，结合学校的实际情况，反复论证实验，以“三问导学”对前置学习、课堂学习、课后拓展三个层面的整体合作学习进行了系统的设计。

第一个“问”是我们要求学生从课题入手，结合目标导航，自己提出问题，带着自己感兴趣、想知道的问题进行前置学习。

第二个“问”是学生把前置学习解决不了的问题提出来，带着问题进入课堂合学，在实现“互惠学习”的同时为每个学生提供挑战高水准学习的机会。

第三个“问”是通过课堂学习后，引导学生拓展问题和知识，带着问题走出课堂，去进行课堂之外的小组合作与探究，让学生从教材又回归生活这个原点，也为下节课或下一阶段的前置学习做准备。这里我们引领师生善于突破课本、突破教材，做到拓展和提高。

“三问导学”引领学生课前前置学习和课堂合学，培养学生自己发现问题、解决问题的能力。通过研讨实验，一个在学本课堂教育理念和“问题导学”教学思想指引下的“问题导学”教学模式确立了，并在实践中逐步清晰，得到了有关专家的认可，形成了“揭示课题我质疑、课文解析我精彩、收获拓展我成长”的语文教学模式和“创设情境我质疑、展示交流我精彩、走进生活我能行、收获拓展我成长”的数学模式。在这个模式的确立下，我们不框住教师，要求教师入模—临模—破模—建模，也就是要求教师在达到基本规范的基础上，根据自己的实际进行调整和变化，形成自己的教学风格。

虽然问题导学模式和小组合作学习有许多待改进的地方，很多的尝试还是浅层次的，而且这个过程中，我们也有许多的困惑和问题。但教师已经有了以学定教、学本课堂的行为，学生有了根据思维导图进行自主学习、合作学习、知识建构的学习行为。

润物细无声，课改实验班的老师和学生都在一天天地发生着变化。

一是学生的学习状态发生了变化。不仅学习的积极性提升了，就连平时上课的眼神也不同了。经过努力，参与实验的班级学生的自主学习能力、语言表达能力、合作探究能力、学习成绩等有了显著的提高，学习积极性和参与度，都明显优于其他非实验班级。

二是教师的教学行为发生了变化。“合作学习”中，我们的教师成为课堂的主持者、设计者、评价者；在课堂中，能够尊重学生的身心、认知和思维发展规律，能够开始有意识地“让位”；参与课改的教师课堂教学水平、专业发展水平、反思创新能力远远超过其他平行班级教师；特别是在引导学生合作互惠学习的过程中，实验教师发现了自身素养的不足，激发了自我提升的欲望，有的教师主动到书店买书读书，寻找课改中的困惑，同时，也带动了非实验班的教师自发参与到研讨中来，逐步形成了统一的价值取向。

正是这些变化发展，让越来越多的教师和学生主动进行学习共同体的创建，主动开展小组合作学习，学校的课改氛围越来越浓厚。让我们欣喜、自信和充满动力的是，5 个实验班在区质量检测中均取得了优异成绩，优势明显。

在课改的进程中，学校顺着教师特点、学生学习规律，努力构建了富有活力、学生受用终生的生命在场的学本课堂，在提升学生生命品质和价值的同时提高教学质量，形成教学风格。

第二节“小助理大同学”教学模式建立

21世纪三种最重要的职业胜任心理特征是审辩式思维、口头和书面表达能力、逻辑推理能力。国际教育界已经形成共识：审辩式思维是最值得期许的、最核心的教育成果。因此，在小组合作学习改革的基础上，学校进一步优化课堂，把具有审辩式思维品质的学本课堂建设作为教学改革深入推进的目标，初步形成了“学生是小助理，教师是大同学”的学本课堂教学形式。

“小助理大同学”教学法

一、教学法简介

1. 教学法名称：“小助理大同学”教学法。

2. 关键词：小助理大同学、自主合作探究、审辩式思维、会表达。

二、教学法概要

1. 教学法内涵。“小助理大同学”教学法是指教师和学生协同合作，共同围绕着核心问题开展自主性的探究学习，在单位时间内解决问题，实现学习目标，促进教师和学生共同成长的学习活动。

2. 教学法主要特点。

（1）师生的身份和关系发生了本质性变化。学生课前自主探究学习，课上以小助理（小老师）的身份进行讲解，带领同学学习；教师从讲台走了下来，成为学生的“大同学”，给小助理做补充，和全班学生一起学习研究。是真正意义上的民主、平等、人文、和谐的发展关系，追求的是一种真学习。在教学关系方面，师生之间是合作学习，共同建构知识发展能力的关系。

（2）以培养具有审辩式思维品质和语言表达及合作学习能力作为教学改革目标。“小助理大同学”教学法基于对话式沟通的合作学习研究，对教师提出了“真正地将学生放到学习的主体位置，成为学生自主学习的导航者、评价者”的目标。对学生提出了“会学习、会合作、会探究、会思考”的目标，培养学生能够面向未来的最能胜任职业的心理特征：审辩式思维、口头和书面表达能力和逻辑推理能力。

(3)“小助理大同学”教学法是对“构建学习共同体”的延伸与发展。“小助理大同学”学本课堂以小组合作学习为核心，建立、规划、指导学习共同体的创建和实施。

“小助理大同学”学本课堂教学模式

一、教学流程

1. 前置学习，有备而听。
2. 合作探究，全班展讲。
3. 分层练习，巩固提升。
4. 多元评价，能力拓展。

二、环节内容

“前置学习，有备而听”主要是指课前学生进行前置性学习，培养学生的自学能力，使学生养成良好的预习习惯，同时让学生在课上能够有的放矢地听。

“合作探究，全班展讲” 为了让每个学生都有发表自己观点的机会，培养学生的合作意识和口头表达能力，在全班展讲之前，“小助理”会引领同学结合预习情况，抓住重点设疑、独立思考，进而组织组内和全班的交流、质疑、补充等，使学生对所学知识有更深层、系统的理解，灵活掌握学法。

“分层练习，巩固提升”这个环节“大同学”即老师，会根据学生水平精心设计有梯度的练习，进行补偿性和拓展性学习，让优生吃得饱，学困生吃得好，使全体学生都能学有所获。

“多元评价，能力拓展”这个环节主要是学生根据学习目标，对所学知识进行自我反思和总结，梳理归纳，查缺补漏，并适时进行知识的课外拓展与延伸。

教学流程有时根据课型的需要，再做适当的调整，但不变的是课堂上将学习还给学生，将方法教给学生，给每个学生搭建思维绽放的平台。

“小助理大同学”学本课堂教学模式实施策略

一、课前准备

1. 提前一周将课件模板发到班级群里，让学生认领课题，可对课件进行删减或添加。

2. 小助理人数可以为一人，也可以为两人，最多三人（小助理做好分工，如谁负责组织学习，谁负责板书）。

3. 利用下午两节课后的时间，与小助理共同备课，让小助理明白本节课的重、难点，确定本节课需要小组讨论的问题是什么。（小组合学）

4. 模拟上课，即让学生对照课件，熟练上课流程，把控学习时间。

二、课堂常用语言

1. 组织教学由“老师好”—“小助理大同学，你们好！”开始。

2. 小助理经常说的话，即以往老师说的话。

如从图中，你知道了哪些数学信息？根据这些信息，你能提出什么数学问题？

学习要求：

（1）独立思考；

（2）合作探究；

（3）全班交流。

3. 过渡性的语言。

感谢某某小组的分享，让我们把掌声送给他们。

大家都学会了吗？下面我们就做几道题来检验一下。

通过本节课的学习，大家有什么收获？……

4. 及时准确的评价：从大家的眼神中，看得出来听得特别认真……

三、课堂站位

1. 小助理站位。一个在讲台正中，控制课件，组织学习；一个在黑板一侧，负责板书。学生做练习时，两个小助理巡视指导。

2. 展讲小组站位。开始时小组全体成员在讲台正中央站好，然后主讲同学站在讲台上讲，其他成员站在班级小洗手间一侧靠后的位置，以便能看到黑板。

待小组展讲完毕，全体成员再次回到讲台正中央，接受全班同学的建议和评价。

3. 大同学站位。站在靠近电脑的位置。

四、教师的作用

有了小助理，教师就没用了吗？不！教师即“大同学”，该出手时才出手！重难点、易错点、学生困惑时、知识点小结时，教师都要发挥指导作用。

“小助理大同学”精品教案

“番茄太阳”教学实录

一、激趣导入，揭示课题

1. 小助理出示番茄：这是什么？板书：番茄。

番茄是一种蔬菜，谁来简单说说它的样子？

2. 小助理：它与太阳有什么相似点吗？板书：太阳。

3. 齐读课题，说说自己读题后有什么想了解的？

二、初读课文，理解大意

1. 默读课文，思考课文写了哪些人？写了什么事？

2. 检查认读生字词情况。课件出示。

3. 说说课文的主要内容。

4. 简介作者。

三、细读课文，理解感悟

整体把握，理清线索。

1. 小助理：请同学们精读第一部分，体会作者的心情。

(1) “我”来到这座城市时的心情如何？

(2) 后来心情有了怎样的变化？你从哪里读出来的？

(3) 是什么原因导致变化发生的？

2. 合作探究：引导学生读课文，找出课文中描写“我”的心情变化的语句，读一读，联系上下文体会出“我”的心情。

课件出示：灰暗—温暖—喜欢—快乐—感动。

教师总结：是盲童明明的童心、童趣和童真给“我”鼓舞和感染，给“我”带来这样好的心情变化。

3. 小助理：明明是一个什么样的女孩的？小组合作，找出描写小女孩的句子。

感受小女孩的爱笑，体会“我的心情觉得温暖起来”。

（1）谁能说说“我”为什么差不多总是中午去菜场？

（2）“我”看到了什么？

小组展讲：引导学生抓住小女孩父亲的动作和语言，以及小女孩和她妈妈的表现来想象当时的情形，体会一家人相互之间的关爱和温情。

（3）为什么“每次看到这一幕，我的心就觉得温暖起来”？

感受小女孩的遭遇和美丽，体会“让人隐隐心疼”。

提问：为什么看到明明，会“让人隐隐心疼”？

引导学生了解小女孩双目失明的人生遭遇，知道这一家人来到城市以买卖为生，真正的目的是给孩子治病。同时，感受明明的漂亮和天使般的笑，体会一家人生活的艰辛和明明的不幸。

感受明明的聪明和对未知世界的好奇。

提问：明明虽然双目失明，但她并没有因为失明就失去对未知世界的好奇，她是一个非常渴望了解生活，对生活充满了热爱的小女孩。大家有没有读出这一点，从哪里看出来的？

4. 小助理：“番茄太阳”在文中存现了几次？分别代表什么意思？

（1）代表太阳。

（2）代表明明的笑脸。

（3）代表美好的心灵。

体会“咯咯的笑声银铃样清脆，一串一串地追着人走”。

指导：明明是在什么情况下这样笑的？你从这笑声中听出了什么？

引导学生体会明明笑声的清脆悦耳，其中所表达出来的明明认识未知事物以后的欣喜，以及这笑声的纯真和感染力。

5. 小助理：请同学们生动朗读课文最后 4 个自然段，然后谈自己的感受。在教学过程中抓住以下几点：

（1）理解：看着她的笑脸，觉得那就是最美的“番茄太阳”。

明明问了许多奇怪的问题，给“我”带来了快乐，消除了“我”生活的寂寞，让“我”体会到了生活的价值，忘记了生活的痛苦等等。

（2）明明临走时跟“我”说的一段话是什么？如果你是作者，你会怎样回答？课件出示。

（3）为什么“红红的‘番茄太阳’一直挂在我的心中，温暖着我的心”？

四、拓展交流，升华情感

教师总结：明明虽然与“我”分别了，可她那活泼开朗、纯真善良的心灵，就像她所摸到的“番茄太阳”那么美丽，那么温暖，永远留在“我”的心里。明明的眼睛是残疾的但是她的心是明媚的。希望我们用一颗明媚的心将爱来传递。

1. 让学生说写祝福明明的话。

2. “我”今后的心情还会像开始时那样灰暗吗？

五、作业

1. 朗读课文，体会内容。

2. 抄写生字词。

“小数除以整数”教学实录

一、情境导入，提示课题

助 1：同学们，这节课，我们一起来学习“小数除以整数”。（助 2 板书课题）

助 1：首先，请看情境图，从图中，你知道了哪些数学信息？

生答。

助 1：根据这些信息，你能提出哪些问题？

生答。

助 1：同学们提出的问题很有价值，那应该怎样列式呢？

生答。（助 2 板书 9.84 ÷3 =）

助 1 追问：为什么这样列式？

生：要求“水位平均每天上升多少米”就是把 9.84 平均分成 3 份，求每份

是多少，所以应该列式为 9.84 ÷3 =

助 1：非常好，请坐！

二、合作学习，探究算理

1. 温馨提示，指导学法。

助 1：算式大家会列了，那怎样计算呢？

生举手！

助 1：看来很多同学都有想法了，我们先不急于交流，请看温馨提示（课件）

助 1：3 分钟时间开始！

助 1：我说停…… 生：我就停。

2. 全班展讲，汇集成果。

助 1：哪个小组来展讲？

生齐：我们小组来展讲！

助 1：请某某组来展讲！

小组齐：我展讲。生：我倾听。

生 1：我们小组共汇总出三种计算方法，下面就由我们组另外三名同学给大家一一展讲。

生 2：我是这样想的：由于小数除法我们没学，所以我想先把小数和除法转化为整数除法。也就是把 9.84 的小数点向右移动两位，变成 984；984 除以 3 等于 328。所以 9.84 除以 3 就等于 3.28。我展讲完毕，大家还有什么疑问或补充吗？

质疑：你这样算的依据是什么？

生 2：我这样算的依据是商的变化规律，除数 3 不变，被除数 984 变成 9.84 是缩小到原数的百分之一，那么商就缩小到它的百分之一，也就是 3.28。我的解答，你满意吗？

生：我非常满意，谢谢你的解答。

生 3：下面由我来展讲第二种方法：我跟某某的想法差不多，也是想把 9.84 变成整数，但我不是依据商的变化规律，而是利用单位换算，把 9.84 米先换算成 984 厘米，然后用 984÷3=328（厘米），因为问题求的是“平均每天上升多少米”，所以再把 328 厘米换算成 3.28 米。我展讲完毕，大家还有什么疑问或补充吗？

生齐：没有！

生4：我是这样想的：在进行整数除法计算时可以列竖式，所以我猜想小数除法是不是也可以列竖式计算呢？于是，我就先按整数除法的计算方法来计算，再将商的小数点与被除数的小数点对齐。我展讲完毕，大家还有什么疑问或补充吗？

质疑：你为什么要把商的小数点跟被除数的小数点对齐？

生4：因为我们组其他两种解法的得数都是3.28，所以我就在3的右下角点上小数点，我由此发现：商的小数点要跟被除数的小数点对齐。我的解答你满意吗？

生：我还是不太理解！

助1：商的小数点为什么要跟被除数的小数点对齐，是我们这节课学习的重点，也是难点。过会儿，我们一起来研究。首先，我让我们把掌声送给某某组，感谢他们把小组的智慧与我们分享。

3. 多元评价，总结方法。

大同学：某某组展讲得非常精彩，大家有什么想说的吗？

生：我觉得他们组交流时分工明确，思路清晰，非常好，值得我们学习！

生：他们交流时声音响亮，分析有条不紊，这也是值得我们学习的。

生：我觉得他们组特别会学习，生4虽然是猜想列竖式算，但他借助同组同学的结果，完成了计算，而且有特别重大的发现，非常好。

大同学：同学们评价得非常好，这说明同学们听讲特别认真。听了他们的展讲，大同学也想夸夸他们：他们组的前两种方法，都是在计算过程中，想方设法把小数转化为整数，这样就将新知识转化成了旧知识，进而帮助我们解决了新问题。这种转化的思想运用得非常巧妙。列竖式的同学是由整数除法可以列竖式计算，进而类推到小数除法是不是也可以列竖式，这是运用了迁移的数学思想，也非常好。（板书：转化迁移）

助1：非常感谢大同学的评价！下面我们就一起来看一下，商的小数点为什么要跟被除数的小数点对齐。大家看大屏幕！

4. 助理引领，明晰算理。

助1：9.84是由9个一，8个十分之一和4个百分之一组成的。

我们先把9个一平均分成3份，一份是3，在竖式中就是用个位上的9除以3，在个位上商 3。“商的小数点为什么写在这儿？”

生：因为整数部分除完了，为了跟小数部分区分开，所以小数点写在个位的右下角。

助 1：解释得非常清楚，大家听明白了吗？

生齐：明白！

助 1：那谁再来说一说？

生：因为整数部分除完了，为了跟小数部分区分开，所以小数点写在个位的右下角，也就是要跟被除数的小数点对齐。

助 1: 非常好！我们继续往下看，再把 8 个十分之一平均分成 3 份，每份是 2，还余 2；在竖式中，就应该把十分位上的 8 落下来，表示 8 个十分之一平均分成 3 份，每份是 2。“2 为什么写在这儿呢？”

生：因为 8 在十分位上，所以商 2 也应该写在十分位上。

助 1：很好，请坐！二三得六，8-6=2，余 2 个十分之一，再跟后面的 4 个百分之一合起来，得 24 个百分之一。24 个百分之一平均分成 3 份，每份是 8，所以就竖式中，就得把百分位上的 4 落下来，合成 24 个百分之一，24 个百分之一除以 3 就在百分位上商 8。

助 2：大家明白商的小数点为什么要跟被除数的小数点对齐了吗？

生齐：明白了！

助 2：在这里，我还想提醒大家注意，在进行列竖式计算时，横线一定要用尺子比着画，这样才规范、美观。

助 2：现在我们就一起来总结一下：如何来计算除数是整数的小数除法？谁展讲？

生齐：我展讲。

生：先按整数除法的计算方法来算，商的小数点跟被除数的小数点对齐。

助 2：总结得既简练又清楚，真棒！谁还能像这样说一说？

生：先按整数除法的计算方法来算，商的小数点跟被除数的小数点对齐。

大同学：大家想，为了提高正确率，小数点是最后点，还是算完整数部分就点呢？

生齐：算完整数部分就点。

三、巩固练习，提升认识

1. 给小数点找家。

2. 火眼金睛辨对错。

3. 列竖式计算。

4. 解决问题。

"小助理大同学"学本课堂建设成果

"小助理大同学"学本课堂让生命精彩绽放

根据课改目标，学校对教师提出了"真正的将学生放到学习的主体位置，转变旧思路，创新新课堂，成为学生自主学习的导航者、评价者"的目标。对学生提出了：会学习、会合作、会探究、会思考的培养目标。

围绕建设学本课堂的这一改革目标，我们把"小助理大同学"课堂教学模式作为改革的切入点和主线，进行基于对话式沟通的合作学习研究。

一、建设根源

之前，进行了小组合作学习的课改行动，虽然教师有了培养学生合作学习的行为，但教师缺乏对有效的课堂教学策略研究，学生学习主动性不强，自主探究学习的能力未得到很好的发展。

结合实际，开始了"小助理大同学"学本课堂教学改革研究。"小助理大同学"学本课堂上，学生作为"小老师"走上讲台，即"小助理"，教师从高高的讲台走了下来，成为学生的"大同学"，将传统的"教师唱戏学生听"，变为"师生搭台学生唱"，是师生共同学习，共同提高的学本课堂。

二、建构思路

学本课堂，是指以学习者学习为本的课堂。这里的学习者不是单纯地指学生，而是指教师、学生和直接参与者。在"小助理大同学"学本课堂中，没有纯粹的教师，教师身份发生了本质性变化，教师是"大同学"。具体而言，"小助理大同学"学本课堂就是教师和学生协同合作，共同围绕着核心问题开展自主性的探究学习，在单位时间内解决问题，实现学习目标，促进教师和学生共同成长的学习活动。“小助理大同学”学本课堂以小组合作学习为核心，优化学习共同体的创建和实施。

三、课堂流程

1. 形成“小助理大同学”教学流程。结合学校和学生实际，老师们梳理出“小助理大同学”的主要教学流程，及“前置学习—探究交流—能力拓展—评价提升”。前置学习，主要在课前是学生利用老师设计的预习提纲进行前置性学习，培养自学能力，使学生养成良好的预习习惯；探究交流，这个环节是“小助理”引领学生结合预习情况，抓住重点设疑，引导学生独立思考，组织组内和全班的交流、质疑、补充等，使学生对所学知识有更深层、系统的理解，灵活掌握学法；能力拓展，这个环节主要是学生学习新知后的巩固练习，包括对新知的巩固和灵活运用，并进行补偿性和拓展性学习；评价提升，这个环节主要是学生根据学习目标，对所学知识进行自我反思和总结，梳理归纳，查缺补漏，并适时进行知识的课外拓展与延伸。教学流程有时根据课型的需要，再做适当的调整，但不变的是课堂将学习还给学生，将方法教给学生，给每个学生搭建了思维绽放的平台。

2. 分阶段逐步推广。“小助理大同学”学本课堂在推进过程中，学校分阶段进行，先是在三、四、五、六年级各设立一个实验班。学校一方面组织广大教师深入学习新课程理念，让教师深刻理解课堂变革的实质和内涵，使教师理解学生实现学习方式转变的必要性；另一方面学校把“小助理大同学”作为校本课题，同时立项区教育科学“十三五”规划课题，进行深入的探究。学校举行了多次“小助理大同学”学本课堂示范课、研讨课，对教师们来说，一次有一次的收获，一次有一次的触动。多位教师发表感慨，“小助理大同学”学本课堂可以让孩子的生命得到绽放！正是看到实验教师、实验班级学生的变化和成长，全校教师自发地实行了“小助理大同学”学本课堂教学。

四、师生成长

1. 学生综合能力得以培养。在“小助理大同学”学本课堂中，学生成为最大的受益者，学生学习方式的彻底转变，带动了其学习习惯的转变。学生将“问题工具单”视为“隐身却在线”的老师，以此为把手完成了预习，同时也培养了自学能力。长期有序的训练让学生逐步掌握了自学的方法，有了自信心，课堂参与的有效性显著提高。在课堂展讲交流中，学生的自主学习、合作探究的能力得到了质的提升，综合素质提升明显。譬如，在学校的各种活动中，科技、舞蹈、绘画、书法等方面涌现出了大批小明星。在前来参观学习的领导、老师们面前，学生们落落大方地给来访者介绍各种科普知识、机器人的工作原理、书法家的故事等等，让参观学习的来宾由衷地竖起了大拇指……

2. 教师教学水平得到提升。课改的实施和推进，看到了教师的变化和收获。

一是教师有了以学定教、学本课堂的行为。合作学习中，他们的课堂教学理念、专业发展水平、反思创新能力明显提升。很多来听课的教师都说，没想到这样的课堂给学生的成长带来如此重大的改变。在我们学校举行的全区公开课教研活动中，很多学校教师在评课时纷纷表示：在震撼老师课堂的同时，更希望与我们建立联谊关系，学习我们学校课堂教学改革的经验和做法。现在可以说，这就是未来课堂、未来教育的状态。应当说，课堂教学的改革我们走在了教学改革前沿。

二是教学成绩明显提升，区期末教学质量抽测中学校取得了优异成绩，这是对学本课堂改革有效性的最有力论证，也是全体教师努力的结果。

三是课堂改革带给师生幸福感。如今，全校师生都在进行着“小助理大同学”的课堂教学模式的探究，大家也在慢慢品尝着课堂改革的甜头。

四是“小助理大同学”学本课堂助推读书热情。在课改浪潮的推动下，教师读书群体也逐渐成形，实验教师展开了 100 天读 33 本书的读书计划，将读书和教学实践有机地结合起来。一开始，老师还曾困惑“每天忙碌，有时间去读书吗？”但是，当佐藤学的共同体理念直指教育者内心时，老师们突然发现：原来读书是一件再幸福不过的事了！课改让教师们的读书热情越来越高涨，读书为课改的深入推进奠定了坚实的基础。

五、有待进一步研究的问题及解决策略

1. 教师驾驭“小助理大同学”学本课堂模式的能力参差不齐，尤其是年轻教师因教学经验不足，对学本课堂内涵认识不到位，导致课堂上经常出现教师引导不到位、抢话、替话、评价不及时等问题。学校将组织教师们把课堂教学中的疑惑作为校本课题进行微课题研究，并通过校本培训帮助教师迅速成长，能比较成熟地驾驭学本课堂教学。

2. 部分教师对“小助理”的培养科学的指导方法和缺乏足够的耐心。学校将组织骨干教师进行经验介绍，用真实的案例启发教育智慧，通过撰写优秀教

案、教育随笔以及校长荐文，丰富教育教学理念，通过课例打磨指导教师更好地操作学本课堂教学模式。

3. 怎样利用“小助理大同学”学本课堂教学模式更好地突出学科课型特点，我们将围绕“深度学习，有效评价”等主题开展课例打磨活动，形成优秀教案集，补充完善学本课堂模式，使其发挥出最大价值。

在教育发展道路上，学校将继续深入推进“小助理大同学”学本课堂教学模式，深化整合和构建开放性、动态性和多元化的课程体系，激发学生学习兴趣，培养学生自主、合作、探究的终身学习能力；激励教师不断学习和实践创新，积累经验，历练智慧，提高有效教学能力。从而为学校注入多样竞争动力，打造多样文化品质，努力让学生的生命精彩绽放！

第三节 实趣课堂品牌的打造

为了提高课堂教学效率，在“小助理大同学”教学改革的基础上，进一步优化课堂策略，打造了“实”“趣”融合的课堂。

实趣课堂建设

一、实趣课堂简介

课堂是学校改革永恒的主题。学校在推行“小助理大同学”课堂教学改革的基础上，以“实趣”定位课堂品牌，以实施“小助理大同学”课堂建模行动为载体，建立“实趣课堂”初步模型和典型课例。实：目标实，训练实，当堂达标；趣：手拉手，兵教兵，活泼有趣。实趣课堂建设，教会学生学习，促进教学质量提升，形成了“实”“趣”融合的课堂文化。

二、实趣课堂核心理念

1. 实趣课堂教学改革趋势。

根据名家对课堂教学的论点，我们总结发现了课堂教学的发展趋势。

(1) 教学价值。由“学会”转向“会学”，由“为了分”转向“为了人”。

(2) 教学关系。由“被动学”转向“主动学”，由“先教”转向“先学”。

(3) 学习方式。由“受学”转向“互学、悟学”，由“个体学习”转向“学习共同体”，由“书中学”转向“做中学”。

2. 实趣课堂核心理念。

(1) 让课堂有意义（实）。一是扎实，提高成绩；二是厚实，提高知识、思维、文化。

(2) 让学习有意思（趣）。一是知识呈现有趣味（过程兴趣）；二是学习体验很美好（结果兴趣）。

三、实趣课堂教学模式

1. 独立自学。让学生按照一定流程进行自学，带着丰富的学习体验有准备地进入课堂，培养自学能力。

2. 交流互学。带着自己的收获和疑问在小组中合作学习，并借助同伴之间的差异解决自己解决不了的问题，培养求助、互助能力。

3. 点拨助学。针对学生暴露的问题和疑惑进行恰当的点拨，帮助学生改进学习方法策略。

4. 反思悟学。借助“黄金两分钟”静默反思，回顾学习过程与得失；理解自己和同伴是怎么学习的，从而提升学习品质。

四、实趣课堂操作要领

1.“独立自学”操作要领。

(1)目的。不是一般性预习,也不是超前作业,是在老师的指导下尝试自学,训练学生的自学能力。

(2) 常见的问题。

(3) 指导策略。

①指导学生自主规划；按规划自学；整理自学收获，准备交流分享。

②可以在课外进行，初期应在课内，是课堂学习的第一个重要板块，要循序渐进。

2.“交流互学”操作要领。

(1) 交流目的。在独立自学基础上，分享收获，解答疑惑，求助、互助。

(2) 交流形式。小组合作、全班展示。

(3) 交流内容。

①知识点。学懂了哪些，还没学会哪些，遇到哪些问题。

②方法感悟。怎么学的，有哪些经验窍门。

③求助。向同伴发出求助。

(4) “交流互学”操作要领分组展示原则。

①机会均等。随机抽取展示组；分层确定展示人。

②形式与内容兼顾。既关注展示内容，也关注形式，培养交流展示能力。

③互动性。鼓励相互说，引导相互听，指导相互评。

④有效性。交流展示后都要留足“整理提升”的时间，及时梳理收获。

⑤站立。

我自信，本领强，独特之处来亮相；

胸挺直，头高昂，面带微笑神气扬；

精气神，有力量，一次更比一次棒。

⑥展示。

嘴里说，心里想，脱稿不再看纸张；

吐字清，音洪亮，嗯啊口语别带上；

一握拳，一挥掌，肢体语言来帮忙。

⑦倾听。

展示完，听补充，同学点评记心中；

仔细听，认真想，博采众长细思量；

取人长，补己短，合作探究有主见。

⑧内涵。

文本挖掘要深刻，预习充分是关键；

实时生成是惊喜，倾听思考是前提。

3.“点拨助学”操作要领。

(1)点拨的目的。在自学互学、展示交流基础上，结合暴露出的疑惑和问题，教师精要点拨，引发思考，促进理解。

(2) 点拨的内容。聚焦考点、难点、易错点；指向方法策略。

(3) 点拨的方式。个性化问题个别点拨，一般问题随机点拨；共性问题、重难点问题在交流互学后集中点拨。制造认知冲突，引导思考和对话。学会踢球，把问题还给学生，利用学生之间的差异解疑。分级激励，根据学生学习表现，进行有层次的激励。

(4) 指导有序竞争。对照展示要求，培植同伴间既互相竞争，又互相赞赏、互相悦纳的积极向上的健康文化。

4.“反思悟学”操作要领。

(1) 反思的目的。回顾过程与得失；理解自己和同伴是怎么学习的。

(2) 常见的问题。时间不充分、内容碎片化、缺乏工具支撑。

(3) 反思的角度。一是学习内容，学会了什么，还有什么问题。二是学习过程，总结方法策略。三是学习表现，包括自我表现、合作意识、情感态度等。

(4) 反思的工具。为学生提供表格、思维导图等思维工具。

五、实趣课堂教师应具备的关键技能

(一) 指导小组合作

1. 合作学习定位：利用差异互相学习；在合作中学会求助、互助。

2. 小组组成规模：低年级一般 2~3 人一组；中高年级可以 4 人围坐。

3. 小组合作机制。

（1）求助、互助机制。

（2）分工合作机制。小组长、成员有明确分工，各司其职。

（3）小组评价机制。组内自评、互评、组长评、老师评；组际捆绑评价。

4. 小组文化建设。

（1）固定小组，有组名、组规、口号，体现小组特点。

（2）坦诚求助、真诚互助、合作共赢。

（3）组内民主、平等、积极；组际公平竞争，会欣赏，会倾听。

5. 小组合作谨防三个问题。假合作问题、低水平合作问题、优生霸权问题。

（二）提更好的问题

1. 全局性问题。如课文最后有一句话：“只要你是天鹅蛋，哪怕生在养鸭场里，也没有问题。”《丑小鸭》是要告诉我们“你是不需要努力的”这个道理吗？用一个字概括读完《卖火柴的小女孩》的感受，说说理由。

2. 开放性问题。如 7+8= ？和哪两个数的和可能是 15 ？

3. 探究性问题。如判断一个数是不是 5 的倍数，为什么只要看个位就行？

4.“胖”问题。如你怎么认为的？为什么这么认为？你怎么知道的？有一个理由吗？你能确定吗？还有别的方法吗？

六、实趣课堂关键技能

实趣课堂培养学生的关键技能就是学会学习。措施就是实施六大行动：自主规划学习活动、自主探究学习内容、自主监控学习过程、自主反思学习效果、自主求助学习资源、自主改进学习策略。“六大行动”过程需要有“教师点拨”和“同伴互助”。

七、实趣课堂主要特点

1. 以自主学习为主线。

2. 以“小助理引领”“教师点拨”“同伴互助”为辅助。

3. 以“六大”行动为抓手。

4. 以实现“学会学习”为目标。

实趣课堂教学案例

“分数的意义”实趣课堂教学设计与意图

课前热身：回顾旧知，激起导入。

谈话：同学们，数学课上我们总是跟数打交道，看，这是一个什么数？（助2板书：1/4）

生：分数。

助1：嗯，三年级时我们就接触过分数，如果让你来介绍一下这个分数，你会怎样介绍？

预设：1/4读作四分之一，中间的线是分数线，分数线下面的数是分母，分数线上面的数是分子。

预设：分母表示把一个物体平均分成4份，分子表示有这样的一份。

提问：你能举例说一说1/4表示的意义吗？

预设：把一个西瓜平均分成四份，每份占这个西瓜的1/4。

预设：把一条1米长的线段平均分成四段，每段占这条线段的1/4。

总结：也就是说只要把一个物体或一个计量单位平均分成四份，每份就是它的1/4。

谈话：同学们说得有理有据，非常好，这节课我们继续来研究“分数的意义”。看到课题，你有什么疑问吗？

预设：我们三年级时就认识了分数，这节课要研究的“分数的意义”与前面学习的有什么不同吗？

谈话：学贵有疑。那这节课要研究的“分数的意义”跟前面学习的有什么不同呢？让我们带着这样的思考，开始今天的学习。

一、创设情境，提供素材

谈话：让我们一起走进校园艺术节，看看艺术节上隐含着哪些数学问题。看，学校泥塑小组和折纸小组正在分发制作材料呢。请同学们仔细观察，从图中你都发现了哪些数学信息？课件演示。

预设1：把一块红色的橡皮泥和4块黑色的橡皮泥平均分给4人。

预设2：把4张黄色纸平均分给2人。

预设 3：把 6 张绿色纸平均分给 3 人。

提问：根据这些信息，你能提出哪些有关分数的数学问题？

预设 1：每人分得红色橡皮泥的几分之几？

预设 2：每人分得这些黑色橡皮泥的几分之几？

预设 3：每人分得这些黄色纸的几分之几？

预设 4：每人分得这些绿色纸的几分之几？

谈话：同学们提出的问题都很有价值，下面我们先来解决“分橡皮泥”的问题。（课件出示：1 块红色橡皮泥和 4 块黑色橡皮泥）

【设计意图】导入环节，创设了艺术小组“分发制作材料”的活动情境，从学生熟悉的生活入手，激发学习兴趣。根据已知信息提出有关分数的数学问题，一方面可以让学生感受数学问题的现实性，增强问题意识；另一方面也加强了问题的指向性，促进学生更快地进入本节课的学习中。

二、分析素材，理解概念

1. 把 1 块和 4 块橡皮泥平均分成 4 份。

（1）操作探究。

出示探究要求：

①想一想，分一分，先独立思考，把你的想法画在探究报告单上。

②说一说，辨一辨，把你的想法和困惑跟组内同学交流一下。

③小组长做好分工，准备全班展讲。

学生活动，教师和小助理巡视指导，了解学情。

（2）汇报交流。

（3）对比观察，深入感知分数的意义。

谈话：下面让我们一起来对比一下这两道题，它们有什么不同之处？又有什么相同之处呢？

总结：看来虽然分的总数不同，但只要是平均分成了 4 份，每份就是这个整体的 1/4。

2. 把 4 张纸和 6 张纸平均分，体会整体。

（1）操作探究。

谈话：通过刚才的探究，同学们解决了分橡皮泥的问题。下面试着用同样的方法来解决分卡纸的问题。（课件出示：把 4 张黄色纸平均分给 2 人，每人分得这些纸的几分之几？把 6 张绿色纸平均分给 3 人，每人分得这些纸的几分之几？）请同学们借助探究报告单上的黄纸和绿纸图片，在纸上分一分，圈一圈，再把你的想法在小组里互相交流。

学生活动，教师小助理巡视，了解信息。

（2）组间交流。

（3）质疑解释。

提问：看着这两幅图，你有什么疑问吗？

课件演示。

预设：每份都是 2 张，为什么一个用 1/2 表示，一个用 1/3 表示？

（4）拓展延伸。

大同学：仔细看图，你还能想到哪些分数，怎么想到的？

预设：从黄纸这幅图中，我还想到了 2/2，一个人分得 1/2，2 个人就分得 2 个 1/2，也就是 2/2。（助 1 板书：2/2）

生 7：从绿纸这幅图中，我还想到了 2/3 和 3/3。（助 1 板书）

【设计意图】引导学生从分一个物体或一个计量单位，过渡到分多个物体组成的一个整体的过程，符合认知发展规律，学生已有的知识经验就是突破本课难点的关键。教学中，通过分一分、摆一摆等直观操作活动，帮助学生将抽象的概念具体化。两次重要的质疑，更让学生深刻体会分数的意义。

三、借助素材，总结概念

1. 认识单位“1”。

谈话：同学们，现在回头看一下我们的探究过程，我们把一个物体、一个计量单位平均分，可以得到分数，把由 4 块橡皮泥组成的一个整体，4 张纸组成的一个整体，6 张纸组成的一个整体，平均分，也可以得到分数。这里的一个物体、一个计量单位、一个整体都可以用自然数“1”来表示，通常叫作单位“1”。那为什么要把 1 加上引号呢？

预设：因为它不但可以表示一个具体的事物，还可以表示一筐苹果、一班同学等这样的一个整体。

总结：这里的“1”内含发生了变化，变得更丰富了，所以要加上“引号”。

2. 总结分数的意义。

提问：同学们，刚才我们得到的这些数都是分数，结合这些分数，想一想，什么是分数？

预设：把单位“1”平均分成若干份，表示这样的一份或几份的数，叫做分数。

3. 认识分数单位。

提问：同学们看，这些分数有什么不同？（分母不同，也就是平均分成的份数不同）那又有什么相同呢？（分子都是 1）

总结：也就是说，这些分数都是把单位“1”平均分成若干份，表示其中一份的数。像这样表示其中一份的数，叫作分数单位。

讲解：就像整数和小数有计数单位一样，分数也有分数单位。比如 1 个人分得 1 个 1/4，也就是 1/4；那 2 个人就分得 2 个 1/4，也就是 2/4；3 个人就分得 3 个 1/4，也就是 3/4；4 个人就分得 4 个 1/4，也就是 4/4。所以，这些分数的分数单位是多少？它们分别有几个这样的分数单位？

生：2/4 有 2 个 1/4。

提问：观察这些分数单位，你有什么发现？

生：分母是几，分数单位就是几分之一；分子是几，就有几个这样的分数单位。

【设计意图】从自然数 1 到单位“1”是学生认知的一个跨越，在单位“1”概念得出中，密切联系本节课的素材，使学生理解起来并不突兀。分数的概念是抽象的，但概念建立在丰富的素材基础上，学生理解起来水到渠成。

四、巩固拓展，应用概念

谈话：在这次校园艺术节活动中，同学们设计了很多作品，有的已经设计完，有的还没有完成，在这些作品中有很多数学问题，我们一起来解决，好吗？

1. 填一填。

（1）你用分数表示各图的涂色部分。

学生独立完成，教师巡视、指导。

集体订正。

（2）学生独立完成，教师巡视、指导。

集体订正。

2. 分一分，涂一涂。

谈话：这是几幅没有做完的作品，请你先看分数，再按要求涂色。

学生涂色，教师巡视、指导。

集体订正。

【设计意图】练习题的设计独具匠心，既是对知识的巩固，体现出学生对两种方法的理解，又运用数学知识解决实际问题，感受数学的价值。整个练习设计层次清晰，既有基础练习，又有拓展练习，并注重让学生在练习中有新的思考，新的感悟，从而产生新的问题，为后续深入学习打好基础。

五、全课总结，回顾整理

谈话：同学们，回想一下这节课我们经历了一个怎样的学习过程？（课件引导学生回顾探究过程）

谈话：通过这一节课的学习，相信大家对分数又有了新的认识，谁来说说你有哪些收获？

预设1：认识了单位“1”。

预设2：我知道了分数的意义。

预设3：我觉得生活中处处有数学。

总结：相信所有的同学都有了新的收获，如果用分数来表示大家都有了新的收获，应该用哪个分数来表示？在我们生活中处处都有数学，只要你还能带着数学的眼光观察生活，相信你会有更多的收获！

【设计意图】通过全课总结，全面回顾本节课学到的知识、方法、感受体验，使学生在获得数学知识的同时，感受数学学习方法和学习乐趣，提升了学生概括、归纳、总结的数学素养。

第四节 朋伴教学法研究

“朋”与“伴”的融合与互助

一、什么是朋伴教学法

朋伴教学法，就是立足于学生自主探究、和谐互助，有学生自主学习和探究、和谐互助和交流，从而全面提升自己的一种学习方式。它注重学生之间的互相交流、互学、互动和互助，是建立在学生已有知识框架下的，依托建构主义理论体系，发挥学生主观能动性，基于学生自主学习和小组协作探究的学习方式，是小组合作学习的优化与提升。

二、朋伴教学法的运用

以数人（3 人为佳）为学习小组，结合学生的兴趣爱好及现有知识水平，综合学生多方面的素质，找出成功点和欠成功点，分为“朋”与“伴”。有长处的为朋，需要学习的为伴，小组内成员互为伴，互为朋。如语文，我优秀，我是朋；数学我欠缺，我需要向别人学，我则又为伴。这样朋伴交替，促进提升。

三、朋伴教学法的实施步骤

朋教朋，伴教伴，朋教伴，伴教朋（我教你，你教我，互为老师），朋伴融合与互动。

1. 目标导学。教师环节（约 2 分钟）。

有教师根据课标制定出课堂教学目标，展示给学生并提出要求。

2. 小组学习。学生环节（约 12 分钟）。

学生根据目标进行小组合作学习，3 人小组内进行分工、研究、商议、组织发言、找寻答案。教师巡视学生学习情况，并适度帮助。

3. 小组展示。学生环节（约 8 分钟）。

教师根据学生自学情况，指名 3~4 个小组面向全班同学进行学习成果汇报和展示、讲解。教师旁观点拨。

4. 同伴质疑。学生环节（约 6 分钟）。

没有展示的小组可以根据自己的理解对展示的同学提出疑问，提出不同观点和方法，也可以认同。教师旁观点拨。

5. 精讲点拨。教师环节（约 3 分钟）。

教师根据学生交流展示的情况进行纠正、补充、点拨、引导、指导。

6. 巩固训练。师生环节（约 6 分钟）。

教师指导学生巩固训练、强化记忆、综合分析整理。

7. 深化提升。师生环节（约 3 分钟）。

师生根据教学目标，进行综合的加工提升，品味回味，强化认知。

四、朋伴教学法操作步骤

1. 划分学习小组。可以将所在班级学生按照 3 人小组划分。根据学生知识水平和特长能力，合理搭配。让不同学科或者不同特长的有所强项的学生进行合理搭配，目的是让有强项的教会弱项的。

2. 划分合作角色。进行某一项目学习时，由组长负责协调，让强项目学生担任老师，帮助弱项目学生学会。组内同学互相补充，指导全部同学学会并在组内讲解明白。

3. 分配讲解角色。组内学会后，分配面向全班讲解角色。主讲人，协助人、答疑人、图示演示人。

（1）主讲人负责讲解学习内容和思考过程，能够简明扼要地把所学内容给全班同学讲解清楚明白。

（2）协助人负责协助主讲人进行讲解，并补充主讲人的讲解。

（3）答疑人负责解答同学们的质疑或困惑。

（4）图示演示人能够根据主讲人、答疑人的发言随机进行图示或演示，让大家看得更加清晰明了。

4. 登台讲解。一堂课有 2~4 个小组登台讲解，直到全体学会为止。

5. 教师角色。

（1）导演、指导、敲边鼓。

（2）学生讲解有误及时拨正。

朋伴教学法教学案例

“用字母表示数”教学设计

【教学目标】

1. 结合具体情境，理解用字母表示数的意义和作用，会用字母表示数和常见的数量关系，会求含有字母的式子的值并能综合运用所学知识解决实际问题。

2. 在探究过程中，逐步建立用字母来表示数的意识，发展学生的符号意识和抽象概括能力，促进学生由算术思维到代数思维的过渡。

3. 在自主探索、合作交流中，体会数学与生活的联系，体会用字母表示数的概括性和简洁性，感悟数学文化。

【教学重点】理解用字母表示数的意义，掌握用字母表示数的方法。

【教学难点】理解含有字母的式子所表示的意义。

【教学准备】多媒体课件、导学案

一、目标导学

朋：同学们，我们首先看这节课的学习目标：

1. 理解用字母表示数的意义和作用，会用字母表示数和常见的数量关系；

2. 会求含有字母的式子的值并能综合运用所学知识解决实际问题；

3. 逐步建立用字母来表示数的意识，发展符号意识和抽象概括能力，由算术思维过渡到代数思维。

4. 体会数学与生活的联系，感悟数学文化。

二、创设情境，提出问题

朋：同学们，光明小学四年级一班的同学正在召开节约能源主题班会，看，从图中你都知道了哪些数学信息？

伴：一个节水水龙头每分钟可节水 10 毫升。

朋：根据这条数学信息，你能提出什么数学问题？

伴：节水水龙头 2 分钟节水多少毫升？

朋：怎样列式？为什么这样列式？

预设 1：10× 2，每分钟节水 10 毫升，2 分钟节水多少毫升就是求 2 个 10 是多少。

预设 2：2×10，时间 × 每分钟的节水量 = 节水总量。

朋：谁还能像这样继续往下提问题？

预设：3 分钟节水多少毫升？ 4 分钟、5 分钟……

朋：怎样列式？

预设：3×10，4×10……

朋：像这样的问题你们能提完吗？

预设：提不完。

朋：正如同学们所说，这样的问题提不完。那像这样的式子我们写得完吗？

预设：写不完。

【设计意图】创设学生感兴趣的“节约能源”话题，引导学生观察信息，提出问题，引导学生感受这类问题的无穷性。

三、自主学习，小组探究

（一）小组学习

谈话：那你能想办法把任何时间的节水量用一个式子简明地表示出来吗？下面请同学们完成导学案上的探究一。写完后，跟组内同学交流一下你的想法。小组长做好分工，准备全班展讲。

教师巡视。

（二）小组展示

谈话：哪个小组来展讲？

伴分享：

图形：□ ×10

字母： a×10 ……

（三）同伴质疑

朋（启发）：同学们，他们分别用文字、图形和字母来表示任何时间，这样就可以求出任何时间的节水量。比较这三种方法，哪一种方法更简便？

伴：分享自己的想法。

朋（拓展数学文化）：的确，用图形和字母都比较简洁。但在数学中，我们经常用字母来表示数。

谈话：数学家们也经历了一个漫长的探究过程。课件出示资料。

朋（小结）：一般情况下，我们在用字母表示数时，可以选用任意字母，但在特定情况下，有些量要用固定的字母来表示，比如通常用字母 t 表示时间。

谈话：那 t 分钟的节水量该怎样表示？

预设：t×10。

【设计意图】本环节中，给予学生充分的时间与空间，通过独立思考、小组合作、全班交流等活动，经历用字母表示数这种方法形成的过程，感受用字母表示数的必要性。通过一段数学小资料，向学生介绍了“用字母表示数”的历史，拓展了视野，感受了数学文化的无穷魅力，激励学生在今后的学习中更深层次的探索。

四、精讲点拨

（一）体会用字母表示数的必要性

朋：同学们，现在来比较一下上面这些式子和这个含有字母的式子，想一想：有什么不同？

伴：2×10、3×10……只能表示的是一个时间的节水量，而 t×10 可以表示任何时间的节水量。

朋（小结）：确实，t×10 这个式子更简洁、更概括，可以表示出任何时间的节水量。

（二）学习字母和数相乘时的简写

伴：t×10 还可以写得更简洁，认真看 t · 10。

朋提问：谁来说说怎样简写了？

伴：把 × 写成了 · 。

朋：还可以继续简写 10t。

伴提问：谁能继续说怎样简写了？

伴：× 没有了。

朋追问：还有什么变化？

伴：数在前面，字母在后面。

朋（小结）：当数和字母相乘时，我们可以把 × 改写为 · ，也可以省略 ×，但需要注意的是要把数写在前，字母写在后。

（三）形成用字母表示数的意识

朋：同学们来看，这里一筒羽毛球有 8 个，怎样来求图中一共有多少个羽毛球呢？假如一筒有 10 个羽毛球呢？

伴：8+3,10+3。

朋提问：那现在呢？

伴：我们不知道这一筒有多少个。

朋追问：那怎么办呀？怎样表示？

伴：用字母 a 表示，一共有 a+3 个。

朋：同学们，除了可以用 a 来表示这一筒羽毛球的数量，可以用其他字母来表示吗？

伴：b、c、d……

朋（小结）：看来，如果是一个未知的量，我们就可以用字母来表示。

（四）理解含字母的式子表示的意义

朋：我们继续看，小明通过节约能源的主题班会养成了节约用电的好习惯，他们家的电费也发生了改变，我们一起来看一下。

课件出示：小明家原来每年的电费 m 元，现在每年节省电费 150 元。现在每年的电费是多少元？

朋：应该怎样列式？把你的想法写在探究报告单上。

伴：m － 150。

朋：结合题意，式子中的 m 表示什么？

伴：m 表示原来的电费。

朋：150 表示什么？ m － 150 又表示什么？

伴：150 表示每年节省的电费。用原来的电费减去节约的电费就是现在每年的电费，也就是用 m － 150 来表示。

朋：那当 m=900 时，你能求出小明家现在每年的电费是多少元吗？

伴：750 元。

朋追问：你是怎么算出来的？

伴：把 900 代入算式中，900 － 150=750。

朋：同学们，我们在求含有字母的式子的值的时候，是有固定书写格式的，请同学们仔细看。规范写法：

第一步：先写出含有字母的式子：m － 150。

第二步：把 m=900 的值带入算式中：=900 － 150 。

计算：=750。

朋：这里需要提醒同学们注意的是：计算结果后面不写单位名称。

答：现在每年的电费是 750 元。

朋：同学们学会了吗？好，我们来试一试，看一下探究报告单上的当

m=950 时，现在每年的电费是多少元？

全班交流。

朋：同学们，如果 m=850，现在的电费是多少？ 950 呢？ 980 呢？

预设：700,800,830。

伴：好了，同学们来看，原来的电费一直在变，那现在的电费呢？仔细观察，现在的电费和原来的电费相比，你有什么发现？

预设：现在的电费都比原来便宜 150 元。

朋（小结）：m 在不断变化，m － 150 的值也在不断变化，但是，当 m 的值确定时，m － 150 的值也就确定了。所以，我们可以看出 m － 150 不但表示了现在的电费，也就是表示一个数量，我们还可以清楚地看出原来的电费和现在的电费之间的关系，它们之间始终相差 150 元。

朋（小结）：看来含有字母的式子既可以表示一个数量，又可以表示一种关系。这就是我们这节课要学习的用字母表示数。（揭示课题）

【设计意图】本环节充分调动学生的积极性，将引领学生的深度思维放在首位，通过对比沟通，帮助学生理解含有字母的式子不仅可以表示一个数量，还可以表示一种关系，构建用字母表示数的模型。

五、巩固训练

谈话：学以致用，我们来看看大家学会了吗？请大家完成练习单的第 1 题，完成后小组内说说自己的想法。

谈话：哪个小组来汇报一下你们的想法？

小组上台交流想法。

小结：看来含有字母的式子不但可以表示倍数关系，还可以表示和差关系。

谈话：下面请同学们完成练习单第 2 题。

全班交流订正。

小结：我们在求含有字母式子的值时，计算结果不写单位名称。

【设计意图】精选具有代表性的练习题，让学生进一步领会含有字母的式子表示数量关系及如何求含有字母式子的值。结合具体的实例引导学生交流含字母的式子所表示的意义，较好地巩固所学知识，同时培养了学生的发散思维和语言表达能力。

六、深化提升

谈话：同学们，一节课马上就要结束了，通过今天的学习你有哪些收获？

预设：含有字母的式子不仅可以表示数，还可以表示一种关系。

预设：知道历史上第一个开始用字母来表示数的人是韦达。

谈话：看来同学们的收获可真不少！

【设计意图】本环节引领学生回顾本节课所学知识，对本节课所学的知识进行梳理，帮助学生积累数学活动经验，培养学生养成自主总结和反思的良好学习习惯。

第五节 英语阅读素养及兴趣能力培养实践

核心素养是学生适应个人终身发展和未来社会发展所需要的必备品格和关键能力。英语学科核心素养由语言能力、学习能力、思维品质和文化意识构成。英语分级阅读和自然拼读能够有效激发学生学习英语的兴趣，掌握英语学习的方法。特别是自然拼读法是通过教授学生字母与字母在单词中的发音来进行阅读和拼写的一种教学模式。通过自然拼读法的学习让学生可以见词能读，听词会拼。于是，通过英语分级阅读和自然拼读法的研究和实践，推进英语教学改革，形成了“乐拼悦读”教学法，有效培养学生语言能力、学习能力和思维品质等英语核心素养。

英语“乐拼悦读”教学法

结合自然拼读教学和绘本阅读教学教学实践，英语教师深入推进课堂教学改革，形成了“乐拼悦读”教学策略。师生在“乐拼悦读”中不断发展成长。

一、教学法简介

“乐拼悦读”的小学英语教学模式打破自然拼读教学和绘本阅读教学相对独立教学的局面，整合以上两种教学内容，建立了“拼读阅读，双管齐下”的英语教学课堂。借助自然拼读法扫清阅读学习障碍，通过绘本阅读提高语言运用能力。

1. 加强自然拼读深入学习。学校专门开设自然拼读课，系统讲解拼读法，初步形成“建立关系—检测能读—听音能写—应用巩固—阅读提升”的拼读课堂。自然拼读法适用于所有类型的英语教学课，如新标准英语课、自然拼读课、绘本阅读课、课后自主阅读等，拼读法使得单词的记忆和学习不再是“啃不动的骨头”，打破单词记忆的窘境，实现学生记忆单词的高效化，提高学生学习英语的兴趣。

2. 完善绘本阅读教学流程。第一课时注重绘本讲解，提升阅读能力。借助自然拼读法学习新单词，通过猜测图片内容、情节推测等课堂活动培养学生获取信息的能力，利用图片环游、持续默读等教学方法提升学生阅读技巧。第二课时提炼语音重点，演绎绘本内容。首先，基于绘本中的重点词汇，提炼语音重、难点；然后以自然拼读法为手段，有针对性地讲解与练习；最后，以分角色表演、绘本创编等方式，应用知识、内化于心。

二、解决的问题

自然拼读法可有效解决学生不会读英语，不愿读英语的现状，而英语阅读则提高学生综合语言运用能力，提升英语学习素养。

三、研究的过程

1. 立足实际，专家论证，确定研究方向（准备阶段）。

邀请教育部英语课题组成员进行专题培训，立足学校实际和学生现状，提出“怎样在英语阅读教学中提高学生的拼读能力”这一主要问题并进行研究。在此基础上，根据学生英语学习发展和进步，开始研究“寓自然拼读于绘本阅读”的英语教学模式，且实践至今。

2. 问题引领，深入课堂，开展研究实践（课堂教学）。

（1）学校增设自然拼读课与绘本阅读课程，专人专讲，提升学生拼读和阅读技巧。

（2）专家引进来，教师走出去。实验教师参加国家、省、市级培训，修正教学思路，提高教学技巧。

（3）开展课例展示。实验教师共同集备，互相磨课，精细课堂内容，完善教学环节。

3. 多管齐下，丰富内容，提高研究实效（丰富内容）。

（1）创设环境，营造学习氛围。学校建立英语兴趣长廊和英语点读室，购置绘本和点读笔，创设绘本阅读学习条件。

（2）丰富活动，巩固基础知识。开展“我是单词王”“绘本创作”“绘本表演”等丰富多彩的活动，提高拼读技巧，培养阅读能力，领略文化魅力。

4. 搭建平台，全面展示，反思研究成果（验证阶段）。

学校围绕“寓自然拼读于绘本阅读”展开了系列研究，多次申报相关课题并顺利结题。依托“青岛市小学英语教学改革实验基地学校”，多次举行“绘本阅读教学现场会”“城乡交流研讨活动”“课题开题论证会”等活动，深化教学研究，检验教学成果。

四、实践过程

1. 增设拼读课和绘本阅读课。落实教学内容，教师专人专讲，确保学生在课堂学习专项知识，提高专项技巧。

2. 建立课例研究机制。定期进行课例研讨，实验教师“一人一课”，教研团队针对教学实践，打磨课堂，改进课堂教学组织形式。

3. 制定课堂观察量表。英语教研组对课堂教学环节、学生表现、教学效果进行多维度观察分析，深入剖析教学目标的实现程度，提高课堂有效性。

4. 优化阅读教学模式。确立“绘本阅读为主，自然拼读为辅”的英语阅读教学课堂，初步形成“阅读 + 展示”的绘本阅读教学模式，提高英语阅读课教学有效性。

“乐拼悦读”英语教学实践研究

一、教学法的定义

“乐拼阅读”的小学英语教学模式是指在英语教学中，通过自然拼读提高学习和记忆单词的效率，扫清阅读障碍，又通过绘本阅读培养阅读技巧和文化意识，深入单词学习。自然拼读与绘本阅读有机结合，相辅相成，提高语言能力和学习能力，塑造思维品质和文化品格。

二、理论基础

（一）自然拼读法的理论基础

1. 语言迁移理论。语言迁移是指在第二语言学习中，学习者在使用第二语言时，借助于母语的发音、词义、结构规则或习惯来表达思想的现象。如果母语的语言规则和外语是一致的，那么母语的规则迁移会对目标语有积极的影响，这被称为正迁移。小学低年级的学生已掌握汉语拼音，用拼音朗读和阅读的能力也基本形成，而汉语拼音中有众多音与英语的发音相似。自然拼读法使英语初学者学习发音规则与拼读技巧的教学方法，对于培养学生的音感语感和拼读能力具有指导意义。

2. 关键时期假说。关键期是指一个有机体生命中的一段时间，在这段时间里，某些外部条件对有机体的影响可以超过在其他时间所能达到的程度。语言获得的关键期的研究由来已久。认同“愈早开始学习外语，成效愈好”的人，在学理上常引用“语言学习关键期假说”来论证此项观点。1959 年，神经生理学家 Penfield 和 Roberts 从大脑可塑性的角度，提出十岁以前，是学习语言的最佳年龄。因此，在小学阶段开展自然拼读教学，可以最大限度提高学生英语学习能力和效果。

（二）绘本阅读的理论基础

1. 第二语言习得理论。著名美国语言教育家克拉申（1982）认为语言习得是一种自然、无意识的学习过程，这种过程类似儿童母语能力发展的过程。例如幼儿在学习汉语时，家长并未刻意要求其孩子先认读汉语拼音，掌握汉语句式结构和语法规则，而是通过真实语境下的大量交流，下一篇语境中的表情、图像、肢体动作等来帮助孩子理解汉语的语意及句式表达习惯。英语学习亦是如此。对于以英语为第二语言的儿童来说，英语绘本以完整的故事为主体，以逼真的插画做衬托，以原汁原味的故事录音为参照，为儿童提供了“自然习得语言”的情境与机会，儿童可以依托插图体验情节背景，在故事中感知地道语言，这十分符合幼儿语言学习中“意义先行，拾得习得”的心理特征。

2. 整体语言学习原则。语言中的音、字、词、句式，都是片段式的语言，当脱离了有意义的语境支撑时，便不算是完整的语言。而孤立地学习这些片段式的语言，是无法促成有意义的交流。同样，幼儿在一开始接触母语时，是通过大量的实际语境交流，理解词语和句子的意义，慢慢开始模仿后逐步学会用母语进行自主表达。那么，反观以英文绘本阅读为切入点的英语学习模式，恰恰是通过故事语篇的学习，先引导孩子把握整体的故事情节，对故事的语篇有一定意义的理解，然后过渡到语篇中片段式语言的学习上，最后再由片段式语言的学习回到整体故事语篇，让孩子了解语句在实际语境中的运用方式。

三、结构组成

（一）教学目标

学校“乐拼悦读”的小学英语教学模式研究始于 2015 年，该模式强调：将自然拼读法应用于绘本阅读教学，优化英语阅读教学课堂。借助自然拼读法解决单词识记难题，实现“见词能读、听音能写”的英语教学目标；通过绘本阅读提升学生综合语言运用能力，领略西方文化风情，培养多元文化意识。

（二）教学思想

1. 学生主体。教育教学活动的开展，始终是要以学生为中心的，教学上的听、说、读、写权利都应该交到学生手里。学生只有亲自实践，才能达到真正的理解。只有真正理解知识，才有可能真正形成能力。

2. 国际意识。外语（英语）学习起着搭建国际交流平台的至关重要的作用。英语绘本阅读不仅可以帮助学生了解西方风俗文化、开阔眼界，更为学生以后成为国际化人才打下基础。

3. 思维能力。注重学生的独立思考是教学活动的重点，学生只有通过自己对学习内容的分析和处理，才能真正掌握。

（三）教学程序

1. 自然拼读教学程序。

第一步建立关系。教授新字母时，要教给学生它的常见发音，建立起字母与字母发音之间的直接关系。

第二步见词能读。出示带有该字母的单音节词，教给学生通过手势，有节奏、有韵律地正确拼读单词。

第三步是听音能写。呈现新单词发音，学生根据听到的音，进行拆音、对应，写出新词。

第四步是应用巩固。设计听、说、读、写练习，如听音辨词、听音填词、创编 chant，使学生在形式多样的活动中巩固语音知识。

第五步阅读提升。选取与关键发音配套的英语绘本，学生借助拼读手势尝试拼读，借助绘本插图独立阅读。

2. 绘本阅读教学程序。

第一课时注重绘本讲解，提升阅读能力。借助自然拼读法学习新单词，通过猜测图片内容、图片与文本连线、情节推测等课堂活动培养学生获取信息的能力，利用图片环游、持续默读、拼图阅读等教学方法提升学生阅读技巧。

第二课时提炼语音重点，演绎绘本内容。首先，基于绘本中的重点词汇，提炼语音重、难点；然后，以自然拼读五阶成功法为手段，有针对性地讲解与练习；最后，以分角色表演、绘本创编等方式，应用知识、内化于心。

（四）教学策略

1. 增设拼读课和绘本阅读课。落实教学内容，教师专人专讲，确保学生在课堂学习专项知识，提高专项技巧。

2. 建立课例研究机制。定期进行课例研讨，实验教师“一人一课”，教研团队针对教学实践，打磨课堂，改进课堂教学组织形式。

3. 制定课堂观察量表。英语教研组对课堂教学环节、学生表现、教学效果进行多维度观察分析，深入剖析教学目标的实现程度，提高课堂有效性。

4. 优化阅读教学模式。确立“绘本阅读为主，自然拼读为辅”的英语阅读教学课堂，初步形成“阅读 + 展示”的绘本阅读教学模式，提高英语阅读课教学有效性。

四、作用意义

1. 提高学生的语言学习能力。自然拼读法的最大特点是把复杂的发音归纳成有规律、简单的发音，把英文的字母与发音联系起来，解决学生英语发音难、发音不准的问题。学校跟踪调研发现：学生经过两年的自然拼读已经基本能正确拼读陌生的单音节词汇，单词记忆效果大大提高。

在两个班学习自然拼读法两年后的期末检测中发现，六年级一班的优秀率和及格率均高于六年级二班，但六年级二班成绩进步明显，且两班差距逐渐缩小。

在学习自然拼读法后，学生从不愿学变成主动学，从不会学变成比着学，家长说“以后真的不用担心孩子的英语了”。

2. 绘本阅读提升学生的思维品质和文化品格。一节成功的阅读课需要学生的主动参与，他们认真观察插图、开动脑筋思考，不断提高获取信息、主动学习的能力，同时通过丰富的绘本，体验不同文化，培养多元文化意识。

英语课程的校本化实施

校本化实施国家课程　打开质量提升突破口

学校学生 70% 是外来务工子女，他们英语学习环境较差，基础薄弱，能力较低，学生不敢、不愿张嘴读英语。同时，绝大部分家长忙于生计，没有时间、没有精力、没有能力关注学生的英语学习情况，给学校英语教学带来难度。

为解决学生英语学习存在的问题，培养英语自主学习的能力，学校积极探索英语课程校本化实施途径，开设了“英语自然拼读”和“英语绘本阅读”校本课程。自然拼读法培养“见词能读、听音能写”的英语学习能力；绘本阅读锻炼英语学习技巧。学校将自然拼读和绘本阅读两项校本课程内容融入英语国家课程中，借助自然拼读解决单词识记难题，巧用绘本阅读提升语言运用。国家课程校本化的实施，极大提升了学生英语学习兴趣，提高了英语教学效率，教学成绩迅速提升，学校成为青岛市小学英语教学改革实验基地学校。

一、典型做法

（一）立足实际，确立课程校本化主题

邀请教育部英语课题组成员进行专题培训，立足学校实际和学生现状，为提高学生阅读能力和运用能力，确立开设"英语绘本阅读"校本课程。参加自然拼读实验教师培训会，为提升学生单词识记速度和准确度，确立开设"英语自然拼读"校本课程。为提升英语教学质量，提高课程教学效率，学校确立将绘本阅读和自然拼读融入现行的国家英语课程中，探索国家课程校本化的实施方法。

（二）融入课堂，推动课程校本化实施

1. 保障校本课程实施。学校开设"英语自然拼读"和"英语绘本阅读"校本课程，安排专业教师，设置专门课时，讲授专项内容，保证学生学到专项知识，为英语学习打好基础。

2. 建立课例研究机制。学校定期进行课例研讨，实验教师上好"一人一课"，研究校本课程授课模式，探讨校本课程与国家课程融合方法。教研团队不断打磨教学设计，改进课堂教学组织形式。

3. 制定课堂观察量表。英语教研组对课堂教学环节、学生表现、教学效果等多方面进行多维度观察分析，深入剖析教学目标的完成度，切实提高课堂教学的有效性。

4. 优化课程教学模式。在英语校本课程的教学中，学校初步确立"自然拼读五阶成功法"的语音课教学模式和"阅读 + 展示"的绘本阅读教学模式。在国家英语课程的教学中，初步探讨出"语音教学贯穿三课时，绘本阅读补充第三课时"的新标准英语教学课堂模式。

（三）丰富内容，提高课程校本化实效

1. 创设环境，营造学习氛围。学校建立英语兴趣长廊，开放英语点读室，购置英文绘本和点读笔，丰富校本课程实施途径，引领学生在潜移默化中，在与师生互动中，享受英语学习乐趣。

2. 丰富活动，巩固基础知识。开展"我是单词王""绘本创作""绘本表演"等丰富多彩的活动，充实校本课程实施内容，提高学生拼读技巧，培养阅读能力，

领略文化魅力。

3. 专项训练，查验教学效果。开展“单词大比拼”“阅读专项测”“模块小拓展”等各类专项测试，检验校本课程实施效果，锻炼学生知识运用能力，改进教师教学方式。

二、课程亮点

探索国家英语课程校本化实施的新模式，打破自然拼读教学、绘本阅读教学和国家英语课程独立教学的局面，整合三种教学内容，完善了“自然拼读五阶成功法”的语音课教学模式，摸索出“阅读 + 展示”的绘本阅读教学模式，探讨出“语音教学贯穿三课时，绘本阅读补充第三课时”的新标准英语教学课堂模式，三种课程相辅相成，互为补充，共同提升学生英语的综合语言运用能力。

（一）创建自然拼读五阶成功法

第一阶是建立关系。教字母时，教给学生字母的常见发音，建立起字母与字母发音之间的直接关系；第二阶是见词能读。出示带有本字母的单音节词，带领学生通过手势，有节奏、有韵律地正确拼读单词。第三阶是听音能写。呈现新单词发音，学生根据读音，进行拆音、对应，写出新词。第四阶是应用巩固。设计听、说、读、写练习，如听音辨词、听音填词、创编 chant，使学生在形式多样的活动中巩固语音知识。第五阶阅读提升。选取与关键发音配套的英语绘本，学生借助拼读手势尝试拼读，借助绘本插图独立阅读。

（二）完善绘本阅读教学流程

第一课时注重绘本讲解，提升阅读能力。借助自然拼读法学习新单词，通过猜测图片内容、情节推测等课堂活动培养学生获取信息的能力，利用图片环游、持续默读等教学方法提升学生阅读技巧。第二课时提炼语音重点，演绎绘本内容。首先，基于绘本中的重点词汇，提炼语音重、难点；然后，以自然拼读法为手段，有针对性地讲解与练习；最后，以分角色表演、绘本创编等方式，应用知识、内化于心。

（三）探索新标准英语课堂模式

第一课时注重文本的讲解，通过自然拼读法讲解新单词，通过听、说、读、写基本活动引领学生掌握文本内容，学会重难点，并通过创设简单情境，学会运用语言知识。第二课时注重核心语音的复现和新文本的讲解，适当引入绘本阅读，为重难点的巩固创设情境。第三课时加强核心语音的复现和拓展，对前两个课时内容进行综合概括，引入综合绘本，通过阅读理解和作文写作提高词句的综合运用能力，实现教学目标。

（四）实施课题引领改革发展

为推进课程与教学改革，学校分别进行了《怎样在英语阅读教学中提高学生的拼读能力》《寓自然拼读于绘本阅读之中的实践研究》两个课题研究，取得了显著成绩。课题《寓自然拼读于绘本阅读之中的实践研究》获“青岛市市级教学成果奖”。

三、课程效果

（一）提升了学生核心素养，转变英语课堂教学生态

1. 从“被动学”变为了“主动学”。学生使用拼读法可以快速读词记词，借助阅读绘本加强知识运用，丰富的知识储备和专业的英语能力给予学生自信，享受学习英语。

2. 从“片面记”变成了“全面学”。学生不再将单词和文本割裂，而是在英语情景中，在校本课程与国家课程的体验中，记单词、读绘本、学课本，英语专项知识与技能得到全面提升。

3. 从“怯于读”变成了“抢着说”。学生通过阅读大量的绘本读物，掌握更多的英语词汇和外语知识，在英语课堂上活用拼读技巧和阅读能力，使得英语学习更加简单。知识的提升，成绩的进步都引领学生对英语学习更加自信，也更乐于展示自己。

（二）提升了教师专业素养，促进教育教学专业发展

1. 增进了教学研究。在英语课程校本化实施研究中，教师注重关注学生课堂上的主动学习，注重培养学生自主学习能力，教学研究不断深化。参与教学研究的英语老师，共有 12 人次举行过区、市公开课，4 人获评区教学能手，2 名英语教师在“全国自然拼读与英语阅读教学研讨会”上进行课例分享并获评“分级阅读教学优秀课例”，3 名实验教师在教育报刊上发表论文，1 名英语教师在青岛市教育科研骨干培训班上进行课题经验交流。学校共举行了 3 次青岛市英语教学现场会。

2. 提升了教学水平。教师不断调整自然拼读、绘本阅读和新标准英语教学模式，改善课程校本化实施的教学策略，提高英语课堂教学效率。教学成绩从全区落后状态迅速提升进入先进行列。有梦有行才有远方，在今后的课程与教学改革中，学校将继续融合自然拼读、绘本阅读和新标准英语教学，深化内容，创新策略，创造经验，让课程打开质量提升突破口，推动教学改革新发展。

第五章 优化“中和位育”管理

CHAPTER FIVE

学校管理要以学校发展和育人为目的，是制度化、人性化的，与物质生产领域不同的特殊管理活动。学校要遵循合乎规律的管理原则，运用科学的管理方法，对各项工作开展有效的动态管理活动，努力实现学校发展、师生成长的目标。

第一节 精细化管理

精细化管理是一种理念，一种文化，是精确细致、深入规范的全面管理模式。“天下难事，必作于易。天下大事，必作于细。”精细化管理必须做到“精、准、细、严”。“精”就是精益求精，追求最好；“准”就是准确的信息与决策；“细”就是工作做细化，关注好细节；“严”就是严格执行制度和标准。

教育工作是一项立德树人的工作，是对人的教育和管理，更需要有精准的制度要求和细致的执行操作。因此，实施精细化管理是现代学校管理的必然要求，是促进学校发展的有力保障。

实施现代化学校建设背景下的精细化管理

精细化管理是追求卓越、提升品质的科学精神与人文精神相融合的管理理念与模式。因此，精细化管理既是理念，又是方法，更是过程，体现着学校精神。要办好现代化学校，推动学校优质发展，就必须要有精细化管理的思维和策略，让精细化成为每个教育者的内在品质。

学校利用几年时间，从一所农村薄弱学校迅速提升迈进先进学校行列，实现办学水平新变革，踏上青岛市实验学校发展平台，依靠的就是精细化管理。

一、以制度建设为基点，保障品质发展持久性

现代化学校建设要用制度管事，以制度文化育人。有了详细稳定的制度，才能保障精细化管理的延续性、持久性，促进健康、品质发展。

1. 建立安全管理责任清单。一是“六个无缝隙”构建学生安全网。建立“六个无缝隙”责任清单管理制度，将职责明确到人、落实到人，切实将校园日常安全管理落到实处、做到细处。例如“学生上课前对接无缝隙责任清单”，严格规定了班主任与家长对接要求，班级学生早晨8:00若未到学校，班主任要在第一时间沟通家长，对接学生去向；发现问题及时采取措施，消除安全隐患，做到家校无缝隙交接，保障学生上、放学安全。二是“过十关严六T”构建食品安全网。完善食品安全责任清单管理制度，明确食堂管理每个环节的操作要

求和责任分工，突出规范、严格、细致，确保食品卫生安全零事故。设立党员先锋岗，示范引领教师员工精细化做好食堂日常管理，做到让学生吃得安心营养，让家长对食品卫生放心满意。

责任清单管理制度，将职责明确到人，将管理做到细处。让人人都尽职，人人都参与，人人都到位，确保了学生上学放学、上课下课、校内校外、生活学习安全，构建了学生安全防护网。

2. 制定教学管理目标任务。精细化管理存在于细节中。要进一步实现课堂教学新变革，全面提升课堂教学效益，学校要制定细而实的各类目标任务。

一是制定管理目标任务。如“党员先锋示范岗”目标任务，干部分管工作目标任务，促使党员干部创新思维、高效管理。

二是制定教学常规目标任务。对备课流程、课堂常规、作业批改等制定具体细致的目标要求，从小处细处规范教学行为。

三是制定小课题研究目标任务。以“小助理大同学”学本课堂改革为发力点，把在课堂教学改革、班级日常管理、问题学生转化、家校沟通合作等方面出现的问题作为教学改进的课题。党员干部带领教师通过微课题、微观察、微改进、微创新的“微创共同体”研究沙龙，逐步解决教育教学实际问题。

四是制定课堂教学能力目标任务。促使不同阶段教师总结反思、不断改进。

3. 建立师生发展评价方案。任何工作要取得效果，必须有科学的评价制度调动内驱力。一是建立了教师发展评价方案。评价方案从制定、论证到实施，学校访谈学习了很多优质学校的评价办法，征求询问了每个层次、不同学科教师意见，形成了比较科学的评价策略。学年结束，老师们就能根据方案自我量化，既达到了激励作用，又确保了合理公正。很多学校借鉴我们的方案应用实施。二是建立了“集卡争娃”学生发展评价方案，激励学生在“集十二生肖章—换金银铜卡—争当‘仲村娃’”的过程中勇于实践，主动成长。心理教育专家钟志农教授经常把“集卡争娃”评价体系作为优秀案例进行推介。

实践证明，责任清单、目标任务、评价方案，抓住了制度管理的关键环节，管理效益不断提升。

二、以落实执行为手段，打开质量提升突破口

制度必须建立在有力的执行基础上才有意义。因此，落实细节，执行实施是提升管理质量的关键。

1. 落实课例打磨成长行动，锤炼教学能力。提升课堂教学水平是教师专业

培养的出发点和落脚点。因此，学校把教师专业培训与课堂教学改革、教学能力锤炼、教学质量提升有机结合，以教学课例打磨三部曲为抓手，有效落实制度和目标。第一部曲是共备教案。教研组预设教案，教导处与教研组共同研讨，修改、完善预案。第一部曲的落实过程也是对教师进行备课培训的过程。第二部曲是互助打磨。由组长进行课例展示，确立规范的课堂流程。大家分析讨论，提出改进意见，推进优秀做法，轮流课例展示。规定每位教师要写出详细的教案，包括学情关注、学生评价、板书设计、使用时间等。第三部曲是反思总结。教研组对所有的课例展示进行反思，优化方法策略，提升教学智慧。每周课例打磨结束后，都会推出一个优质教案。经过积累，将逐步形成精品案例集，为教师提供最有效的学习资源。

课例打磨“三部曲”执行的过程，既是教学精细化管理的过程，又是实现教学目标的把控过程，更是一个引导人、激励人、影响人的过程。通过课例打磨，教师实现了从不会上课到上规范课、精品课的蜕变，达到了能力目标要求。骨干教师在引领的过程中更加成熟，青年教师在前人的肩膀上快速成长。

2. 落实各类教学竞赛活动，促进专业发展。根据课例打磨过程中发现的普遍问题，通过比赛的形式改进提升。一是“五课”教学比赛，激励争先创优；二是试卷出题比赛，把握教材重点；三是板书设计大赛，提炼教学精髓；四是思维导图画教材比赛，培养构建知识框架能力。五是粉笔字比赛、钢笔字比赛、毛笔字比赛，以赛促练，涵养教学品质。

3. 落实课题研究目标任务，增强科研能力。建立智慧团队，由首席教师组织种子教师进行项目研究学习，在“微创共同体”研究沙龙中改进教学策略，引领团队提升。比如针对外来务工子女不会正确英语阅读，家长指导能力缺失的状况，英语智慧团队针对问题确立课题，先后进行了英语阅读和自然拼读两个课题研究。课题研究，促使学生英语学习能力和教学成绩迅速提升。

小课题研究目标任务的落实，促使每个智慧团队科研能力逐步提升，学校共有 5 个课题在市级以上立项，并达到课题解决问题，课题推动发展的目标。

管理制度和目标任务的落实执行，引领教师群体专业水平逐步向适应高位发展的现代学校要求迈进。学校 1/3 教师举行了区、市公开课，2/3 人教师评为省、市区优秀教师，教学质量迅速提升进入先进行列。

三、以素养发展为导向，激活教育教学内驱力

学校一切工作的落脚点就是学生成长。因此，精细化管理就要以学生问题

解决、素养发展为导向，激发成长内驱力。针对生源基础薄弱现状，学校从补足差距、发展个性的角度来进行校本课程建设，以课程实施和课程评价作为学生素养发展的有效载体。

1. 构建校本课程体系。一是面向全体，开设“生命有根”主题基础课程，促进习惯持续发展。二是多元培养，开设“学养有素”主题整合课程，促进文化传承发展。三是尊重差异，开设“人生有梦”主题特长课程，促进个性充分发展。通过传统的、面向未来的、国际化的三位一体的位育课程教育，培养他们成为具有中华灵魂、国际眼光，能够面向未来发展的人。

2. 建立课程实施纲要。为科学实施校本课程，结合学生面向未来的必备品格和关键能力，学校精心研究，每项课程都建立了课程纲要。纲要中有课程开设的背景分析，有融合落实国家课程、地方课程的培养目标，有课程内容的活动安排，有集体实践的课时安排等。比如家政课程，根据学生普遍存在卫生差、衣冠不整等良好习惯素养缺失，生活自理能力、动手实践能力普遍较弱的问题，我们通过家政课程的构建和实施，帮助学生革除积习。我们分层次按年级制定螺旋上升的培养目标、课程内容和实施策略，并整合综合实践课，落实劳动与技术教育目标，引领学生在课堂指导、自我实践、家校监督、成果展示的课程实践中掌握生活生存能力，养成良好行为习惯。课程方案的精细设置，推进了校本课程建设深入、品质发展。

3. 制定课程评价策略。为保障校本课程实施效果，我们对开设的每一项校本课程都建立了评价策略。刚开始建立评价策略的时候，没有成熟的评价办法借鉴学习，始终是摸着石头过河。为确保课程评价办法科学、有效，我们实施了课程评价建设三步走策略。第一步是教师根据课程特点和学生实际，以可操作、能激励的原则先自行制定评价办法。第二步是邀请市教科院课程研发中心专家到学校，培训课程评价理念和策略，对制定的评价办法逐一进行诊断、完善。第三步是邀请青岛市名校长工作室校长到学校，进行研讨论证。

干部教师已经内化的精细化管理品质，推动课程评价前进的步伐。目前，每个课程都建立了比较具体、精准的评价办法。比如花样跳绳课程，教师依据国家体质检测标准当中对跳绳的指标要求，结合学生实际，确立单摇、花样、创编的具体指标和等次标准，既有过程性评价，又有总结性评价，激励学生不断向前。

课程评价的建立，激励学生在课程实践中逐步成长为有根、有魂、有梦的现代公民，初步形成了“成为最精彩自己”的“中和位育”课程文化，课程成果初步彰显。顶层高位的理念设计、完整系统的课程架构、完善常态的课程评价必然会培养出高品质的学生，推动学校由特色向品牌迈进。

精致的校本课程管理思维引领学校不断前进，形成了多样办学特色和教育影响力。

精细化管理是一种境界，一种策略，是落实德智体美劳全面发展教育方针的要求。学校要丰盈管理理念，完善运作机制，落实考核执行。把精细化管理思维和行为一以贯之，真正内化为全校师生的内在品质，学校文化的精神特质，逐步向个性化管理模式迈进，涵养现代化学校发展的良好生态。

精准定位 精细管理
精心打造财务管理新品牌

学校全面实施“管理强校”和“品牌铸校”战略，在财务和资产管理方面实施精细化、无缝隙管理，努力形成“精准定位、精细管理”的财务管理文化，精心打造财务管理新品牌。

一、精准财务管理，夯实财务规矩

1. 机制精准，组织保障坚强有力。成立学校财务管理领导小组。定期召开“三重一大”会议，集体决策，民主监督，及时公开，形成有力保障。

2. 制度精准，财务工作有章可循。根据要求，完善制定了多项管理制度，明确职责，规范学校财务工作有效运行，保证了财务工作有序管理、按章管理。

3. 队伍精准，加强培训提升素质。队伍管理做到四个到位：

(1) 选人到位。选拔公心清正有担当的高素质人员任职财务管理工作。

(2) 培训到位。加大培养培训力度，提升队伍素质。

(3) 学习到位。学习落实上级财务文件，对上级要求不折不扣执行。

(4) 内控到位。加强内控制度建设，并组织学习研究、落实，专业队伍素质大幅提升。

4. 程序精准，财务工作有条不紊。严格财务程序，精准做好六个环节的工作。

一是精准做好年初预算：根据需要和经费总额，各部门提供具体数据，校委会研究汇总，逐级上报。审批后实施。

二是精准做好年终决算。将支出、收入制成收入费用表、资产负债表，形成年终决算表格上报。

三是精准做好各项发放。绩效、文明奖、工资等都认真核算公示，让老师们心中有数、踏实安心工作。

四是精准做好代收费工作。书费、校服费、学平险费等代收费账目清晰，公示及时，发放致家长的一封信让家长清楚明白。

五是精准做好报销、报账工作。整理报账凭证，规范报销程序，明确材料内容，完善支票领用，让经济活动的监督随时可查。

六是精准做好协调上报。及时准确上报能源消费数据、劳资数据、教师个人所得税、法人公示等，保证教育教学秩序良好运行。

二、精细资产管理，保障资产规范

为了发挥资产的增值效应，学校做到五个精细管理。

1. 资产管理精细。资产管理实现三个细化：

(1) 细化分类。把六大类固定资产，一对一建账编号，做到账物相符，无一遗漏。

(2) 细化分工。分工到人，设立总资产管理员、分类管理员，定人定期定时核对整理。

(3) 细化使用。分配到各处室的资产，全部登记，一学年一交接。对学生进行爱护公物的教育，形成良好品质。

例如防疫物资管理，设立专用储备室，专人管理，制度上墙。设置标牌，标注名称。使用审批，操作规范。建好台账，核算数量。出入清晰，逐一登记。每月盘点一次，过期及时清理，不足及时补充，做到物卡账相符，保证疫情防控井然有序。

2. 采购工作精细。采购工作做到六个严格：

(1) 严格申请，实施采购申请制；

(2) 严格签字，采购小组、学校负责人审核签字；

(3) 严格申报，大额采购书面申报教委办；

(4) 严格询价，三方询价、比价、索证、内审；

(5) 严格合同，经法律顾问审核无误后，签订合同；

(6) 严格验收，采购后对数量、质量核对验收，上报审计。

3. 档案管理精细。档案工作是详细记载学校财务管理的重要环节。做到事事有档案、人人建档案；做到每周一归档，每学期一次全面完善整档。

4. 维修维护精细。校园维护做到六个一：

(1) 每年一次对校舍大型维修；

(2) 每学期一次发放教学用品并随时补充；

(3) 每月一次对监控、消防设施检查整修；

(4) 每旬一次对办公设施检查修理；

(5) 每周一次对饮水系统及时调控；

(6) 每天一次对水电线路巡查检修。

改善了师生的工作、学习、生活环境，有力保证了教学工作良好运转。

5. 食堂管理精细。细化食堂管理，做到六个必须：

(1) 必须成立食堂管理工作小组；

(2) 必须实施食堂六 T 管理模式；

(3) 必须按程序采购食材、签订采购合同、索票索证建立台账、持证上岗，并由家委会进行全程监督；

(4) 必须做到收支均衡，让师生享受到营养丰富的食品；

(5) 必须进行对食堂设备及时巡检、维修、更换，确保正常运行；

(6) 必须全面推进光盘行动，培育勤俭节约的良好习惯。

四个精准定位、五个精细管理已经成为我校独具特色的管理文化和品牌，成为精细化管理的内在品质。

第二节 教师专业成长

教师专业发展的重要意义

教育大计，教师为本。有好的教师，才有好的教育。教师是教育活动的实施者，是学生成长的关键引路人，更是新时代建设教育强国强校的核心要义。随着国家、社会、家长对教育期望的提高，对教师的专业能力要求也越来越高。现代教师不仅要有广阔的知识视野，良好的道德修养、健康的心理素质，还要有开拓的创新精神、精湛的教学艺术等等。因此，实施教师专业提升工程，努力造就一支师德高尚、业务精湛、结构合理、充满活力的高素质专业化教师队伍是学校的责任。教师自身要不断完善自己的专业知识、专业能力，不断汲取本领域和相关领域的知识，适应时代发展的要求。

教师专业发展实施路径

让教师真正成为学校教育的第一生产力

教师是教育的第一生产力，因此，教师专业情怀和专业能力的培养是学校形成育人核心能力的关键。学校年轻教师多，特别是近两年顶岗实习教师和支教教师数量增多，这些人专业能力较低。原仲村小学教师因长期处于薄弱学校的情结让他们缺乏改革精神和专业成长愿望。结合实际，采取读书、培训、反思、课堂改革、课题研究和课程建设等专业提升工程，塑师德、强师能、扬师长，努力打造一支适应高位发展的教师队伍。

一、塑师德，培养教育情怀和职业幸福感

爱与责任是教师的基本专业素质和职业灵魂。学校重视教师职业品质的塑造。一是每学期开展师德演讲、征文比赛，增强爱心、责任心。二是每年举行师德表彰活动，评选德艺双馨教师、最具奉献教师，培养教育情怀。三是通过《金声报》、微信公众号和媒体宣传教师，提升职业幸福感。

二、强师能，提高教育水平和教育智慧

1. 读写反思提升教师的学习能力。学校把反思能力建设作为教师专业发展的重要品质坚持抓好。一是通过写课后记，引领教师每课必有所思、必有所得。二是建立“常年累阅·读占鳌头”微信阅读交流平台，丰富教育智慧。三是撰写“校长荐文”、教育随笔、培训体会，引领教师反思教学，锤炼文字，应用智慧。

2. 教学研究提高教师的教学能力。提升课堂教学水平是教师专业培养的出发点和落脚点。因此，他们把教师专业培训与课堂教学改革、教学能力锤炼、教学质量提升有机结合。一是以“小助理大同学”学本课堂课例打磨三部曲为抓手，对教师进行课堂教学能力培训。二是落实各类教学竞赛活动，促进专业发展。根据课例打磨过程中发现的普遍问题，通过比赛的形式改进提升。

3. 课题研究增强教师的科研能力。把课题研究作为提升教师专业能力的重要手段。一是引领教师根据“小助理大同学”课堂教学中出现的问题进行微课题研究，提升精神境界和思维品质。二是针对外来务工子女不会正确阅读英语的状况，英语教师进行“寓自然拼读与绘本阅读教学之中的实践研究”。三是科学教师在教学实践研究中迅速成长，“小学跨学科创客教育内容和途径的研究”课题研究实践，促使学校成为科技教育强校，打造“梦想启航”科技品牌。学校的课题研究氛围浓厚，逐步引领教师向科研型教师转变。

三、扬师长，激发创新精神和实践能力

“人尽其才，才尽其用，人事相宜。”鼓励教师开设课程，给教师提供展示才能的舞台。开放的课程思想点燃教师课程开发的激情，他们建立体育、人文、艺术、科技课程，推动自身专业迅速成长。体育教师建立的花样跳绳课程评为青岛市精品校本课程，还参与青岛市花样跳绳教材的编写。英语教师开发的英语自然拼读课程取得突破，学校被评为青岛市英语教学改革实验基地校，举行了3次青岛市英语教学现场会。书法教师也逐步积累形成书法教育校本教材，书法课程评为青岛市精品课程。科学教师在科技体验课程的建设中整合开发校本教材，专业素质实现质的飞跃，他们带领学生研究的课题2次获青岛市青少年科技创新大赛一等奖，课程被评为青岛市精品课程。

通过努力，教师群体专业水平逐步向适应高位发展的现代学校要求迈进，为提升学校办学育人的核心能力奠定人才基础。

实施面向三支队伍的专业提升工程

教师是教育发展的第一资源，干部、班主任、骨干教师又是教师队伍的最重要力量，是办好学校、办出高质量教育的三大主力军。因此，学校必须建立针对性、实效性的培养措施。

一、加强干部队伍建设

1. 挂职锻炼。遴选 2~3 个教育先进地区作为学校干部培训基地，定期、定点到优质学校进行挂职学习 1 周。

2. 专业培训。有针对性地列出培训计划，每月聘请专家对中层以上干部进行 1 次有关学校管理、教育教学、领导艺术等方面的专题培训。领导干部培训后要撰写个人心得和打算，倒逼干部反思问题、改进工作。

二、加强班主任队伍建设

1. 组织班级管理培训。每两个周开展 1 次线上班主任培训，每次 60 分钟。培训内容由各学校班主任上报在班级管理、家校沟通等方面亟需的内容，有针对性地进行培训，真正让培训起到培养能力、解决问题的目的。

2. 开展班主任论坛。每学期举行 2 次班主任论坛，推选优秀的班主任参加。通过论坛，培树优秀班主任。论坛过程可以录制并作为班主任反复学习的资源。

3. 成立班主任工作站。成立 N 个班主任工作站，遴选经验丰富的优秀班主任作为工作站负责人，建立工作站微信群。班主任可自由选择工作站参与，加入微信群，作为日常班主任工作质疑、解答、交流的平台，逐步引领大家成为明哲、幸福的班主任。

三、加强骨干教师队伍建设

1. 建立成长共同体。骨干教师是学校提升教学质量的重要力量。学校每个学科每个年级推选培养候选人，建立 N 个成长共同体。每个共同体遴选 1 名主持人，建立微信群，每周带领大家就教材研读、学科教学、学科知识等进行自由式集体研究。大家分工准备优秀教学详案，集思广益提出教学见解，形成和共享教学案、教学课件、教学资源、练习题库等。引领大家在交流碰撞中提升对教材的把控能力，相互激励不断提高课堂教学水平，提高教育智慧。

2. 实施领雁行动。发起领雁行动，借助教师之间的互补优势利用差异，抱团发展。成立语文、数学、英语、德育、艺体五个“双优双提”共同体（双优：优秀教师 + 优质成果；双提：提高成果的知名度，提高成员校骨干教师水平）。从教师中招募每个共同体的领衔教师，通过共同体对成果进行深度推广和提升。同时，发挥其示范、辐射作用，提高共同体成员学校教师队伍整体素质，进而推动成员学校办学特色的形成。

“明教育之理”“明教学之道”“明明日之需”是教师的责任，是做好教育工作的第一生产力。学校在教师专业发展的项目中给予老师们有生命、有尊严、有幸福的教育生活，朝着“优质倍增、全面提升”的教师专业成长道路上迈进。

以读写为主线促教师专业成长

一、背景与问题

学校在改建之前，是城阳区一所非常薄弱的农村支教学校，长期处于薄弱学校的现状让教师整体观念落后，教育热情不高，专业发展愿望不强，这样的教师队伍严重制约了学校的发展。随着城阳区经济社会的发展，学校所处之地已经是城阳区的新中心，有着显著的城市化气息，家长及社会对教师水平和教育发展的要求与日俱增。所以，快速提升教师专业素养，打造适应高位发展的教师队伍成为学校的首要任务。

要做好形而上的教师专业发展规划，首先要了解形而下的教师发展实际。于是，学校对教师专业发展进行深入调研，问题如下。

（一）教师没有养成读书习惯

一是没有读书意识，认为读书与教学关联不大，“懒”的思想作怪。二是缺乏读书动力，专业发展愿望不强的思想作怪。三是“假”读书，有的老师读点书，但没有读书规划和方法，读书效果不佳，或者应付读书，途径单一。

（二）教师没有教学反思的意识

由于课堂教学理念落后，改革意识不强，缺乏新思想、新方法，不愿意钻研教材教法，所以，教师不想也不会反思，导致教学能力和课程领导力不强。

二、方法与策略

读书、反思是实现教师专业发展、能力提升的重要途径，是教师专业发展的最基础最重要的内容。学校在“中和位育”办学理念的指导下，确立了“以读写为主线促进教师专业发展”的校本培训策略，把教师职业道德、现代教育教学方法、教育教学技能、班主任和新教师培训培养等方面的培训紧密结合，组织开展了丰富多彩的读写教育活动，形成了以读书促成长、以读书促改革、以读书育文化的良好态势，全体教师乐在读写中、成长在读写中、发展在读写中，教师专业素养和施教能力快速提升。

三、案例与实践

（一）乐在读写中，引领教师增进教育智慧，提高育人能力

1. 成立研读团队，引领教师有效阅读。学校把全体教师按年级分成了 6 个研读团队，精心研读读书工程推荐的必读书目，定时间、定内容、定主持人。研读组长每月指定一篇或几段精品文章组织教师集体学习，讨论交流，并将个人交流的内容以读后感或反思、心得、札记等形式记录在读书笔记上，促使教师在团队的组织下读有所得、读有所悟，保证了教师对名著研读的针对性和实效性。

2. 丰富研读形式，激励教师自主阅读。把教师读写反思与教学基本功练习结合起来，开展读与写、讲与练相结合的三项工程，进一步激发教师读书热情，引导教师主动提升专业素养。

一是把读“校长荐文”与撰写读后感想结合起来。为把先进的教育理念和教育方法传递给教师，校长每月遴选一篇好文章推荐给全体教师。每位教师在认真研读的基础上，将自己的读后感悟、读后体会书写在“校长荐文”后面的读后感想上，把自己的所思、所感、所悟记录下来，有效引领教师与经典为友，与大师对话。在不断的阅读、感悟、记录中，老师们的思想进步了，理念提升了，方法多样了，课堂高效了。

二是把读名篇佳作与“三笔字”练习结合起来。一是每周我们遴选一段经典文学著作印制在教师钢笔练习字帖上，引领教师赏读后一笔一画地誊写在习字纸上。二是每周指定一首古诗，进行粉笔字比赛、毛笔字比赛，既丰厚了教师的文学素养，又提高了教师的写字水平，并使教师在美文诵读中净化灵魂，升华人格，涵养品质。

三是把外出培训学习与撰写心得体会结合起来。我们尊重和根植于教师需求，让教师发自内心地向往培训，使每个人的学习达到最优效果。一是根据教师实际，选派教师参加各类培训。大量的头脑风暴学习，让干部教师掌握了先进的教育理念和方法，为课改和科研实施做好了保障。二是要求教师撰写心得体会。凡是外出参加学习的教师，都要撰写一篇学习感悟，让大家相互学习，共同提高。这不仅见证了教师的成长与进步，更彰显着个人的水平与魅力。

3. 开展交流活动，推动教师深入阅读。为让读写成为习惯，定期举行教师读写交流和展评活动。一是定期开展教师读书阶段性总结表彰活动，评选读写活动先进个人。二是学校每月将教师优秀的读书成果发表在《金声报》和微信公众号上，充分调动教师参与读写的积极性。通过交流和总结，老师们的教育理念和教学观念得到不断提升。三是举办周末读书茶会，为教师读书“加油”；建立“点亮心灯”读书沙龙、“常年累阅 · 读占鳌头”微信阅读交流平台，让大家一起思想碰撞思想，智慧启迪智慧，充分调动了大家广泛读书的积极性。学校借机激励教师边研读、边实践，把先进的教育理念和思想渗透在日常的教学中，锤炼卓越课堂，形成了读书—实践—反思—提高的良性循环。

4. 校长每日荐言，激发教师读书热情。校长每天利用微信给老师们推荐一句或几句话，让老师感悟其中蕴含的教育道理。在校长“每日荐言”的引领下，老师们会主动地研读荐言所出自的文章，激发教师的读书兴趣，逐步培养教师乐于读书、勤于读书的良好习惯和品质。

（二）成长在读写中，提高课堂教学水平，提炼高效课堂教学模式

在引领教师读书过程中，学校不但帮助教师充实文化底蕴、学习先进思想、增强教育能力，更是把读书与打造学本课堂结合起来，实现读书促智慧课堂的目标。

1. 通过读书提高课堂教学水平。我们要求教师在广泛阅读教育名著的过程中边研读、边实践，把先进的教育理念和思想渗透在日常的课堂教学中。为此，在全校范围内开展了“研读教育名著、探索课堂变革”教师精品研究课一人一课展示活动、新教师读书汇报课展评活动等，引领教师有目的的读、带问题的读，在阅读中实践，在实践中提高，有效提升了教师的课堂教学水平。

2. 通过读书锤炼学本课堂教学模式。

(1) 读书提升教师专业发展理念。通过不断的研读教研书籍，尤其是读了教育家冯恩洪的《创造适合学生的教育》一书，发现设计导学案、深化小组合作是有效激发学生学习兴趣，提高课堂效率的有效手段，也是当下进行教改的必然趋势。为此，学校成立课改小组，学习课改理念。结合学校“小助理大同学”学本课堂教学改革，学校为教师购买了日本教育家佐藤学的《学校的挑战——创建学习共同体》《教师的挑战——宁静的课堂革命》，指导教师从理论层面学习，并把学习的理念应用到课堂改革中去，起到事半功倍的效果。

(2) 读书改变教师教学行为。每周三下午放学后，是“小助理大同学”学本课堂课改研讨培训时间，培训内容一是每次 20 分钟的教学理念、课改成功学校经验等的学习；二是根据课堂情况提出推进要求；三是研讨课堂改革实验中存在的各种问题。每次研讨，都会碰撞出智慧的火花，课改研究的快乐，一步步改进的喜悦和学生在课改中的变化，都让老师们情绪兴奋高昂，有效提高了教师的职业幸福感。

（三）发展在读写中，引领师生净化思想，掌握育人方法

教师专业水平提高的最终目的是更好地服务于学生，促进学生健康全面发展。因此，通过一系列读写教育活动，让教师净化思想，掌握育人方法。

一是在撰写自己的故事中提升师德修养。每年，都会开展“我的教育情结”的师德故事征集、演讲比赛，让教师在反思中提升师德修养。

二是在整理交流优秀经验中掌握育人方法。定期举行班级管理论坛，让老师写出所看、所干、所感，在读写反思总结中互相学习优秀管理和教育方法，提高班级管理的能力。

四、成效与评估

读书、写作，反思，老师们体验着给自己带来的快乐与满足，也逐步形成了在读书中实践，在实践中反思，在反思中提高，在提高中再读书的良性循环。比如教师在课程建设之初只是被动接受，后来他们在读书、培训、反思、课堂改革等专业提升工程中转变观念。学生和家长的变化慢慢地让教师有了成就感，他们在课程建设的破与立中改革意识被唤醒，课程开发的激情被点燃。

教师正是在读写反思的校本培训中快速成长，教师群体专业水平逐步向适应高位发展的现代学校要求迈进，为提升学校办学育人的核心能力奠定了人才基础。因此，学校教学质量和整体办学水平迅速提升进入全区先进行列。学校多次举行读书现场会推介读写教育经验，被评为青岛市教师专业发展实践基地。

五、经验与展望

读写反思，让教师充满了激情，让教育增进了智慧，让课堂提高了效率，让校园充满了快乐。学校将深入推进以读写为抓手、为主线的校本培训，确立年度目标、规划发展路线、研究实施策略、制定责任清单，为促进教师专业发展布好局、起好步。

充满人文特色的读写教育和反思文化这一独特的校本培训，一定会引领教师幸福工作、个性发展。

学校教育读书会模式

引领教师读书要科学化、规范化，要有序组织、有效实施。实践过程中学校形成了 2 种读书模式，督促、引领、激发教师读书，让读书成为教师的一种生活习惯、一种精神追求、一种生命状态。

模式一　主题读书会

（特定书目）

规模在 20 人以内，特点是互动和交流，适合学校骨干或有主动读书愿望教师参与。

一、组织安排

1. 每次 1.5 小时，超过时间，参与者可自由选择离开或留下继续探讨。

2. 每两周从预定书单中选读一本书，主讲人提前向主持人提交一篇读书笔记。

3. 由 2 位主讲人分享读书心得，每次呈现不超过 10 分钟。

4. 由 2 位主评论人进行评论，每次评论不超过 5 分钟。

5. 主持人依据现场呈现和读书笔记引导大家参与讨论并小结。

6. 上半场完成后，中场休息 10 分钟，下半段继续由主讲 2 人发言、主评 2 人发言、大家讨论，然后主持人小结。

7. 主持人和记录人进行总结。参与者就本场读书会进行反思或批判。

8. 评论人将自己的评述整理成文字发给记录人。

9. 记录人将现场讨论整理成文本材料，放入邮箱共享。

10. 其他人根据自己的笔记进行补充或批判。

二、成员职责

1. 主持人。提醒主讲人提前一天将 PPT 和读书笔记发到微信群。还负责主持词、时间控制、现场总结等。

2. 记录人。会议记录、会后整理、参与现场总结。

3. 主讲人。分享读书心得。

4. 主评论人。针对主讲人的发言进行评论，并整理成文字材料。

5. 其他参与者。提问、讨论和反思。

模式二 分享读书会

（非主题个人随便读结合教育教学经验分享）

1. 热身。交流彼此教育教学和读书情况，让成员进入状态。

2. 问题和表决。每个成员提交一个自己结合读书正在思考的教育或教学问题，然后所有学员举手表决选出一个大家都感兴趣的问题。

3. 阐述。由选出来的“问题拥有者”用固定的格式阐述问题。

格式：我读到了（ ），这让我联想到了我教学教育中的一个问题（ ），这个问题是重要的，因为（ ）。为了解决这个问题，我做过很多努力（ ），这本书给了我一个启示和思考（ ），我希望大家能一起思考，你读到过（ ），有什么办法（ ）。

4. 提问。由小组成员向“问题拥有者”不断发问，挖掘背后细节。

5. 澄清。“问题拥有者”重新修正自己的问题，使之更现实清晰。

6. 建议。成员分享自己的经验，为“问题拥有者”提出具体建议。

7. 总结。“问题拥有者”总结陈词，阐述自己接下来要采取的实践行动。

8. 回顾。“问题拥有者”在下一次读书会时报告他所采取的行动和效果。

第三节 学生素养成长

德育篇

学校德育是社会主义精神文明建设的奠基工程，是提高全民族思想道德素质的奠基性教育，是培养造就合格公民的起点。青少年是祖国的未来、民族的希望，他们的思想道德状况关系到国家前途和民族命运。学校的任务是立德树人，是学生思想道德教育的主渠道。这样的使命担当，要求学校必须把德育工作摆在首要位置，把培育社会主义核心价值观作为思想道德建设的重要任务。因此，学校必须把德育贯穿于教育教学工作全过程和学生日常生活的各个方面。通过学生喜闻乐见、生动活泼的教学方法和形式，渗透在智育、体育、美育和劳动教育之中，把立德树人的根本任务真正落实到位。

在点滴中养成习惯浸润品德

学生良好行为习惯和思想品德的养成不是一朝一夕的，它不仅仅是在课堂上老师的说教，也不仅仅是搞一些实践活动，它更多的是在每天学习的一点一滴中、在日常生活的潜移默化中、在润物无声的社会交往中实现的。作为教育者，除了在学科课程教学、德育实践活动中培养学生的行为品德外，更关键的是要从如拾废纸、搬凳子这些不起眼的小事，从读书、写字这些学习常规，从生活、自然中的细节等方面抓起。

一、在小事中养成良好习惯

1. 制定明确可操作的好习惯，引导学生从小事做起。学校和教师应当从学生实际出发，制定可操作的学生从小事做起的好习惯要求。制定的这些要求要遵循学生的生理和心理特征，从小处入手，从细节着眼，如“上下楼靠右走”“回答师长问话要起立”“接受递送物品时要起立并用双手”“外出和回家主动向父母打招呼”“课前把书本摆放好”等。这些习惯要求，具体而不空洞，让学生明确自己应该怎么做，努力的目标是什么，为良好习惯的养成奠定基础。

2. 分层次提出要求，让学生逐步提高进步。结合低、中、高年级学生的心理特点和年龄差异，明确相应的文明礼仪和习惯养成教育分层目标，并将目标贯彻到教育教学实践中去。使学生从基础做起，点滴积累，不断进步，逐年提高，最终形成良好习惯。引导广大学生乃至家长，规范与人交往、合作、交流、共处等外在行为，进而内化为“自尊、自律、自强、互助、感恩、创新”的优秀品质。

3. 将好习惯上墙，让习惯在潜移默化中形成。为时时提醒学生养成良好习惯，学校可把制定的若干个好习惯悬挂或张贴在学校的大厅、走廊和宣传窗，营造浓厚的养成教育文化氛围，让学生一走进校门，就时时提醒自己需养成的好习惯，处处受到思想的熏陶，从而督促学生从身边做起，在潜移默化中养成良好习惯。

二、在实践中培养优秀品德

1. 在道德实践中体验成长。如举行“文明礼仪伴我行”系列活动、开展未成年行为征集评选活动、“知荣辱、树新风”少先队员风采展示活动、“小问号小叹号”发现活动等，让学生在实践中体验，在体验中形成良好道德和高尚品质。

2. 在读写教育中浸润思想。一是开展名言警句诵读活动，通过让学生搜集诵读名人名言、俗语、格言、警句、优美诗句、美德故事、国学经典等，引导广大学生传承中华美德，弘扬民族精神。二是开展每天书写汉字活动。把认真书写几个汉字作为孩子们每天必须完成的任务，让学生在写好字的过程中逐步懂得写字犹如做人，字要写端正，做人要正直；懂得书写的不仅仅是一个个汉字，而是美丽的人生；懂得从一点一画开始，是一种耐力的“修炼”，是一种向上精神的培养。三是开展好习惯歌谣编唱活动。如编唱的课堂学习习惯歌谣：“铃声响真悦耳，我们快步进课堂，书本文具放整齐，静等老师把课上，用心听，仔细想，身子坐正向前方。”如编唱的学习方法歌谣：“预习好、记笔记、积极动脑答问题，先学习、后玩耍，不把问题留明天”等，让好习惯入眼、入耳、入脑、入心。

3. 在反思感悟中不断进步。反思产生进步，没有每天的总结、反思，就没有每天的进步。为此，要引导学生学会反思，建立学习日志，让学生把自己在思想品德、生活学习、与人交往过程中的事以文字、活动、图片或音像等形式记录下来。学生当天总结，不求字数，但求真实、深刻。慢慢地，孩子们日有所学、日有所思、日有所记、日有所得，就形成了学习反思的习惯。

三、在评价中内化心理品质

美国哈佛大学教授加德纳在《智力的结构》一书中明确指出人的智能是多元的，包括语言智能、逻辑数学智能、空间智能、肢体运作智能、音乐智能、人际智能、内省智能、自然探索智能、存在智能。人的这些智能是与生俱来的，存在个别差异。经常受到师长赞美的学生，往往会表现得越来越优秀。根据多元智能理论和学生的特点，在评价学生时要本着“多一把尺子衡量学生，就会多出一批好学生”的理念，对学生的评价时要注重发展性，淡化学生之间的横向比较，侧重学生自身的纵向比较。学校或教育者应建立多元化的评价体系，可以通过递进式评价策略，对学生的发展情况、发展优势和发展特长、创新精神和实践能力做出评价，让学生在成长过程中不断体验进步和成功的快乐。

只要引导学生从点滴做起，从小事做起，就会引领他们将做人做事的基本道理内化为健康的心理品质，转化为良好的行为习惯，培育学生真善美的健全人格和品德。

中华优秀传统文化浸润下的德育创新

学校坚持“立德树人”根本任务，以中华优秀传统文化为依托，实施“文化润校”“德育铸校”策略，努力创办具有中国元素、浸润华夏基因的学校，积极推进传统文化浸润下的学生思想道德建设，取得了丰硕成果。学校成为青岛市新时代大中小学思政一体化建设联盟学校，构建的《实施中和位育行动，锤炼素养高尚学生》方案获青岛市优秀德育方案，整体办学水平实现质的飞跃。

一、产生背景

（一）中华优秀传统文化在德育教育中的作用

中华民族传统经典文化是世界文化历史长河中的璀璨明珠，对推动中华民族乃至世界文明的发展起到了重要的作用。中华经典文化之所以能传承至今，并得以发扬光大，关键在于其内涵沁人心脾，道理深邃深奥，醒世明言至理。对学生进行中华优秀传统文化教育是进行文化自信教育的基础，是培养德行兼优谦谦君子的必需，更是培养新时代优秀接班人和建设者的必需。

（二）学生素养缺失问题解决需要

人文素养、德行素养来源于经典传统文化，正是这些优秀的文化因子，构建着现代人的精神素质和人格理想、政治理念。要解决素养缺失问题，必须通过传统文化的滋养。鉴于以上认识，学校坚持立德树人要求和青少年成长需要，以传统文化为载体，汇聚德育主题，构建德育体系，实施中华优秀传统文化浸润下的德育创新行动，解决学生德行素养缺失问题，在传统文化的沁润中培养有根、有素、有梦的能够面向未来发展的人。

二、主要做法

（一）实施步骤

1. 构建德育体系。结合中国学生素养标准，确立学生的德育目标为："生命有根、学养有素、人生有梦"，构建了"三有公民"的德育体系。并实施"一五四三"德育行动（"一"是创建一个德育品牌，"五"是建立5个传统文化教育馆，"四"是举办4个校园传统文化节，"三"是开展3个经典德育活动），解决德育碎片化问题，让德育教育有目标、有方向、有内容、有评价。

2. 分步分层实施。根据构建的德育体系和目标，在建设5个传统文化博物馆的同时，同步开展传统文化浸润下的德育活动，并在活动中创新，在创新中发展，逐步完善文化博物馆建设及传统文化教育活动，丰富内容，形成体系。

（二）创新举措

1. 创建1个德育品牌。学校的办学理念是"中和位育"，"中和"是学校教育目的和德育目标，教育引导师生不偏不倚、协调适度。结合办学理念和培养目标，学校首先确立了"致中和"德育品牌，由德育品牌引领德育教育的开展。

2. 建设5个传统文化博物馆。建设"儒学经典育人馆""华夏文明耕读馆""泽蒲文苑国学馆""诗润童心诗词馆""翰墨飘香书法馆"5个传统文化博物馆，用优秀传统文化、耕读传家文化、国学经典文化、诗词节令文化育人，为师生打造了品行锤炼和素养成长的阵地。

3. 举办校园传统文化节。结合五大传统文化博物馆建设，利用春节、清明、端午、中秋中华四大传统文化节日，以"我家的节日"为主题举办"传统文化节"。把中华优秀传统文化播种在校园和家庭，让优秀文化浸润思想、启迪智慧、锤炼品行。

（1）举办"我家的节日 · 春节"文化节。

①活动时间：农历腊月初八至元宵节。

②活动目的：从腊月初八开始记录自己家在春节期间的庆祝方式、饮食制作、走亲访友等，亲身参与实践。让学生在品味春节、元宵节的民风民俗中感受祖国传统文化的魅力，培养学生强烈的民族自豪感，在实践体验中感受团圆祥和的亲情，引导学生学会感恩祈福，培养孝敬、知恩图报的文明习惯，树立百善孝为先的道德观念，促进家庭和谐关系。

③活动内容：十项主题活动。

第一项：学做腊八粥、腊八蒜、饺子、汤圆。

第二项：搜集关于春节的歌谣，并学唱。

第三项：制作窗花剪纸并美化家庭、班级。

第四项：学习制作简易灯笼，元宵节照灯笼。

第五项：搜集春联，分类整理春联集锦，班级举行对春联比赛。

第六项：搜集有关春节的诗词，撰写笔记并诵读。学校举行“最美的诗词中邂逅春节”诗词大会。

第七项：探究“年”，了解“年”的来历、风俗等。探究“元宵节”各地风俗，撰写“我知道的元宵节”探究报告。

第八项：搜集灯谜，在班级和学校分别举行猜灯谜大赛。

第九项：文明理财实践行动，“我的压岁钱·节约收支”。

第十项：拜大年活动，向师长、朋友发送电子贺卡或拜年短信，表达感恩之情和新春祝福。

（2）举办“我家的节日·清明”文化节。

①活动时间：4月1日至4月15日。

②活动目的：清明节是中华民族的一个重要的传统节日，是祭祖和扫墓的日子，也是郊游踏青的好时光。通过清明节主题系列互动，引导学生了解中华民俗风情和传统美德，在慎终追远、缅怀先辈的情怀中认知传统、尊重传统、弘扬传统，树立正确的世界观、人生观、价值观。

③活动内容：四项主题活动。

第一项：探究荡秋千、蹴鞠、踏青、植树、放风筝、祭祖扫墓等清明习俗，撰写“我知道的清明”探究报告。

第二项：清明是二十四节气之一，探究二十四节气，撰写二十四节气探究报告，领略先人的伟大智慧。

第三项：搜集清明节的诗词，撰写笔记并诵读。学校举行“最美的诗词在清明里”诗词大会。

第四项：清明跟随家人祭祖扫墓。

（3）举办“我家的节日 · 端午”文化节。

①活动时间：农历五月初一至五月十五。

②活动目的：端午节是中国传统文化节日，有吃粽子、赛龙舟、挂香袋、系长命缕等独特的风俗。通过文化节实践活动，锻炼动手能力，增进对中国传统文化的了解，激发民族自豪感。

③活动内容：五项主题活动。

第一项：探究端午由来和习俗，撰写“我认识的端午”探究报告。

第二项：和妈妈一起学习包粽子。学校在高年级开展包粽子比赛。

第三项：搜集有关端午的诗词，撰写笔记并诵读。学校举行“端午”诗词大会。

第四项：学习做“艾草香袋”，学校举行展示评比活动。

第五项：学习做“长命缕”，给家人每人做一副“长命缕”，端午节佩戴。

（4）举办“我家的节日 · 中秋”文化节。

①活动时间：农历八月初一至八月三十。

②活动目的：中秋节起源于上古时代，是中国民间的传统节日，列入首批国家级非物质文化遗产名录。引领学生了解中秋节的名称、起源及节日风俗习惯。体验中秋节吃月饼，庆丰收、庆团圆，送祝福、送亲情的意义。增强爱父母、爱家乡、爱祖国的情感。

③活动内容：四项主题活动。

第一项：探究中秋节赏月、祭月、吃月饼等节庆活动习俗，撰写“月更圆”探究报告。

第二项：和妈妈一起学习制作月饼。学校在高年级开展做月饼比赛。

第三项：搜集中秋节的诗词，撰写笔记并诵读。学校举行“中秋月更圆”诗词大会。

第四项：绘制一幅中秋节诗词配画。

4. 创新三大经典德育活动。

（1）创意“诗润童心”诗词活动。

吟读诗词能造就一个人的性格，陶冶一个人的情操。中国是一个诗的国度，几千年来，我们的祖先流下了无数辉煌的诗篇，是中华民族的艺术瑰宝，是培育民族精神的沃土。主要有如下四项活动。

第一项：制作诗词作品。师生根据二十四节气诗词创意制作诗词配画手工竹匾、诗词伞、诗词书签等，陈列、悬挂展示在诗词文化博物馆，激励学生学习诗词热情，丰富文化馆内涵。

第二项：在农历的天空下诵诗词。跟着二十四节气学古诗、跟着传统节日学古诗、跟着四季学古诗，在学习诗词的过程中了解和传承优秀文化，增强文化自信。

第三项：开展每日一诗诵读活动。学校每日制作一首诗词公众号，有诗词、诗词创作背景、诗词意蕴和作者介绍，有学生诵读视频、有学生诗词配画，引领学生每日诵读诗词，每日讲述诗词故事。

第四项：举行诗词达级和诗词达人评选，激励学生爱诗词、学诗词、写诗词。

（2）创意"敬孔祭孔"典礼活动。

敬孔是民间的一种对"先贤"的尊敬仰慕和追思的纪念活动，是集体缅怀先圣、继承优良传统、弘扬中华美德、振奋民族精神、激励奋进的有效途径和方式。东方圣人孔子及其倡导的儒家文化所代表的价值、精神、智慧，亦将因之弘扬光大，造福中国千秋万代，泽被世界人类。

第一项：举行敬孔典礼。9 月 28 日是孔子诞辰，师生齐聚"儒学经典育人馆"，举行全校敬孔典礼。诵读《颂孔子词》《赞孔子文》《论语》等，纪念至圣先师的伟大功绩，激发师生学习儒学思想的兴趣。

第二项：学习儒家思想。开设儒学诵读课程，按年级分层次实施，引领学生学《论语》、读《春秋》、研《孟子》、习《诗经》、看《礼记》、诵《中庸》，从 2700 年的先贤智慧中牢记仁义礼智信，学习做人做事的道理。引导学生与社会主义核心价值观融会贯通，内化为学生的基本素养。

5. 创意"家风家训"征集活动。家风家训是家庭教育的基础，好的家风家训能给学生提供一个正能量的成长氛围，能够培养学生对家风家训的文化情怀，引领价值追求，形成向上向善的社会风尚。五项活动分别如下。

第一项：开展家风家训讨论制定。让家庭所有成员都参与制定自己的家风家训，从思想上引起共鸣。

第二项：开展优秀家风家训征集评选活动。对有利于学生成长、有影响力的家风家训进行评选表彰。

第三项：开展"我的家风家训"演说活动。让学生讲述自己的好家风故事。

第四项：举行家风家训展览活动。建设优秀家风家训文化广场，把评选出的师生优秀家风家训与历史名人的家风家训一起进行展示。

第五项：绘制家族族谱活动。家谱是一个家族生生不息的历史，家谱的意义在于家族的传承。指导学生借助思维导图绘制简单的家族族谱，引领学生及家庭追本溯源，增强族人之间的情感。

6.研发传统文化校本课程。根据仲村小学“生命有根、学养有素、人生有梦”的学生素养培养结构，结合五个传统文化博物馆建设，我们研发了“古韵”“菊香”“翰墨飘香”“梦想启航”等校本课程，把传统文化知识和德行养成教育课程化，并通过读、诵、唱、演、编，舞、弹、书、画、创的形式展现出来，体现了音韵之美，培养了敬爱之趣。促使学生成长为“有根、有素、有梦”的“三有”小公民。

三、基本成效

1.成为了学生基因。精心实施的系列传统文化教育活动，激发了学生对优秀传统文化的热爱，充实了学生的头脑，浸润了学生身心，使中国元素、中国符号印记在了学生身上，成为基因。

2.强化了爱国情怀。博大精深的传统文化，先人的伟大智慧，让学生对中华文化更加自信，对中华民族更加热爱，爱国情怀在“读诵唱演”传统文化的过程中得到了巩固和升华。

3.形成了个人优秀品德。什么样的育人环境，造就什么样的人。随着传统文化教育的不断深入浸润，学生的个人品德也在逐步走向“向善”，“仁义礼智信”的仁爱进取精神也逐步内化成了个人的优秀品德，从先贤圣哲那里汲取的智慧越来越多。大批“小孝子、小君子、小学士、小雷锋”不断涌现。

4.织就了学校、家庭、社会“三结合”教育网络。家风家训等经典活动带动了家长的广泛积极参与，促进了家校教育的和谐一致。仲村小学“中和”家庭教育服务站被评为“青岛市优秀家庭教育服务站”。传统文化教育的深入开展也带动了仲村社区对居民家庭美德教育、优秀家风传统教育的配合和重视，有效促进了学校、家庭、社区三结合教育网的形成。仲村社区被评为“青岛市社区父母学堂”。

5.促进了学校内涵发展。通过传统文化建设和德育实施，青岛市教育局在我校分别举行了2次学校传统文化课程走研现场会，城阳区教体局在我校举行了学校传统文化建设现场会。学校先后6次在全国、省、市课程建设研讨会上进行了经验交流。学校被评为青岛市新时代大中小学思政一体化建设联盟学校，构建的《实施中和位育行动，锤炼素养高尚学生》方案获青岛市优秀德育方案，“中和”德育品牌逐步形成。

四、启示经验

1. 德育教育要有体系和品牌。做好德育工作的关键是建立一整套科学的德育教育管理体系，不断深化德育教育层次，创新工作思路，优化育人环境。没有体系，德育教育就碎片化，缺乏深入性、系统性。德育教育要创设品牌符号，有了品牌符号，就有了精神导向和目标引领，就明确了德育教育的要求和标准，就能够激励师生树立品牌意识，让品牌提升学校美誉度。

2. 德育教育要与传统文化建设结合。一流的校园文化哺育出一流的学校和学生，因此，校园传统文化与德育教育是不可分割的、是实施德育的重要途径。有了文化阵地和场馆，更有利于熏陶和培养学生德行品性。实践证明，传统文化润校战略，推进了仲村小学“特色发展、精致管理、品质立校”，师生素养得到高质量锤炼。因此，文化兴则学校兴，学校德育教育一定要围绕“立德树人”使命，与文化建设一体化思考构建。

3. 德育教育要与传统文化课程开发结合。课程建设是实现教育目标的载体。学校研发的“古韵”“菊香”“翰墨飘香”等校本课程，是在文化阵地建设和德育实践过程中生成和开发的课程，让德育教育实施有载体、课程化、永恒性、时代性，有效促进了德育教育实施和德行素养培养，也促进了学校办学品质的提升。因此，德育教育的实施要课程化。

一笔一画正　智圆行方远

文明礼仪教育行动

礼仪是一个人道德水平、文化修养、交际能力的外在表现；是一个国家文明秩序、道德风尚、生活习惯的文化体现。小学阶段是学生接受良好道德品质和文明行为习惯养成教育的最佳时期。从小对学生进行文明礼仪教育至关重要，这对少年儿童的一生有着决定性的影响。从少年儿童成长规律和成长特点来看，远大的理想在少年阶段孕育，高尚的情操在少年阶段萌生，良好的文明行为在少年阶段养成。鉴于此，学校把文明礼仪教育作为德育的重要内容，通过营造良好的育人环境，创建和谐的师生关系，开展多彩的礼教活动，教育引导学生在校内“敬人、自律、真诚、互助”，在校外“律己、诚信、宽容、友善”。家校合作，共同唱响文明礼仪之歌，浸润幸福和谐人生。

一、明确思想，指明方向

充分认识新时期学校教育中加强学生文明礼仪教育的重要性，认真贯彻《中小学生守则》和《中小学生日常行为规范》的要求，营造崇尚文明、讲究礼仪的校园氛围。引导学生在一点一滴中做行为方正、合乎规矩的好少年；在传承传统中做智圆行方、品德隽正的中国人。通过文明礼仪教育实践活动，使学校成为文明礼仪示范的宣传窗口，使学生成为文明礼仪行动的先锋队。

二、制定方案，顶层规划

为系统、有效地抓好文明礼仪教育，并把课堂教学、师德建设发展、学校管理等有机融合，集思广益制定《关于开展中小学文明礼仪教育活动的实施方案》，落实文明礼仪教育内容，明确各项职责要求。做到文明礼仪教育有计划、有部署、有检查、有反馈、有评价。

三、营造氛围，创设环境

（一）加强礼教宣传，营造育人氛围

1. 建设礼仪教育阵地。校园环境是文明礼仪教育不可缺少的途径之一。学校对校园文化进行整体规划，体现政治性和引领性、针对性和实效性、共性与个性的六性三统一原则。建设了“中国精神教育馆”“立德树人榜样馆”“儒学经典育人馆”“华夏文明耕读馆”等礼仪宣教场馆。一楼大厅设置了“中和”“位育”浮雕，引领每一名学生从小养成不偏不倚、协调适度的良好道德品质和行为习惯。各种场馆中，悬挂了名言警句、传统美德故事等，让学生一进校门就受到好习惯熏陶，一进走廊就提醒要秩序井然。

2. 落实“三会”教育。为营造文明礼仪教育氛围，认真落实好“三会”，即校会、队会、班会，每学期初，举办一次关于文明礼仪教育的校会，聘期专家对学生进行文明礼仪教育，提出明确而可行的礼仪常规要求。每个月，少先队都会举行不同主题的礼仪教育队会，使每个学生明确做什么。每个周，各个班级围绕队会的内容，召开文明礼仪教育主题班会，使每个学生知道应该怎样做。

（二）制定规范 50 条，礼仪牢记心中

一是遵循学生的生理和心理特征，从小处入手，从细节着眼，制定《学生需要养成的五十个好习惯》。利用校园网站、红领巾广播站、校园宣传栏、《金声报》、微信公众号等教育阵地，广泛宣传，使文明礼仪教育 50 条内化于心、外化于行。二是广泛征集文明礼仪教育歌谣，引领师生自编礼教歌谣，在潜移默化中熏陶言行，唱响和谐校园。

四、课程实践，奠定基石

（一）行为养成

1. 抓规范，养成良好习惯。一是每学期开学第一个月，举行“学守则，树规范”比赛，用《中小学生日常行为规范》引导学生的言行，在实践中提高文明意识，养成文明习惯。二是每周举行“文明路队”和“文明班级”评选活动，学校制定评选标准，引领学生在上学放学路上自觉自然成队，展现良好风范，保障路队安全。

2. 树标兵，引领礼仪规范。开设礼仪课程，建立文明礼仪标兵社团。每个班遴选 3 名礼仪小标兵进入礼仪社团，聘请礼仪专家长期进行培训指导，再由小标兵到班级进行全班的二级培训，让全体学生懂得基本的礼仪规范。

（二）实践活动

1. 在敬孔典礼中学习传统礼仪。每年 9 月 28 日孔子诞辰举行敬孔典礼，师生用气势恢宏的典礼仪式、韵味浓郁的敬孔铭文、彬彬有礼的作揖礼仪来纪念孔子。学生在隆重的庆典中体验“兴于诗，立于礼，成于乐”的情怀；在经典的仪式中珍视先哲的传统，循着先师的足迹，体悟孔子修身伟人的智慧，以君子讷于言，而敏于行的态度践行人生。

2. 在志愿体验中树立文明意识。一是开展“争做文明使者，共创优美环境”活动。二是以“红领巾我先行，文明礼仪进社区”活动为主题，开展“不文明行为现象大曝光”“清除卫生死角”“文明行为习惯宣传”等活动。引领学生深刻认识“倡导文明”的重要意义，将文明之风带进社区。三是开展“垃圾不落地，文明在手中”绿色学校创建活动，让文明的“种子”在孩子们心里扎根发芽、开花结果。

3. 在感恩教育中增强责任担当。一是利用母亲节、父亲节、重阳节、中秋节、清明节等重要节日，开展“感恩亲情”系列活动。二是利用教师节开展“浓浓尊师意，款款爱生情”系列活动。三是结合“家政”课程开展学做一件家务事并坚持一周的实践活动，并通过“家务小明星”评选活动，家校合作引领学生体验劳动辛苦，树立家庭责任。

4. 在家训征集中树立优秀家风。好家风是中华民族的传统美德。开设“好家风”课程，通过在全校师生中开展优秀家风家训征集、评选、展评等课程活动，促使学生及家庭挖掘传承、研究制定本家庭的家风家训，制定家庭公约。引领养成优秀礼仪品格，形成良好社会风尚。

（三）评比活动

一是每学期举行 1 次“文明礼仪伴我行”摄影展。二是开展文明礼仪规范展示大赛。三是评选百名“文明礼仪之星”。通过一系列评比活动，引导学生学做礼仪标兵，争做礼仪使者，影响家庭，带动社会。

五、学高为师，树立楷模

教师的礼仪素养水平决定学生的习惯培养质量。一是制定并实施《教师日常行为规范》《课堂礼仪常规》，并纳入教师课堂教学评价。二是将教师礼仪纳入校本培训，采取专家讲座、观看《教师礼仪》视频讲座等形式，对教师进行礼仪知识介绍、空间礼仪、举止礼仪、谈吐礼仪、服饰礼仪、社交礼仪、家庭礼仪、公共礼仪、涉外礼仪、礼仪与自身素质修养等 10 个方面的系统培训，全面提升教师综合素质。三是完善教师评价体系，建立教师师德评价标准，将教师师德修养纳入绩效考核中。四是开展征集教师文明用语活动，让教师内强素质，外树形象，为学生文明礼仪养成树立典范。

六、言传身教，撑起绿荫

好父母影响和决定孩子的一生，只有家长规范了自己的言行举止，孩子才会拥有良好的文明礼仪习惯。一是开设“家美讲堂”。以“幸福从礼仪开始”为主题，每学期集中对家长开展 2 次文明礼仪知识、文明生活方式和生活卫生习惯等专题培训讲座。传播文明健康生活新理念，树立新风尚，提升家长的道德标准和文明素质，时时处处给孩子做榜样，用正确行动、正确思想、正确方法教育引导孩子。二是开展知识竞赛。以答卷的形式，普及家庭礼仪知识，让家长通过知识答题进一步了解家庭中如何对孩子进行礼仪教育。三是正确引导。注意观察孩子的思想动态和行为变化，善于从点滴小事中教会孩子欣赏真善美、远离假丑恶。

文明是风，它可以吹拂每一位师生的心；礼仪是花，它能将校园装扮得更加美丽。文明礼仪是师生学习、生活的根基，是他们健康成长的臂膀。始于一笔一画，致于智圆行方是学校文明礼仪教育的理想。学校引领师生不偏不倚，协调适度，把教师培养成为具有高尚思想品德、广博知识经验、良好礼仪修养的工程师；把学生培养成为懂规矩、守秩序、有思想、能担当的美少年。家校社合作教育，让礼仪教育之花在校园、家庭、社区绽放。

心理健康教育篇

“八润工程”助推心理健康教育

心理健康教育是培养学生良好的心理素质，促进学生整体素质全面提高的教育。学校充分认识心理健康教育在培育学生良好性格品质、开发智力潜能、增强适应能力、激发内在动力、维护心理健康、养成良好习惯中的越来越重要的作用，积极实施心理健康教育“八润工程”。

一、在建章立制中，“爱润”学生心灵，点亮“爱”之灯

一是从组织实施、评价评估等方面完善心理健康教育工作制度；二是从教师工作、安全责任、道德规范、辅导原则、值班值勤、档案管理、学生转介、危机干预等方面建立健全心理工作规章制度。三是将心理健康教育纳入学校整体工作规划，并制定心理教育三年发展规划。通过建章立制，织就了一张关爱学生心灵之网，用爱心润泽学生，点亮学生爱的心灯。

二、在队伍打造中，“护润”学生心灵，点亮“护”之灯

打造六支队伍。一是开设心理健康课，由专兼职教师对学生进行心理辅导。二是班主任和任课教师做好每位学生的心理排查和疏导。三是学校成立“点亮心灯”心理服务团队，开展常态化教研活动、读书沙龙活动，同时配合做好城阳区心理名师工作室志愿者团队送课活动，扩大志愿者服务队伍。四是成立家长团队，及时了解反馈学生心理状况。五是开展“心理专家进校园”活动，发挥专家引领作用。六是成立“心使者”互助团队，并由心理老师定期进行培训，发挥同伴支持力量。通过打造六支队伍，保障了心理健康教育工作的正常开展，织就了呵护学生成长之网，用呵护润泽学生，点亮学生护的心灯。

三、在三课建构中，“渥润”学生心灵，点亮“智”之灯

充分发挥课堂、课程、课题的作用。一是以课堂为主阵地，开齐开足心理

课，并定期开展心理健康讲座和主题教育。二是形成“1+3 ＋ N”心理健康教育特色课程，即 1 个团体心理辅导课和 3 种心理体验活动。N 课程是指将心理健康教育全面渗透到育人全过程，并与学校课程有机结合。学校研发了“和翔”体育类、“和韵”艺术类、“和情”劳动类、“和航”科技类等心育课程，让学生在艺术表达体验中提升心理素质。三是开展心理教育课题研究。问题即课题。学校结合学生存在问题开展了课题研究。《把学生心理健康教育融入校本礼仪课堂教学之中》和《沙盘游戏在小学创意设计活动的应用研究》有效解决了学生存在的问题，并在研究中形成了经验。三课建构，织就了一张助力学生发展之网，用赋能来润泽学生，点亮学生智的心灯。

四、在阵地搭建中，“和润”学生心灵，点亮“情”之灯

学校建设了心理辅导室、团体活动室、知心小屋、沙盘游戏室和随班就读资源教室。心理教师充分利用这些资源每周带领孩子们进行感统训练、团体辅导等活动，并做好观察记录，及时与家长、班主任沟通。学生在拓展活动中促进了感统能力的发展和良好心理品格的形成。阵地建设，织就了一张触动学生的心灵之网，用交心来润泽学生，点亮学生情的心灯。

五、在活动带动中，“浸润”学生心灵，点亮“义”之灯

一是每学期开展心理健康主题班会课，包括适应新学期、团结协作、生命教育、悦纳他人、我很自豪等多种主题，引导学生正确认识自己，客观评价自己，欣然接纳自己，树立自信心。疫情防控期间，针对学生焦虑、不自信等情绪，学校开设了线上心理班会课。通过视频学习、线上交流、“我手画我心”绘画活动等方式帮助学生释放情绪，缓解焦虑。二是成立“快乐岛”心理社团，心理老师每周带领学生参与心育活动，在体验中，孩子们相互分享，彼此触动，促进了心灵成长。三是定期开展心理健康教育特色主题活动，将心理、趣味、合作、快乐等理念融入丰富多彩的体验项目中，助力学生放松心情，缓解压力，收获自信。比如开展了“我爱我，健康快乐伴随我”525 心理健康月心理拓展系列活动；“涂鸦大赛”使孩子收获快乐与自信；“手足情深”提升学生团队协作能力；“长龙运球”提升集体凝聚力；“十指同心”培养团队高度契合执行力；“甩掉烦恼”释放内心压力。特色活动，织就了一张心灵阳光之网，用实践来润泽学生，点亮学生义的心灯。

六、在文化引领中，“甜润”学生心灵，点亮“韵”之灯

校园文化建设影响学生心理品质的塑造和发展。学校建设了“十个育人文化博物馆”，打造了一所博物馆似的学校，聚焦鲜明的文化符号，创设了荡涤心灵的物质、人际、心理等育人环境，用校园文化润育心灵、陶冶情操、融洽关系、促进发展，营造了积极向上的心理氛围。博物馆式的学校文化建设，形成了可持续的“中和位育”心育文化体系，织就了一张文化润校之网，用文化底蕴来润泽学生，点亮学生韵的心灯。

七、在家校融合中，“温润”学生心灵，点亮“亲”之灯

一是成立“悦读慧”家校共建团队，家长自愿参加，通过“悦读”《心理营养》《为何家会伤人》等书籍，与家长探讨育子方法，解决成长困惑，在交流中碰撞“智慧”的火花。学校充分发挥“悦读慧”家校共建团队的辐射带动作用，向更多的家长普及心理健康教育知识。二是成立“不输在家庭教育”公益分享群，通过交流分享育子心得，帮助家长树立正确的教育观念，协助家长共同解决孩子的心理行为问题。祥和的家庭环境，为学生织就了一张温馨儒雅之网，用亲情来润泽学生，点亮学生亲的心灯。

八、在社会服务中，“满润”学生心灵，点亮“愿”之灯

学校与街道社区、社会团体等积极合作，利用校外教育资源开展心理健康教育。一是邀请家长走进课堂，借助家长资源开展丰富多彩的主题教育。既有消防、法律、航空等知识宣讲，又有书法、吉他、瑜伽等艺术熏陶，还有种植、手工制作等技能指导，在不同的课程中，家校共育引领学生成为最精彩的自己。二是与社会团体合作，走进青岛报社，牵手姜山镇中心小学的学生，在活动中交流沟通，打开心扉，收获友谊。三是走进社区，开展“为鸟安家”“学雷锋”与“植树”活动，在社会服务中让学生反哺社会，为社会做贡献。用真善美来润泽学生，点亮学生愿的心灯。

开展心理健康教育，是学生健康成长、全面发展的保证。深入推进“八润”工程，引领教师幸福工作，学生快乐成长，学校和美发展！

读书篇

学校是一个读书的地方。只要学生爱读书，会读书，读好书，那么教育的基本问题就解决了。所以，培养学生读书习惯，塑造优秀品质，是教育的责任和使命。

因此，学校建立了读写校本课程，把读写教育贯穿于学生小学六年的成长过程。启动了“爱阅读，塑品质”读书行动，通过“导读、阅读、朗读、背诵、写作、展演”六项读写措施，引领学生长知识，增智慧，树理想，育人格。

我因读书而精彩　世界因我而美丽

“爱悦读”行动

为加强阅读教育的精神，让学生安安静静地读书，引导培育学生诗意人生，学校以“我因读书而精彩，世界因我而美丽”为主题，全面启动“爱悦读”行动，有效培养学生阅读兴趣，养成爱读书的习惯，使阅读成为一种生活习惯，一种学习态度，一种精神追求。

一、每天十分钟亲子悦读活动

以班级为单位，建立“天天爱悦读——亲子悦读活动”宣传网络，鼓励学生每天悦读，家长陪伴。阅读书目选择尽量贴近学生年龄特点的优秀的书刊，可以级部为单位推荐经典名篇。阅读时间为放学回家后，由亲子具体确定不少于十分钟的时间进行阅读。班级根据学生阅读情况，每月评选出最佳悦读家庭。

二、每周一节读书交流活动

每个班级每周上一节读书交流课。阅读课形式多样，既可由老师和学生一起阅读，也可进行读书交流会等，旨在激发学生阅读兴趣，提高学生的素养。所选篇目应符合课内外阅读相结合的原则，由浅入深，必读和选读相结合，推荐适合学生阅读的经典名著。建立好阅读信息反馈。结合“快乐阅读卡”推荐书目及阅读指导步骤，指导学生学习阅读的方法，读写结合，养成善于积累、及时反思的习惯。各班级语文教师根据学生阅读情况，建立阅读评价体系，随时留好学生在阅读中的一手材料。积极鼓励学生自主阅读、热爱阅读，营造爱阅读的好氛围。

三、每月一次古诗达级活动

各班级每月开展一次古诗达级，语文教师及家委会成员作为评委，给每位学生建立好古诗达级卡，鼓励学生诵读经典，引领塑造诗意人生。古诗达级分 A（135 首及以上）、B（120 首）、C（110 首）、D（90 首）、E（75 首）、F（30 首）六个基本等级，各班要每周对学生达级情况进行公示。

四、每年举行一次校级阅读展示活动

展示内容为：级部“飞花令”展示比赛；评选古诗诵读明星班级；表彰百名读书小达人；评比展示学生读书笔记等。

花开有声

“爱悦读，塑品质”活动纪实

为激发学生读书兴趣，塑造优秀品质，培育诗意人生，学校以“我因读书而精彩，世界因我而美丽”为主题，启动了“爱悦读，塑品质”读书行动。“导读、阅读、朗读、背诵、写作、展演”六项阅读教育措施引领学生长知识，增智慧，树理想，育人格。

导读，即上好“三课”，整本书导读课、拓展阅读课和读书交流课。教师引导学生用猜读、联读、比读等方式，梳理阅读作品的主要信息，利用“阅读任务单”，串联“导读”的有效环节，激发阅读兴趣。

阅读，学生根据班级课外阅读安排，制订出个人阅读计划，坚持每天自主阅读 30 分钟，有效促成阅读习惯的养成。

为选出更加适合小学生阅读的书籍，学校举行了“我的图书我做主”学生、家长、教师共选书活动，让图书购置最优化，营造了浓郁的阅读氛围。

每年的寒暑假也是孩子们自主读书充电的好时机。学校建立了“快乐阅读卡”，引导孩子们用一种美丽的姿态度假期，“想读 · 享读”假期读书活动，滋生了一大批阅读小达人、书香家庭和优秀班集体。

朗读，每天晨读 15 分钟、语文课前朗读 3 分钟、“阳光校园人人都是悦读者”

班级朗读大会、“百佳朗读者”评选朗读活动等引领学生诵读经典，感受中华民族优秀文化的精髓，浸润书香，开发心智，修身养德，陶冶情操。

背诵，每月一次古诗达级活动，评委由教师、家长以及小组长共同组成，激励学生积累经典诗词，塑造诗意人生。

学校成立了“读书驿站”，每天中午小广播员引领诗词鉴赏，领背经典诗词。课间铃声也变成了悦耳动听的诗词吟唱，浸润着诗词气质和文化素养。

写作，记录阅读过程中的心得感受，训练学生的语言组织能力、想象力，提升思想深度。识字园地、古诗配画、好书推荐、好书乐读、补充段落、故事创编等各类读书实践活动，积淀学生的文化底蕴。《金声报》、微信平台、LED 屏等多渠道优秀作品展示，激励着孩子们努力前行。

学校开设读写课程，并贯穿在书法、古琴、科技、花样跳绳、社区文化、植物等 20 多种课程活动中。学生撰写探究报告，在搜集资料探究文化的过程中，提高认知水平，拓展文化视野。

展演，展示“导读、阅读、朗读、背诵、写作”五项措施的优秀成果，举行阅读阶段性汇报展演活动。每月精读一本书“读书论坛”活动、“齐聚一堂享书香”朗读会、“诵诗词，传经典”古诗词大会、“飞花令”比赛、“最美的清明在诗词里”诵读展演等活动，让孩子们穿越古今、豪情在怀，婉转吟诵、亮出风采。

“爱阅读，塑品质”读书行动，引领孩子们展示着成长的精彩，收获着阅读的快乐。

一张张阅读作品，一份份读写成果，一次次精彩展示，让我们听到了花开的声音。在“我最喜欢的童书”全国阅读推广征文活动中，19 名学生获“优阅小书虫”奖，3 个班级获“阅读明星班级”，学校获“最佳组织奖”。15 名学生入围“叶圣陶杯”全国中小学生作文大赛获奖名单，是青岛市获奖作品入围最多的学校。

学校深入开发阅读资源，拓展阅读领域，让阅读真正成为孩子们的一种学习态度，一种生活习惯，一种精神追求。

国学文化渗透 德润学生心灵

博大精深的中华优秀传统文化是我们在世界文化激荡中站稳脚跟的根基。国学是中华传统文化的精髓，它沉淀于历史的长河，而又升华于现代的社会，既是延续传统的纽带，又是开创未来的阶梯。

近年来，学校重视通过“学国学 诵经典”实现立德树人的根本任务，以主题课程建设为抓手，以读写特色活动为载体，大力营造传统文化育人环境。

一、品读传统经典，增强文化自信

1. 诗词文化奠定生命成长根本。文化介入生命的发展有很多形式，而回归经典，深入到民族文化根部是首选。于是，学校把每日一诗经典诵读作为培育学生生命有根的载体之一。

一是坚持每天在微信公众平台推送由学生吟诵和诗配画的诗词诵读活动，引领学生每天读诗、升华心灵。

二是开展每月古诗达级、古诗配画评比、二十四节气诗词创意制作、诗词大会、优秀诵读者评选及各阶段评选表彰活动等，激励学生学习优秀诗词，养成诵读习惯。

三是结合传统节日开展诵读、书法系列活动。以“我们的节日·中秋”为例，举行咏“月”飞花令大赛。通过比赛引导学生诵读大量关于“月”字的古诗词，感受传统文化的魅力，激发学生诵读古诗词的兴趣。通过微信公众号推送“每日一诗——中秋节”，推荐学生古诗配画和古诗诵读视频，让学生在家同家长一起在诵读中体会中秋节的期盼团圆的思乡之情。举行书“月”硬笔书法大赛，引导学生搜集关于“月”的诗词，进行硬笔书法大赛，进一步引起学生对书写的高度重视，培养他们正确的书写习惯。学校举行“规范字书爱国情怀”书法作品展示活动，将书法魅力和爱国精神结合起来，营造了诗意的学习环境，让书香和墨香溢满校园。

四是在诗词教育中逐步生成并建设了“诗润童心诗词馆”，营造了浓厚诗词学习氛围，逐步彰显了“生命有根”主题文化，实现了文化引领发展，发展彰显文化的以文化人的教育目的。

2. 设立“国学大讲堂”。学校加入青岛市传统文化教育联盟，争取优质资源，每学期两次开展国学大讲堂，让学生感受传统文化魅力。邀请中国海洋大学博士进行《华夏文明的起源》《吟诵经典 传承文明》的国学文化培训，引领学生感受中华文化的博大精深，用实际行动传承优秀文化。

3. 加强课堂指导。课堂是学习和诵读传统文化，实现德育教育的主阵地。学校发动所有学科教师将教材中的国学素材挖掘出来，在课堂上从学习和诵读中渗透德育精神，让学生学习古代文人的气度和劳动人民的智慧。

二、书香浸润心灵，悦读孕育力量

深入开发阅读资源，拓展阅读领域，让读书助力学生的国学素养和道德品质。

1. 打造“读书无边界”开放式阅读空间。学校在走廊、教室门口设立图书角，供师生随时品读，真正实现学校即图书馆。鼓励学生自主阅读国学经典，开展师生共读大阅读活动。

2. 搭建读书活动平台。一是学校要求学生每天利用早读时间诵读古诗文等经典篇目，提高国学素养。二是组织专题竞赛活动。开展“传承国民之魂，诵读中华经典”读书竞赛活动以及征文比赛、书香班级等活动，激发学生阅读国学、诵读国学兴趣。

3. 展示阅读国学成果。鼓励学生记录阅读过程中的心得感受，通过古诗配画、故事创编等读书实践活动，积淀学生的文化底蕴。学校多渠道展示学生优秀作品，供学生交流赏析，文化渗透，涵养品质，德润心灵。

“读论语”系列

校长领读

【领】同学们，中华民族在发展过程中孕育了灿烂的中华文化，创造了无数经典著作。今天，我们一起走进中华文化的智慧精髓——《论语》。《论语》是儒家经典著作，是一部语录体散文集，记录了孔子和他弟子的言论，集中体现了孔子的哲学政治、伦理道德、文学艺术及教育原则。它的思想渗透进了中华民族的血脉，塑造了中国人的性格。

【领】读《论语》让我们懂得了如何学习。

【生 1】：子曰：“学而不思则罔，思而不学则殆。”圣贤教导我们学习要和思考结合起来，才能学到切实有用的知识。一味地读书而不思考，不能深刻理解书本的意义，不能合理有效地运用知识，就会陷入迷茫。而如果一味地空想不去进行实实在在的学习和钻研，精神则会疲倦一无所得。

【领】读《论语》让我们学会了如何与他人相处。

【生 2】“己所不欲，勿施于人”这句话教会我们，善于站在他人的立场上思考问题，自己不想做的事情，也不要强加于别人身上。在生活中，我们要相互体谅，学会换位思考。

【领】读《论语》让我们知道了反躬自省。

【生 3】曾子在回答孔子提问时说：“吾日三省吾身——为人谋而不忠乎？与朋友交而不信乎？传不习乎？”曾子每天都反躬自省，查看为别人做的事是否尽心竭力，与朋友交往是否诚心诚意，老师传授的学业是否温习了。

【领】《论语》“知行合一”的学习之道，“修身齐家”的君子之格，沁润着我们的思想和生命。同学们，大声诵读《论语》，与经典同行，与圣贤为友。

【领】子曰：“学而时习之，不亦说乎？”

【齐】子曰：“三人行，必有我师焉。择其善者而从之，其不善者而改之。”

【齐】子曰：“君子欲讷于言，而敏于行。”

【领】自古至今，《论语》传播着思想，传颂着精神，它博大精深，是中华民族的智慧宝库，是重要的文化遗产。同学们，一起读《论语》吧，弘扬中华优秀文化，争做新时代好少年！

诵读《论语》经典 弘扬家庭美德

教师领读《论语》节选

【师】经典咏传唱，精神永传承。《论语》作为记载孔子思想和言行最为权威的一部著作，有着博大精深的文化内涵，对我们的理想、志向、人生目标以及为人处世等都有着极大的影响。《论语》中十分重视家庭美德，这也是新时代我们所大力弘扬的。

下面就让我们一起解读《论语》中蕴含的家庭美德，希望同学们能从经典中汲取营养并积极践行，在家庭中担当好自己的角色。

【生 1】子曰：“事父母几谏，见志不从，又敬不违，劳而不怨。”

孔子说：“侍奉父母，他们若有过失，要婉言劝告。话说清楚了，却没有被接纳，仍然要尊敬他们，不要违逆对抗，继续操劳而不怨恨。”这是我们从《论语》中学习到的与父母家人相处的智慧。

【生 2】子曰：“三年无改于父之道，可谓孝矣。”

孔子说：“如果能够长时间地不改变父母所坚持的原则，就可说做到了孝。”人无完人，我们要从父母的言行举止中取其精华，将父母的教导牢记于心，将好的家风、美德传承下去。

【生 3】孟懿子问孝，子曰：“无违。”

所谓“无违”就是不要违逆。在与父母的交往中我们虽不能事事都听父母的而毫无主见，但是至少我们不能违背礼仪而顶撞父母。遇到矛盾，相互交流、相互尊重，最终达成一致，这也算是尽到了孝。

【生 4】子曰：“弟子入则孝，出则悌，谨而信，泛爱众，而亲仁。行有余力，则以学文。”

孔子说：“我们在父母面前要孝顺，出外要敬爱师长，说话要谨慎，言而有信，和所有人都友爱相处，亲近那些具有仁爱之心的人。这些，是我们学好文化知识的基础。”

【齐】

子曰：“事父母几谏，见志不从，又敬不违，劳而不怨。”

子曰：“三年无改于父之道，可谓孝矣。”

孟懿子问孝，子曰：“无违。”

子曰：“弟子入则孝，出则悌，谨而信，泛爱众，而亲仁。行有余力，则以学文。”

【师】子曰：“夫孝，德之本也，教之所由生也。”孔子认为孝是品德的根本，是我们学习、成才的前提。

《论语》作为一部蕴含着丰富智慧的百科全书，我们可以从中汲取到的智慧还有很多很多，让我们共读《论语》，在孔子的精神世界里徜徉，汲取无穷的精神力量！

第四节 多元探索创新

多几把衡量学生的尺子

注重学生的全面发展和个性差异，实施多元化评价，是促进学生健康成长的重要手段。人的智能是多元的，这些智能是与生俱来的，存在个别差异。单一的评价方式，不利于学生健康成长，也不利于多元化人才的培养。现代社会发展需要多元人才，这就要求学校对学生的发展实施多元化评价，促进学生的全面和个性成长。

“多一把尺子衡量学生就会多出一批好学生”“我们永远想象不到孩子们会成为一个怎样优秀的孩子”，这些评价思想指引着教育者在学校教育管理中，要从遵循教育发展规律和学生成长规律出发，改革学生评价制度，多设置几把衡量的尺子，对学生的发展情况、发展优势、发展特长、创新精神和实践能力等方面作出评价。通过评价，激励每一个学生全面发展、个性发展的积极性，为未来工作、学习、生活做好准备。

一是学生学业评价要注重过程性。重点考查学生进步情况，以发现优点和帮助、鼓励为主，使学生注意自己平时的行为表现，遵守规则的意识明显增强，基础知识的掌握更加扎实。

二是各种先进的评选要注重差异性。设置种类丰富的奖项，奖项涉及德、智、体、美、劳等各个领域，学生学习与生活的各个方面，能较好地引导学生全面和特长发展。

三是评价过程要注重民主性。在对学生进行评价时，采取学生自评、小组互评、班级评议、教师评价、评审小组审核总评的方式，对学生的表现进行综合评价。强化学生的自我发现意识和民主精神，促进学生人格的健康发展。

四是评价表述要注重激励性。在对学生进行评价时要注重发展性，淡化学生之间的横向比较，侧重学生自身的纵向比较，让学生在成长过程中不断体验进步和成功的快乐。

五是评价主体要注重多元性。学生是在学校、家庭和社会的共同作用下成长的，要注重学校、家庭、社会三方协调联动评价学生，有效地促进学生主动发展、可持续发展。

“集卡争娃”学生多元评价实施策略

一、指导思想

为加强少年儿童思想道德建设，不断完善少年儿童综合素质评价机制，促进学生勤奋学习，快乐生活，全面发展。学校以“多一把评价的尺子，就多一批好学生”的思想指引，在全体学生中开展“集卡争娃”活动。学校将此活动融于学校教育的全过程，使学生在成长过程中不断体验进步的喜悦和成功的快乐。

二、评价口号

集齐荣誉卡，争当“仲村娃”。

三、评价方法

为激励学生争做热爱祖国、勤奋学习、品德优良、体魄强健、团结友爱、德智体美劳全面发展的好少年，学校将开展“集齐荣誉卡，争当‘仲村娃’”活动，“仲村娃”则是学生最高荣誉的象征。十二生肖是中国传统文化的重要组成部分，而十二生肖既代表着一年中的十二个月，又代表着一天中的十二时，寓意为学生在每一天每一时都要严于律己，努力向上。所以，学校鼓励学生集一套十二生肖章，即可换得一枚铜卡，集齐三枚铜卡可换得一枚银卡；集齐三枚银卡可换得一枚金卡；集齐三枚金卡即可被誉为仲村小学“仲村娃”。

四、评价过程

（一）广泛宣传，营造氛围

1. 加强宣传。利用各班板报、学校校报《金声报》等宣传阵地，进行宣传，使“集卡争娃”活动深入每位学生心中，激发学生争当“仲村娃”的兴趣。

2. 组织学习。中队辅导员利用中队会进行“集卡争娃”活动动员，让全体队员充分明确这一活动的意义。利用中队活动时间，对队员进行培训，教会他们怎样做才能争当“仲村娃”。

（二）全员参与，集卡争娃

1. 班班有特色，勇争“仲村娃”。

一是制定班级评价办法。结合学校的“集卡争娃”活动方案，各班制定适合自己的活动方案，使班班有特色，生生有活力，齐争“仲村娃”。

二是印章管理办法。结合每个生肖章所代表的寓意，每班发一套十二生肖章，全方位、多角度发现学生的优点，随时奖励学生相应章。生肖章每周由一名班干部轮流保管盖章，盖章时，由两名同学负责监督。班干部及两名监督同学均由全班同学投票选举产生。这样既保证了盖章的客观公正，又体现了学生自主管理。学校给每位学生下发“争章换卡一览表”，由学生自己保管，老师发现学生闪光点，随时奖励生肖章，课后由负责保管章的班干部盖章。这样既维护了学生的隐私，使学生感受到老师对自己的信任，又让学生懂得如何爱护自己的物品，珍惜自己的荣誉。

三是教师做好评价。要求老师们评价学生的尺子是有弹性的，强化学生的优点，弱化学生的缺点。全校老师都统一思想，投入活动中来，不一定是自己班级中的学生，只要发现闪光点，便可奖励学生生肖章。教师要蹲下身子来，拉近与学生之间的距离。在这里，老师可以让学生选择自己喜欢的或需要的章，然后亲切地嘱咐一句：你在某一方面还需加倍努力，争取获得某个章。这样，既激发了学生争章的热情，把学生往优秀的方面引导，使他们更加注重在各个方面好好表现，又能拉近学生与老师之间的距离，使“集卡争娃”起到事半功倍的效果。

2. 记录成功点滴，留下成长足迹。

一是为了激发学生“集卡争娃”的热情，学校利用微信平台、争卡日记、“仲村娃”感言等多种手段，记录学生进步的点滴。

二是学校在《金声报》上开辟“仲村娃”专栏，展示“仲村娃”的风姿，以此来鼓励“仲村娃”们更加优秀的表现，同时又以优带优，更加激发其他学生的争娃热情。

三是获得“仲村娃”的学生可以将争娃的过程全部记录。学校统一印制彩页，设计格式，在学生获得生肖卡或换得金银铜卡后，到班干部处领取一张彩页，记录自己的成功点滴。比如获卡时的心情，获卡时的美好瞬间，获卡感言，获卡事由等等，以此来鞭策自己，激励他人，使自己更优秀。

四是学校将为获得“仲村娃”的学生建立“集卡争娃”成长档案，记录学生成功的点点滴滴。在成长档案夹中，将自己争章换卡一览表、获卡感言、争卡日记、美好瞬间等材料，放进自己的成长档案中，小学毕业后，学校将作为礼物，在毕业典礼上，赠送给学生，为学生美好的童年积淀成功的点滴，为学生灿烂的人生留下辉煌。

3. 争章换卡，集卡颁娃。

一是制定争章依据。争章以《小学生日常行为规范》《仲村小学学生需养成的50个好习惯》为主要依据，根据学生在课间、课堂上的表现，老师随时奖章。学生凡是参加学校或更高级别的各类竞赛活动获得奖项的，根据获奖等级、级别的不同，由学校奖励不同个数的生肖章或铜卡。集齐一套生肖章即可换一枚铜卡。

二是制定颁章办法。金、银、铜卡由学生个人分别到大队辅导员、副校长、校长处换取。集齐一套生肖章后，学生拿争章表到大队辅导员处领取铜卡，并且直接扣在左胸前，当争到第三枚的时候，直接换银卡，以此类推，当学生胸前佩戴到第三枚金卡的时候，即可换得“仲村娃”胸章。

三是制定奖励机制。获得金卡的同学，有资格参加学校组织的夏令营等实践活动。获得“仲村娃”称号的学生，第一，学校将举行隆重的“授娃”仪式。第二，学校设置“仲村娃”明星榜，制作“仲村娃”礼服，“仲村娃”们着礼服留影，并将照片贴于明星榜上，树立学习榜样。第三，学校统一制定印有“仲村娃”卡通形象的书签，成为“仲村娃”的同学可以获得一张书签。每当学生读书的时候，便能看到代表着学校最高荣誉的“仲村娃”书签，不但能时时鞭策自己表现得更加优秀，也能激励周围同学向“仲村娃”看齐，共同进步，全面发展。

一张荣誉卡和一枚枚奖章，记录着学生们的成长足迹，传递着一种文明行为，引领着一种文明意识，它对学生良好行为习惯的养成起到了一个督促作用。“集卡争娃”活动的开展是一个循序渐进的过程，在这一过程中，引导学生关注荣誉卡，但最终目的是使其内化成终身受益的文明习惯。通过一张张荣誉卡，一个个“仲村娃”，让学生明白，现在他们从一件件小事做起做好，积蓄的是文明的素养，是自己可以享用一生的高尚人品和精神财富。

五、生肖章解读

1. 生肖章图示。

生肖章图示具体见图 5-1。

图 5-1　生肖章图示

2. 十二生肖寓意。

(1) 子鼠代表智慧。课前预习，上课专心听讲，积极思考，大胆提问，回答问题声音清楚，不随意打断他人发言。课后认真复习，按时完成各科作业。书写工整，卷面整洁。

(2) 丑牛代表勤奋。热爱劳动，认真做值日，保持教室、校园整洁。保护环境，爱护花草树木，不随地吐痰，不乱扔果皮纸屑等废弃物。

(3) 寅虎代表勇敢。坚持锻炼身体，认真做广播体操和眼保健操，坐、立、行、读书、写字姿势正确。积极参加学校举行的各种文体活动。

(4) 卯兔代表谨慎。衣着整洁，经常洗澡，勤剪指甲，勤洗头，早晚刷牙，饭前便后要洗手。自己能做的事自己做，衣物用品摆放整齐，学会收拾房间、洗衣服、洗餐具等家务劳动。

(5) 辰龙代表刚猛。爱护公物，不在课桌椅、建筑物和文物古迹上涂抹刻画。损坏公物要赔偿。拾到东西归还失主或交公。

(6) 巳蛇代表沉着。遇事不急躁，和同学能友好相处。遵守纪律，不在楼梯、走廊、教室大声喧哗。

(7) 午马代表乐观。尊老爱幼，平等待人。同学之间友好相处，互相关心，互相帮助。不欺负弱小，不讥笑、戏弄他人。尊重残疾人。

(8) 未羊代表和顺。待人有礼貌，说话文明，讲普通话，会用礼貌用语。不骂人，不打架。到办公室先敲门，经允许再进入，不随意翻动别人的物品，不打扰别人的工作、学习和休息。

(9) 申猴代表灵活。热爱生活，开朗乐观，待人平和友爱。敢于竞争、乐于探究，积极进取。勤学好问，多读书、多研学、多劳动。

(10) 酉鸡代表恒定。按时上学，不迟到，不早退，不逃学，有病有事要请假，放学后按时回家。参加活动守时，不能参加事先请假。

(11) 戌狗代表诚实。诚实守信，不说谎话，知错就改，不随意拿别人的东西，借东西及时归还，答应别人的事努力做到，做不到时表示歉意。考试不作弊。

(12) 亥猪代表随和。尊敬父母，主动为家庭做力所能及的事。听从父母和长辈的教导，外出或回到家要主动打招呼。尊敬老师，见面行礼，主动问好，接受老师的教导，与老师交流。

3. 集卡争娃记录表。

集卡争娃记录表具体见表 5-1。

表 5-1　集卡争娃记录表

章　名	生肖章印章											
子鼠章												
丑牛章												
寅虎章												
卯兔章												
辰龙章												
巳蛇章												
午马章												
未羊章												
申猴章												
酉鸡章												
戌狗章												
亥猪章												
铜　卡												
银　卡												
金　卡												

第五节 家校合作共享

科学家教

家庭教育中，家长都会面临各式各样的问题，如何有效地避免冲突，建立和谐家庭关系是做好家庭教育的前提。在工作中，经常会遇到很多家长提出的他们在家庭教育和家庭关系处理中的一些很头疼的问题。这些年，对家长遇到的问题，结合家庭教育和心理干预等科学的做法进行了梳理，总结了十个普遍性问题，提出了解决的办法，也进行了追踪，措施有效，引领家长学会有效陪伴，做有爱的睿智父母，改变了很多家庭关系，提高了家庭教育质量。

问题：如果你的孩子不向别人打招呼，你怎样教育引导合适？

1. 分析反思。父母对照以下四个原因分析，孩子到底属于哪种或者哪几种原因，找出问题所在。

第一个原因：孩子的天生气质。

第二个原因：孩子的心理营养不足。

第三个原因：家庭教育的环境问题。

第四个原因：父母的言行举止影响了孩子。

2. 方法措施。

第一，接纳孩子。父母要允许孩子有自己的想法、有自己的节奏。如果孩子不想打招呼，或者不想说话，家长一定是先允许孩子放松一下，不增加孩子的焦虑和不安。

第二，做出示范。父母最好是遇到人打招呼，遇到陌生人也尝试打一下招呼，给孩子最好的示范。孩子看得多了，就习以为常，打招呼就不会成为一件多么特别的事情。

第三，一起努力。父母做示范之后，要求孩子跟自己一起去做，父母以身作则主动地跟邻居打招呼，让孩子受到潜移默化的影响。

第四，正向评价。孩子做，就给他肯定，如果孩子不做，也不要去指责他，让孩子用自己的方式去打招呼。

第五，交流互动。父母可以带孩子多和除家庭成员之外的同龄的孩子、小朋友或成年人一起交流互动，让孩子多接触环境，多接触人群，帮助孩子去经历和锻炼，减少不安。

第六，建立链接。如果孩子们喜欢绘本、动画片，或者有自己的偶像，家长可以用这些人物去激励孩子，建立链接。

总之，要尊重孩子的选择，多观察孩子，爱孩子，给孩子最好的期待，给孩子最好的陪伴，为孩子提供适合的环境，让孩子按照自己的节奏来。

问题：孩子撒谎怎么办？

撒谎分有意识和无意识行为，有意识撒谎的行为背后是什么？孩子撒谎有恐惧和逃避两个原因，这是谎言的源头

1. 撒谎的原因。孩子不诚实大多是恐惧的结果。孩子 0~3 岁撒谎的概率达 30%，3 岁达 50%，4 岁更大。

（1）恐惧。不撒谎，不找理由会面临父母的指责、埋怨、批评。不想面对这个状态，就伪装成一个父母希望的样子，就会去编造理由。如果父母很容易识别，孩子会继续加油编造谎言。

（2）逃避。不想做这件事，但是父母必须让孩子去做，去做又很痛苦，所以孩子就编造谎言暂时把自己放在安全的环境里。

2. 建议。

父母怎么做才能让孩子不恐惧和逃避？孩子撒谎是思维成长的必经过程，父母要指引孩子如何坦诚地交流，而不是通过撒谎来逃避。

（1）分析原因。当孩子有些行为我们不能接纳也不认同的时候，先让我们的情绪平稳下来，冷静地思考孩子撒谎行为的背后的动机，也许这个行为不对，但是行为背后的动机是值得被尊重的。

（2）正向引导。如果不想让孩子撒谎，那就应该让孩子懂得不管做了什么，哪怕做错了，都不会影响父母的爱和评价。

（3）理性对待。当孩子做错事情了，我们要去帮助孩子理清哪里做得对，哪里值得鼓励，还有哪里需要提升。

问题：你认为可以做哪些改变，缓解孩子对手机的沉迷？

第一，不要用手机来安抚孩子。

第二，多带孩子展开亲子互动。

第三，父母是要做好控制手机使用的榜样。

第四，必须看到手机带给孩子的价值和意义。

第五，使用手机需要父母与孩子共同制定规则。

第六，用小方法斩断手机上面的习惯。

第七，对于手机上瘾的孩子要科学引导，共同努力帮助孩子度过这个困难的时期。

问题：父母如何给孩子更多的安全感？

第一，孩子在 3 到 18 个月的时候，不要让孩子离开自己寄养到别人家，或者频繁地更换抚养人。

第二，妈妈不要突然离开，要给孩子建立安全感，不要让孩子有创伤。

第三，孩子在跟妈妈互动的过程中，妈妈要及时给予反应。

第四，在哺乳期的时候，妈妈要保持稳定的情绪，因为妈妈所产生的情绪会影响孩子，使孩子没有安全感。

第五，爸爸要把精力用在让自己的妻子情绪愉悦、平稳，让妻子有非常好的情绪是给孩子一个安全感的最扎实的基础。

问题：如何做到最佳的亲子状态？

1. 科学的教育方法。

2. 教育孩子的前提是了解孩子。

3. 教子成功从培养良好习惯做起。

4. 父母身教重于言教。

5. 让孩子在体验中和群体中长大。

问题：与孩子沟通时要注意哪些方式？

方式一的沟通是无效的，方式二的沟通才有效。

方式一：看看隔壁小明，他一直准时到家，不像你。

方式二：尽量准时回家，这很重要。

方式一：别哭了！

方式二：我知道你现在很难过，我也一样。

方式一：别玩了！我说什么就是什么！

方式二：我知道你还想再玩一会儿，但是我们今天还有其他事情要做，我相信你一定会更有兴趣的。

方式一：你考得真好，宝贝真棒！

方式二：你考得真好，这是你努力的结果，继续加油哦！

方式一：加油，你一定可以的！

方式二：坚持就是最大的成功，你做得不错，继续加油！

方式一：我希望你说话算话，要是实在不想做了，提前和别人说明白。

方式二：我相信你，因为你以前说的话都兑现了。你会找到一个好办法。

问题：父母怎样科学陪伴孩子？

第一，正确理解“陪伴”。陪伴≠陪拌（拌嘴）；陪伴≠陪板（板着脸）；陪伴≠陪绊（包办代替）。陪伴中需要共情、沟通、表扬、批评、指导。有效睿智的陪伴是伙伴加导师型。

第二，把控好“三度”。一是有温度，能倾听、鼓励、宽容。二是有硬度，讲原则、会拒绝。三是有宽度，这个宽度是指给孩子时间、空间、机会。

第三，学会四个接纳。接纳孩子的做不到、接纳孩子的错误、接纳孩子的失败、接纳孩子的情绪。孩子的成长实质就是父母的修行，接纳不是无底线的包容，是先接住孩子的情绪、错误、做不到、失败，给孩子实际帮助与指导。

问题：如何建立亲密而独立的关系？

1. 用耐心给孩子培养兴趣。
2. 用鼓励的语气给孩子力量。
3. 用信任的语气给孩子信心。

4. 用赞赏的语气给孩子决心。
5. 用尊重的语气让孩子产生信仰。

问题：如何“夸”孩子，才“夸”到点上？

1. 三个方面：夸态度、夸能力、跨品质。
2. 三个角度：夸开始、夸过程、夸结果。
3. 三种方式：语言的夸、行为的夸、神秘的夸。
4. 三个阶段：夸过去、夸现在、夸未来。
5. 三个原则：实事求是、具体细节、多种多样。

第六节 十大品牌彰显学校内涵品位

学校打造了品牌集群，品牌知名度不断提升。

“致中和”德育品牌。“致中和”德育行动融入办学理念渗透、校园文化打造和课程开发建设，破解德育碎片化问题，让学校德育更有体系、更加具体、更有实效，“致中和”获评青岛市优秀德育品牌。

“中和位育”文化品牌。一所博物馆式的学校给师生留下了鲜明的文化烙印，培养了他们良好的价值取向与独立品格，助力学校获评青岛市首批校园文化建设示范校，举行了城阳区校园文化建设现场会。

“实趣课堂”教学品牌。实趣课堂在全市实验校进行了推介展示。教师在课堂改革的锤炼中教学理念颠覆性转变，专业能力得到成长，52人次举行了区、市公开课，在区市教学比赛中获奖；教学质量从全区后十位进入A类行列，获评城阳区优秀教学示范学校；1/4教师评为区教学能手。

“中和位育”课程品牌。构建了“中和位育”课程体系，引领课程规范开发、精细管理、有效实施。《构建“中和位育”课程体系的探索实践》《“寓自然拼读于绘本阅读”研究与实践》均获青岛市教学成果奖。学校6次在全国、省市课程建设研讨会进行经验推介。

“精细精致”管理品牌。精细化管理推动学校办学水平迅速变革，在全区进行了3次精细管理经验介绍。推动学校评为青岛市五星级阳光校园。

“营养健康”食安品牌。“过十关严六T”食品安全管理行动推动学校获评山东省五星级食堂、山东营养与健康学校、山东营养与健康食堂。

“梦想启航”科技品牌。科技教育有效提升全校学生科技素养，举行2次全市科技教育现场会，连续4年评为城阳区科技教育示范校。“梦想启航科技馆”评为青岛市首批创新实验室，大批学生在全国、省、市区科技比赛中获奖。课程获评青岛市精品课程。

“中和艺韵”美育品牌。各类艺术课程推动学校艺术特色不断呈现，舞蹈、器乐、舞台剧多次在省市比赛中获一等奖，器乐参加了中华人民共和国第十四届学生运动会开幕式展演。“翰墨飘香”“珐琅凝萃”“匠心版画”“缤纷油画”“泥好趣陶艺”“打击乐社”“舞韵”“百川剧社”等成为学校美育特色，促使学生五育并举、个性发展、精彩成长。“中和艺韵”获评青岛市首批美育示范学校、山东省王羲之书法特色学校。

“中和”家庭教育品牌。通过开设专家讲座，提供专业化的公益性家教指导服务。通过家长沙龙、家庭教育信箱、宣传栏、咨询服务台等形式宣传普及家庭教育基本理念、基本知识、基本方法。“服务到位，暖心到家”的家教服务理念和行动，助推“中和”家教服务站获评青岛市优秀家庭教育服务站。

“位育先锋”党建品牌。实施“一创两学三服务”党建行动，“一创”是创建党员先锋岗。10 名党员创建 10 个党员先锋岗，发挥党员先锋模范作用，让党员带头树立个人先锋岗位和标杆。“两学”是学理论、学模范，全面提升党员的党性修养、整体素质。“三服务”是服务学生、服务教师、服务社会。“位育先锋”评为城阳区优秀党建品牌，连续 3 年评为区优秀党支部。

百项荣誉推动学校高位发展

2015 年 9 月之前，学校从没有取得过市级及以上荣誉。自实施“中和位育”以来的 7 年多时间，学校获得全国、省、市级荣誉 100 余项，学校整体办学水平实现质的飞跃，从薄弱学校成为全区 A 列优秀行列。2020 年 10 月 28 日，青岛市教育局把仲村小学确立为青岛市第十五实验小学，迈上了市级实验学校的发展平台。学校基本实现了成为“农村学校城市化典范”的发展目标。